中国社会科学院
经济研究所

经济所人文库

于祖尧集

中国社会科学院经济研究所学术委员会 **组编**

中国社会科学出版社

图书在版编目（CIP）数据

于祖尧集/中国社会科学院经济研究所学术委员会组编. —北京：中国社会科学出版社，2019.1
（经济所人文库）
ISBN 978 - 7 - 5203 - 3495 - 2

Ⅰ.①于… Ⅱ.①中… Ⅲ.①经济学—文集 Ⅳ.①F0 - 53

中国版本图书馆 CIP 数据核字（2018）第 254386 号

出版人	赵剑英
责任编辑	刘晓红
责任校对	赵雪姣
责任印制	戴 宽
出 版	中国社会科学出版社
社 址	北京鼓楼西大街甲 158 号
邮 编	100720
网 址	http://www.csspw.cn
发行部	010 - 84083685
门市部	010 - 84029450
经 销	新华书店及其他书店
印刷装订	北京君升印刷有限公司
版 次	2019 年 1 月第 1 版
印 次	2019 年 1 月第 1 次印刷
开 本	710×1000 1/16
印 张	22.25
字 数	300 千字
定 价	99.00 元

凡购买中国社会科学出版社图书，如有质量问题请与本社营销中心联系调换
电话：010 - 84083683
版权所有 侵权必究

中国社会科学院经济研究所
学术委员会

主　任　高培勇

委　员　(按姓氏笔画排序)
　　　　龙登高　朱　玲　刘树成　刘霞辉
　　　　杨春学　张　平　张晓晶　陈彦斌
　　　　赵学军　胡乐明　胡家勇　徐建生
　　　　高培勇　常　欣　裴长洪　魏　众

总　序

　　作为中国近代以来最早成立的国家级经济研究机构，中国社会科学院经济研究所的历史，至少可上溯至1929年于北平组建的社会调查所。1934年，社会调查所与中央研究院社会科学研究所合并，称社会科学研究所，所址分居南京、北平两地。1937年，随着抗战全面爆发，社会科学研究所辗转于广西桂林、四川李庄等地，抗战胜利后返回南京。1950年，社会科学研究所由中国科学院接收，更名为中国科学院社会研究所。1952年，所址迁往北京。1953年，更名为中国科学院经济研究所，简称"经济所"。1977年，作为中国社会科学院成立之初的14家研究单位之一，更名为中国社会科学院经济研究所，仍沿用"经济所"简称。

　　从1929年算起，迄今经济所已经走过了90年的风雨历程，先后跨越了中央研究院、中国科学院、中国社会科学院三个发展时期。经过90年的探索和实践，今天的经济所，已经发展成为以重大经济理论和现实问题为主攻方向、以"两学—两史"（理论经济学、应用经济学和经济史、经济思想史）为主要研究领域的综合性经济学研究机构。

　　90年来，我们一直最为看重并引为自豪的一点是，几代经济所人孜孜以求、薪火相传，在为国家经济建设和经济理论发展作出了杰出贡献的同时，也涌现出一大批富有重要影响力的著名学者。他们始终坚持为人民做学问的坚定立场，始终坚持求真务实、脚踏实地的优良学风，始终坚持慎独自励、言必有据的学术品格。他们是经济所人的突出代表，他们的学术成就和治学经验是经济所最宝贵的财富。

抚今怀昔，述往思来，在经济所迎来建所90周年之际，我们编选出版《经济所人文库》（以下简称《文库》），既是对历代经济所人的纪念和致敬，也是对当代经济所人的鞭策和勉励。

《文库》的编选，由中国社会科学院经济研究所学术委员会负总责，在多方征求意见、反复讨论的基础上，最终确定入选作者和编选方案。

《文库》第一辑凡40种，所选作者包括历史上的中央研究院院士、中华人民共和国成立后的中国科学院学部委员、中国社会科学院学部委员、中国社会科学院荣誉学部委员、历任经济所所长以及其他学界公认的学术泰斗和资深学者。在坚持学术标准的前提下，同时考虑他们与经济所的关联。入选作者中的绝大部分，都在经济所度过了其学术生涯最重要的阶段。

《文库》所选文章，皆为入选作者最具代表性的论著。选文以论文为主，适当兼顾个人专著中的重要篇章。选文尽量侧重作者在经济所工作期间发表的学术成果，对于少数在中华人民共和国成立之前已成名的学者，以及调离经济所后又有大量论著发表的学者，选择范围适度放宽。为好中选优，每部文集控制在30万字以内。此外，考虑到编选体例的统一和阅读的便利，所选文章皆为中文著述，未收入以外文发表的作品。

《文库》每部文集的编选者，大部分为经济所各学科领域的中青年学者，其中很多都是作者的学生或再传弟子，也有部分系作者本人。这样的安排，有助于确保所选文章更准确地体现作者的理论贡献和学术观点。对编选者而言，这既是一次重温经济所所史、领略前辈学人风范的宝贵机会，也是激励自己踵武先贤、在学术研究道路上砥砺前行的强大动力。

《文库》选文涉及多个历史时期，时间跨度较大，因而立意、观点、视野等难免具有时代烙印和历史局限性。以现在的眼光来看，某些文章的理论观点或许已经过时，研究范式和研究方法或许已经陈旧，但为尊重作者、尊重历史起见，选入《文库》时仍保持原貌而未加改动。

《文库》的编选工作还将继续。随着时间的推移，我们还会将更多经济所人的优秀成果呈现给读者。

尽管我们为《文库》的编选付出了巨大努力，但由于时间紧迫，工作量浩繁，加之编选者个人的学术旨趣、偏好各不相同，《文库》在选文取舍上难免存在不妥之处，敬祈读者见谅。

入选《文库》的作者，有不少都曾出版过个人文集、选集甚至全集，这为我们此次编选提供了重要的选文来源和参考资料。《文库》能够顺利出版，离不开中国社会科学出版社领导和编辑人员的鼎力襄助。在此一并致谢！

一部经济所史，就是一部经济所人以自己的研究成果报效祖国和人民的历史，也是一部中国经济学人和中国经济学成长与发展历史的缩影。《文库》标示着经济所90年来曾经达到的学术高度。站在巨人的肩膀上，才能看得更远，走得更稳。借此机会，希望每一位经济所人在感受经济所90年荣光的同时，将《文库》作为继续前行的新起点和铺路石，为新时代的中国经济建设和中国经济学发展作出新的更大的贡献！

是为序。

于2019年元月

编者说明

《经济所人文库》所选文章时间跨度较大，其间，由于我国的语言文字发展变化较大，致使不同历史时期作者发表的文章，在语言文字规范方面存在较大差异。为了尽可能地保持作者个人的语言习惯、尊重历史，因此有必要声明以下几点编辑原则：

一、除对明显的错别字加以改正外，异形字、通假字等尽量保持原貌。

二、引文与原文不完全相符者，保持作者引文原貌。

三、原文引用的参考文献版本、年份等不详者，除能够明确考证的版本、年份予以补全外，其他文献保持原貌。

四、对外文译名与今译名不同者，保持原文用法。

五、对原文中数据可能有误的，除明显的错误且能够考证或重新计算者予以改正外，一律保持原貌。

六、对个别文字因原书刊印刷原因，无法辨认者，以方围号□表示。

作者小传

于祖尧，男，1933年1月生于安徽天长，1978年进入经济所工作。

于祖尧出身于祖孙三代共产党人世家，祖父大革命时期参加革命，亲属中有6人为人民事业献身。于祖尧幼年投身革命，随军转战南北，先后在新四军淮南公学、淮南抗敌文工团、新安旅行团、华中干部子弟学校等单位从事宣教工作。1951年被保送入中国人民大学学习政治经济学，师从宋涛、苏星等著名学者。由于学习成绩优秀，吴玉章校长两次授予他"模范学生"称号，并予嘉奖。毕业后调入北京外国语学院从事政治经济学教学工作。1978年，调入中国社会科学院经济研究所从事研究工作。1979年，于祖尧发表了《试论社会主义市场经济》一文，明确提出了"社会主义市场经济"范畴，主张建立社会主义市场经济体制。该文获中国社会科学院第一届优秀科研成果奖。调入经济所以来，先后任研究室副主任、所学术秘书、副所长、所党委书记、副研究员、研究员、博士生导师，中国社会科学院研究生院教授、中国社会科学院学术委员会委员。曾任第九届全国人大代表、全国人大财经委员会委员、北京市经济学总会副会长。享受国务院特殊津贴。2006年，中国社会科学院学部成立，于祖尧当选为首届中国社会科学院荣誉学部委员。

在经济所工作期间，于祖尧先后发表《试论社会主义市场经济》《社会主义商品经济论》《中国市场化改革：摆脱了困惑之后的艰难之路》《转型时期暴富群体的政治经济学分析》等300余篇论文，出版《于祖尧文集》《中国经济转型时期个人收入分配研究》《忧思录：社会主义市场经济从理念到实践的跨越》等论著多部。

伴随着40年我国改革和发展实践历程，于祖尧展开了对社会主义市场经济基本理论问题的坚定而持续不断地探索。于祖尧的主要学术成果与学术观点主要体现在四个方面：首倡社会主义市场经济，并完整论证了"社会主义市场经济观"；针对社会主义市场经济体制改革中的财富分配与价值取向问题，提出了维护民众利益的"公平分配观"；坚定地批判了西方新自由主义思潮；强调经济研究要重视历史研究、彻底批判历史虚无主义的观点。

1979年，于祖尧发表论文《试论社会主义市场经济》，率先提出并全面系统论证了"社会主义市场经济"范畴，并进而探讨研究社会主义制度下的商品、货币、市场及其相关问题。这是于祖尧最重要的学术成果。此后，作者还撰写了《论商品经济一般的基本规定》《社会主义商品经济论》等文章，进一步阐发了社会主义中国应当实行市场经济的基本观点。

21世纪以来，于祖尧陆续发表《西方市场原教旨主义衰败和中国信徒的堕落》等一系列论著，以马克思主义政治经济学为指导，严厉批判了西方新自由主义思潮。于祖尧认为，西方新自由主义经济学不单纯是超阶级的学说，已成为西方国家统治集团维护垄断资产阶级利益，对外推行新殖民主义、实行经济扩张、策动和平演变的政策工具，需要引起高度关注。对新自由主义经济学的认识和分析必须有历史的观点。从全球经济思潮的实质作用看，"华盛顿共识"的形成标志着新自由主义经济学已发生了本质性的变化。从目前国内经济学思想变化看，忽视对西方新自由主义经济学的本质分析，盲目颂扬西方新自由主义经济学，动摇马克思主义经济学的指导地位，已成为关系中国改革前途的重大问题。于祖尧的研究也充分细致地阐述了重视历史研究、彻底批判历史虚无主义的观点。于祖尧对新自由主义的批判，对历史研究的重视构成了"社会主义市场经济观"的重要内容。

　　于祖尧对改革过程中可能产生和已经出现的问题和矛盾给予了较多的关注。20世纪90年代初，在明确了建立社会主义市场经济体制的改革目标后，随着财富和收入分配的日益不均，改革中各阶层利益分配格局渐次演变，利益冲突明显加剧，改革中的财富分配及改革政策的价值取向等问题，成为理论界争论的焦点。于祖尧从20世纪90年代中期开始，相继发表了《中国市场化改革：摆脱了困惑之后的艰难之路》《我国体制转型时期"农村病"及其治理》《我国当前收入分配问题研究》《转型时期暴富群体的政治经济学分析》等系列文章，针对这些关系改革前途的重大问题，发表了一系列引人瞩目的重要观点，提出了具有民本主义、维护民众利益的"公平分配观"。21世纪以来，于祖尧又陆续发表《中国经济内忧》《求解难题：我国经济内忧之成因》等文章，剖析我国社会经济中深层次的隐患忧患。

目　录

试论社会主义市场经济…………………………………………… 1
社会主义商品经济论……………………………………………… 28
经济市场化和市场现代化是当代社会生产力发展的必然趋势
　　——谈我国发展市场经济过程中的若干问题 ……………… 43
中国市场化改革：摆脱了困惑之后的艰难道路………………… 53
我国市场体系育和建设的历史进程…………………………… 69
我国体制转型时期"农村病"及其治理………………………… 114
我国当前收入分配问题研究…………………………………… 129
转型时期暴富群体的政治经济学分析………………………… 144
遭遇"休克"劫难的俄罗斯经济
　　——访问俄罗斯见闻 ………………………………………… 161
中国经济的内忧………………………………………………… 176
求解难题：中国经济忧患之成因……………………………… 199
走出"不平衡、不协调、不可持续"的困境，出路何在？ ………… 226
政治经济学研究50年 ………………………………………… 245
理论经济学在中国改革中的命运……………………………… 286
西方市场原教旨主义的衰败和中国信徒的堕落……………… 293
13亿人民的消费需求：发展取之不竭的"金矿"
　　——访中国社会科学院荣誉学部委员于祖尧研究员 ……… 312
我的土生土长的社会主义市场经济论
　　——我是怎样探索社会主义市场经济理论的……………… 331
编选者手记……………………………………………………… 339

试论社会主义市场经济[*]

市场是商品生产和商品流通的产物。市场的作用和范围取决于社会分工和生产专业化发展的程度。商品生产是为市场需要进行的生产。商品交换是通过市场进行的。市场是联系生产和消费的桥梁，是联系产供销的纽带。价值规律对商品生产、分配、交换和消费的调节作用是通过市场机制实现的。列宁指出：商品生产，也就是通过市场而彼此联系起来的单独生产者的生产。所谓市场经济，广义地说，实质上就是与自然经济相对而言的发达的商品经济。

社会主义既然实行商品制度，那么，社会主义经济在本质上就不能不是一种特殊的市场经济，只不过它的性质和特征同资本主义市场经济有原则的区别。

当前，我国已进入了以实现四个现代化为中心的历史转折时期。我们在调整国民经济的同时，正在着手从生产关系和上层建筑方面进行一场深刻的经济改革。为了加快实现四个现代化，搞好经济改革，应当怎样正确地对待市场经济，这是我们经济学界需要认真研究的重大课题。

列宁给我们的启示

1917年十月革命后，俄国无产阶级在以列宁为首的布尔什维

---

[*] 本文提交于1979年4月在无锡市召开的关于价值规律作用问题讨论会，编入会议文集《社会主义经济中计划与市场的关系》，中国社会科学出版社1980年版。

克党的领导下，用不到半年的时间，粉碎了国内敌人的武装反抗，同德国签订了和约，赢得了暂时的喘息时间。这时，列宁就发出了"现在我们应当管理俄国"的号召，指出：当无产阶级夺取政权的任务解决以后，随着剥夺剥夺者及镇压他们反抗的任务大体上和基本上解决，必然要把创造高于资本主义社会的社会经济制度的根本任务，提到首要地位；这个根本任务就是提高劳动生产率。但不久爆发了14国武装干涉，经济建设被迫中断。战争一直进行到1920年年底，终于以苏维埃俄国的胜利而结束。

战争刚刚结束，列宁就明确指出：经济任务、经济战线现在又作为最主要的任务和基本的战线提到我们面前来了。如果我们不能恢复我国的经济，那么我们就落在而且将来还要落在资本主义列强的后面，我们就会挨打。为了迅速恢复陷入崩溃的国民经济，巩固无产阶级同农民的联盟，俄共（布）党适时地调整了党的经济政策，在全国范围进行了经济改革，从战时共产主义转入新经济政策。

新经济政策的主要标志，是用粮食税代替余粮征集制。国家用税收的形式向农民征收一部分粮食，税额比余粮征集制低。交纳粮食税之后的余粮完全归农民支配，允许农民在市场上自由买卖。根据1921年5月24日的指令，自由买卖的范围扩大到手工业品和家庭工业品。实行粮食税，就是允许在苏维埃国家和全民所有制的国营经济的领导和控制下一定范围的自由贸易，开放粮食等自由市场。

利用商品货币关系改革国营经济的领导和管理体制，是新经济政策的又一重要内容。国家取消了战时共产主义时期的供给制，国营工业企业开始实行经济核算制。列宁指出：我们不应当规避独立会计，……只有在这个独立会计的基础上，才能建立经济。各个托拉斯和企业建立在经济核算制基础上，正是为了要他们自己负责，而且是完全负责，使自己的企业不亏本。列宁认为，国营企业实行所谓经济核算，同新经济政策有着必然的和密切的联系，在最近的将来，这种形式即使不是唯一的，也必定会是主要的。在容许和发展贸易自由的情况下，这实际上等于国营企业在相当程度上实行商业原则。

此外，苏维埃政权还颁布了租让制法令，允许出租国营企业和组织合股公司。到1921年年底，私人租借的小企业有3874个。1921年到1926年，同外国资本签订的租让合同有135个。

列宁的新经济政策和根据这个政策进行的经济改革，很快就取得了预期的成果。一切经济命脉都牢牢地掌握在苏维埃政权手中，公有经济得到了巩固和发展，农业得到了迅速恢复，城乡人民生活有了改善，市场供应好转。1921—1925年，粮食产量增加了77%，粮食采购量1925—1926年比1921—1922年增长了133%。棉花产量增长了26倍。甜菜增加了20倍。牲畜头数除马之外都超过了战前。苏维埃俄国的农业仅仅用5年的时间就走完了资本主义国家用10年时间走过的路程。工业总产值1926年比战前增长8.1%。5年内工业生产增长了4.5倍。零售商业流转额增长了1.5倍。在工业总产值中，私营工业的比重由4.3%下降到3.6%。1925年农业中各种形式的初级合作社有54813个，参加的农户占总农户的28%。可以说，列宁的新经济政策挽救了经济上陷入崩溃的苏维埃俄国。

当前，我国所面临的任务，我们所处的国际和国内条件，我们准备进行的经济改革，同当年俄国是不一样的。机械地类比，或者照抄照搬，是行不通的，也是错误的。但是，列宁的新经济政策对我们是有启发的，新经济政策的原则和理论，其中有许多东西是值得我们学习和借鉴的。

历史赋予无产阶级专政的国家政权拥有管理经济的特殊职能。但是，国家管理经济不能单纯依靠行政办法、行政命令，应当按照客观经济规律的要求，充分利用市场、价格等经济杠杆来管理经济。

列宁指出：新经济政策是我们开始真正学习管理经济的一种形式。资本主义进入帝国主义阶段，在新的历史条件下，列宁创立了无产阶级可能在一国或少数国家首先取得政权的学说。但是，在十月革命前，由于没有社会主义建设的实践，列宁在当时还不可能全面地、具体地提出在俄国这类国家中建成社会主义的完备理论。社会主义在一国胜利的学说，包括夺取政权的道路和如何建成社会主义两个方面。这后一方面只能在社会主义建设的实践中逐步解决。没有社会主义建设正反两方面的经验和教训，就不可能认识社会主义经济规律。正是在新经济政策的实践过程中，列宁规划了在俄国这个经济文化落后，小农经济小生产占优势的国家里建设社会主义的蓝图，提出了社会主义建设的许多光辉思想，在政治经济学宝库中增添了珍贵的财富。列宁的新经济政策，是按照经济规律办事，用经济办法管理经济，特别是利用市场经济的光辉典范。

列宁曾经认为市场经济同社会主义是不相容的。他说：只要还存在着市场经济，只要还保持着货币权力和资本力量，世界上任何法律也无力消灭不平等和剥削。只有实行巨大的社会化的计划经济制度，同时把所有土地、工厂、工具的所有权转交给工人阶级，才可能消灭一切剥削。十月革命后，列宁曾设想直接用无产阶级国家的法令，按照共产主义原则来调整生产和产品的分配，把全体居民都组织到统一的消费公社网中，力求尽快地实行最激进的措施，准备消灭货币，取消贸易，直接过渡到社会主义。正如列宁所说的，当时根本没有提出我们的经济同市场、同商业有何种关系的问题。国内战争爆发后，迫于形势，苏维埃国家不得不按战时共产主义原则组织生产和分配，实行了以余粮征集制为主要内容的军事共产主义政策。大敌当前，这种政策是能够被农民所理解和接受的。但是，当战争结束，转入经济建设时，农民就不能容忍这种政策了。如果坚持过时的教条，不按照新情况决定党的政策，如果固执"长官意志"，坚持靠行政办法来管理经济，就不能挽救陷入崩溃的国民经济，就会导致工农联盟破裂。列宁指出：照顾到农民生活的特殊条件，向农民学习过渡到最好的制度的方法，决不可发号施令！这就是我们给自己定下的规则。

农业是国民经济的基础。恢复国民经济必须从农业着手。在农业集体化的条件不成熟的时候，要发展农业生产绝不能无偿占有农民的劳动成果，而应当适应农民作为小商品生产者的特点，开放市场，发展商品生产和商品流通，才能使农民从物质利益上关心提高劳动生产率，调动农民的积极性。列宁说：小农只要还是小农，他就必须有同他的经济基础，即小规模的个体经济相适应的刺激，推动和鼓励。这里是不能离开地方周转自由的。实行粮食税，就是要在经济上承认和尊重农民对产品的所有权，使农民的物质利益得到保证，这样就能调动农民的生产积极性，活跃全国商品流转，改善城市供应，巩固工农联盟。

新经济政策的实质，就是在苏维埃国家掌握经济命脉的条件下，利用商品货币关系，发展城乡贸易，允许小农和私人资本从事有利于国计民生的活动。商品经济的发展，要求加强各种经济杠杆在管理国民经济中的作用。俄共（布）十一次代表会议提出，从市场的存在出发并考虑市场的规律，掌握市场，通过有系统的、深思熟虑的、建立在对市场过程的精确估计之上的经济措施，来调节市场和货币流通。① 列宁号召无产阶级国家必须成为一个谨慎、勤勉、能干的"商人"，成为一个精明的批发商。我们不需要那种旧的官僚主义的工作方法，我们需要考虑经商的条件，需要准确地了解商业的情况，善于很快地估计到一切变化。

新经济政策允许贸易自由，开放自由市场，让社会主义经济同小农、私人资本"在通过市场来满足千百万农民需要的基础上实行经济竞赛"。这样做，即使在当时俄国的条件下也并不可怕。列宁指出，从理论上说来，能不能在一定的程度上给小农恢复贸易自由、资本主义自由，而不至于因此破坏无产阶级政权的根基呢？能不能这样呢？能，因为问题只在于分寸。这种市场经济是在无产阶

---

① 《苏联共产党代表大会、代表会议和中央全会决议汇编》第2分册，人民出版社1964年版，第137页。

级专政的国家控制和监督之下，有社会主义全民所有制经济和合作社经济领导和参加的市场经济。新经济政策是无产阶级的政策。它的最终目的就是要通过市场，运用经济手段，同私人资本实行经济竞赛，把千百万小农引导到社会主义道路上，最终战胜资本主义。列宁指出：新经济政策并不改变工人国家的实质，然而却根本改变了社会主义建设的方法和形式。

新经济政策实践的结果，不但没有造成资本主义复辟的经济条件，相反巩固和发展了社会主义阵地。既然在多种经济成分同时并存的情况下，市场经济并非洪水猛兽，那么，社会主义公有经济无论在工业、农业、商业等各个部门都占据绝对统治地位的条件下，利用市场机制来调节生产和流通，又有什么可怕呢？

列宁指出：应当把商品交换提到首要地位，把它作为新经济政策的主要杠杆。如果不在工业和农业之间实行系统的商品交换或产品交换，无产阶级和农民在从资本主义到社会主义的过渡时期就不可能建立正确的关系，就不可能建立十分巩固的经济联盟。决不能过早地给自己提出向农村推行共产主义的目标。列宁认为，准备向共产主义过渡（要经过多年的准备工作），需要经过国家资本主义和社会主义一系列过渡阶段。不是直接依靠热情，而是借助于伟大革命所产生的热情，依靠个人兴趣、依靠从个人利益上的关心、依靠经济核算，在这个小农国家里先建立起牢固的桥梁。必须把国民经济的一切大部门建立在个人利益的关心上面。

社会主义建设的实践证明了列宁的这些论断正确地反映了客观经济规律的要求。不大力发展社会主义商品生产，不充分地利用市场经济，不按照经济规律的要求改革经济管理体制，就不可能建成现代化的社会主义强国。

但是，托洛茨基分子和其他反对派竭力反对和破坏列宁的这一无产阶级政策。他们打着"左"的旗号，主张坚持战时共产主义的政策，经济上实行全面进攻，用剥夺农民的办法来建立和发展工业，诬蔑新经济政策是放弃十月革命的成果，回到资本主义。同时，自给自足的自然经济观和闭关锁国的封建主义在党内也有一定的影响，妨碍了新经济政策的实施。列宁一面同托派等进行了坚决斗争，一面又指出：我们决不受莫名其妙地轻视商业的"感情的社会主义"或旧俄国式、半贵族式、半农民式、宗法式的情绪的支配。

我们的经验和教训

在农业合作化完成之后，在两种公有制并存的条件下，市场经济的命运如何呢？回顾我国社会主义建设的历史，1956年以来，我们既有成功地运用市场经济的经验，也吃过否定市场经济的苦头。认真地总结这些经验和教训，对于我们正确地认识和运用市场经济，加快四个现代化建设，是很有教益的。

1956年，继农业合作化实现之后又完成了对民族资本主义工商业的社会主义改造。由于我们对社会主义经济规律缺乏认识，经济管理缺少经验，不善于正确地处理集权与分权，计划性和非计划性，大集体与小自由的关系，在经济生活中出现管得过严、统得太死、集中过多的偏向。看不到合作化和资本主义工商业改造完成后形势的变化，继续采取了一些为限制资本主义而采取的措施。

1. 对轻工业品，商业部门继续采用过去对资本主义工业实行的统购包销的办法，使一部分工厂不像原来那样适应市场的需要，关心产品的质量和品种，造成部分产品质量下降，品种减少。多种多样花色品种变得简单化，成了大路货。

2. 国营商业采用自上而下的派货，订货工作集中于少数不和消费者见面的批发公司，基层商店不能根据消费者的需要，直接向工厂进货。因此，商业部门向工厂所定货物的品种减少了，国营批发公司发到各地的商品的品种和数量，往往不合当地市场需要，品种不对路，供应不及时，造成有的地方压积，有的地方脱销。

3. 国营商业或供销社独家收购即垄断了农副产品的收购，而没有别的单位竞争。因而，当国营商店或供销社不收购或价格不合理时，就造成农副产品减产或减收。

4. 忽视手工业生产多样化、分散性的特点，过多地实行了合并和统一计算盈亏，造成一部分手工业产品质量下降，品种减少。

5. 在农村中，对社员家庭副业生产注意不够，甚至加以过多的限制，使一部分农副产品产量有所下降，社员收入减少。

6. 价格政策方面，把稳定物价理解为"冻结物价""统一物价"；优质不优价，新旧产品一个价；农副产品收购价格偏低，使农业生产不能全面发展。

为了解决上述问题，周恩来同志从我国的实际出发，创造性地运用马克思主义政治经济学，提出了一整套行之有效的措施和政策。周总理指出："由于社会主义改造事业的胜利，社会主义经济已经在我国占据了绝对的统治地位，这就使我们有可能在适当的范围内，更好地运用价值规律。""我们在商业方面，将采取许多重要措施。例如，在国家统一市场的领导下，将有计划地组织一部分自由市场；在一定范围内，将实行产品的自产自销；对某些日用工业品，将推行选购办法；对所有商品，将实行按质分等论价办法，等等。采取这些措施，不仅不会破坏国家的统一市场，相反地，将会对国家的统一市场起有益的补充作用。"[①] 根据周总理的意见，我们当时采取了以下措施。

在计划管理方面：

对日用百货的生产，国家计划原来每年都下达产值、降低成本率、劳动生产率增长、利润上缴额等指标。尽管这些指标的根据并不确切，绝大多数是估算，但国家却把它当作指令层层下达，产品不管优劣均由商业部门包销。因此，工厂往往不顾市场的需要，片面追求产值和利润。针对这种情况，国家便把计划中规定的这些指

---

① 《关于发展国民经济的第二个五年计划的建议的报告》，《中国共产党第八次全国代表大会文献》，人民出版社 1957 年版，第 139 页。

标改为参考指标下达，允许工厂按照市场情况自定指标进行生产，而不受国家下达的参考指标的束缚，并根据年终的实绩来缴纳利润。对于日用百货、手工业品、小土产，都只把个别品种列入国家计划，其他不规定品种计划。

在购销关系方面：

把商业部门对工厂实行的加工订货的办法，改为由工厂购进原料、销售产品的办法。除了关系国计民生的规格简单的产品，如棉纱、棉布、食糖、煤炭等，继续实行统购包销外，其他日用百货实行由商业部门选购的办法；没有选购或选剩的产品，可由工厂自销或委托商业部门代销。上级批发公司不准向下派货，下级商店可向全国任何批发机构自由选购，也可以直接向工厂选购。这个办法能促进工厂为扩大销路而提高产品质量，增加花色品种，以销定产。

商业部门供应原料不得采取好坏搭配的办法。除某些供不应求的重要原料由国家分配外，其他原料由工厂自由选购。

在城市或城郊组织若干蔬菜市场，允许农业社、社员到市场上自由出售新鲜蔬菜，自由购买，价格由买卖双方参照国家牌价自行议定。除重要农产品外，部分农副产品如小土特产，允许国营商店、合作商店，合作小组和供销社一起自由收购、自由贩运，禁止互相封锁。

在经营方式方面：

日用消费品多数实行分散生产，分散经营，以适应人民群众千变万化的多种多样的需要。

手工业合作社划小，由全社统一核算改为各合作小组或各户自负盈亏，自产自销。

小商小贩在合作商店或合作小组各自经营，自负盈亏。

支持和扶持社员发展家庭副业生产。在社员平均占地较多的地方，在不损害集体经济的条件下，给社员多分一点自留地，供社员种植猪禽饲料和其他农作物。

在价格政策方面：

为了有利于生产，实行按质分等论价，优质优价，劣质低价。一部分土特产放松市场管理后，收价会暂时提高，因而就不能不相应地提高销价。价格提高会促进生产，等到供求平衡后，价格就会回到正常的水平上。

采取上述措施，是否会使我国市场倒退到资本主义自由市场了呢？不会。这是因为，自由采购自由贩运的小土特产价值不过40亿元，采取选购办法的日用百货仅有40亿元，手工业品的选购和自销部分也不过40亿元。这三项合计120亿元，占全国商品零售总额460亿元的四分之一略多一点。而且，我们在1954年即在农业合作化和资本主义工商业的社会主义改造完成前，就牢牢地掌握了市场的领导权，稳定了市场，制止了国民党反动统治遗留下来的通货膨胀，在所有制的改造基本完成后为什么反会倒退到资本主义自由市场呢？

实践证明，这些措施推动了工农业生产的发展，扩大了城乡物资交流，活跃了市场，改善了人民生活，这对第一个五年计划超额完成和第二个五年计划的实现起了有益的作用。1958年国营商业和供销社的工业品采购总额达到326亿元，农副产品采购总额达到188亿元，分别比1952年增长2.8倍和1.9倍。

实践证明，根据周恩来同志的意见所实行的这些政策和措施是完全正确的，是对马克思主义政治经济学的重大贡献。

陈云同志在党的八大会议上的发言中，对社会主义市场经济的性质、特点和作用作了精辟的分析。他深刻地指出："采取上述措施的结果，在我国出现的决不会是资本主义的市场，而是一种适合于我国情况和人民需要的社会主义的市场。我们的社会主义经济的情况将是这样：在工商业生产经营方面，国家经营和集体经营是工商业的主体，但是附有一定数量的个体经营。这种个体经营是国家经营和集体经营的补充。在生产的计划性方面，工农业产品的主要部分是按照计划生产的，但是同时有一部分产品是按照市场变化而在国家计划许可范围内自由生产的，计划生产是工农业生产的主体，按照市场变化而在国家计划许可范围内的自由生产是计划生产的补充。因此，这种社会主义经济的市场，决不是资本主义的自由市场，而是社会主义统一市场。在社会主义统一市场里，国家市场是它的主体，但是附有一定范围内国家领导的自由市场。这种自由市场，是在国家领导之下，作为国家市场的补充，因此它是社会主义统一市场的组成部分。"[1]

但是，由于"左"倾思潮的干扰，特别是由于林彪、"四人帮"一伙的严重破坏，我们党的这套马克思主义的理论、路线和政策被中断。林彪、"四人帮"颠倒黑白，把这些经过实践检验的马列主义政策斥之为修正主义。他们推行极"左"的修正主义路线，既否定社会主义商品生产，又丑化价值规律；既诋毁社会主义计划经济，又否定作为计划调节补充的社会主义市场经济，给我国社会主义建设事业带来空前的灾难。

当然，我们不能把经济管理中的问题都归罪于林彪、"四人帮"一伙。中华人民共和国成立后，我们基本上是按照苏联20世纪50年代的中央集权的模式组织社会主义经济的。同时，千百年来自给自足的小生产的家长制管理方法对我们也有一定的影响。这套管理体制的问题，主要表现在：生产方面，国家计划统得多，统得死；交换方面，生产资料统筹统配，消费品统购包销、统购统销；分配方面，统收统支。人们形象地把这种高度集中的管理体制叫作：一口锅，即吃"大锅饭"，甚至把农民的那口小锅砸碎；一只碗，即铁饭碗。在这种制度下，生产不能按照市场的需要安排，产销脱节；价格违背价值规律的要求，不能发挥经济杠杆的作用；银行、信贷、税收等经济机构往往成为执行"长官意志"的工具；地方和企业没有经营管理上的自主权，作为基层经济组织的企业的物质利益得不到尊重，它们只是附属于上级行政组织的只能从外部推动的算盘珠，缺少内在的经济动力。

---

[1] 《中国共产党第八次全国代表大会文献》，人民出版社1957年版，第336页。

产生这些问题的主要原因,是由于没有按照社会主义商品经济的原则来组织生产、管理经济。现阶段我国实行商品制度、货币交换。生产和流通的全过程,再生产过程的各个方面,都是商品和货币按照自身固有的规律运行的过程。在社会主义条件下,商品经济共有规律的作用,是受社会主义制度特有规律制约的。但是,既然现阶段社会主义实行商品制度,那么,社会主义特有规律的作用,只有通过商品的生产、分配、交换和消费过程才能表现出来,只有通过商品经济规律并在它的基础上借助于它来发生作用。在商品经济的条件下,价值规律是作为调节商品生产者相互关系的基本规律来发生作用的,现阶段我国商品生产的发展趋势不是缩小,而是要大力发展,价值规律大有英雄用武之地。经济管理体制问题,本质上是按照什么原则来调整中央、地方、企业和劳动者之间互相关系的问题。既然我国实行商品制度是不以人的意志为转移的,那么,我们就必须按照商品经济的特点和固有规律来管理经济,我们的管理体制就应当反映商品经济规律的要求。但是,多年来经济学界一直流行着一种错误观点:即认为无产阶级夺取政权后,即使在像中国和俄国这类不发达国家中,商品生产的范围便逐步缩小,商品生产便开始消亡;计划经济同商品经济是对立的,有计划发展规律同价值规律的作用是互相排斥的,有你无我,有我无你。而我们的经济管理体制和管理方法,正是建立在这种错误理论的基础上的。价值规律在我们这里只能扮演二等公民的角色,行动处处受到限制。但这样做的结果,恰恰捆住了我们自己的手脚。恩格斯指出,国家权力如果沿着经济发展相反的方向起作用,或者阻碍经济发展沿着某些方向走,而推动它沿着另一种方向走,其结果,政治权力能给经济发展造成巨大的损害,并能引起大量的人力和物力的浪费。[①] 我国管理体制中的弊病不正是这样吗?

---

① 恩格斯:《致康拉德·施米特(1890年10月27日)》,《马克思恩格斯〈资本论〉书信集》,人民出版社1976年版,第505页。

社会主义市场经济的客观必然性

我国早就基本上完成了生产资料的社会主义改造，但是商品生产不可能短时期内消亡；社会主义商品生产取得了绝对统治地位，但价值规律对生产和流通的调节作用并未消失；社会主义计划经济代替了资本主义竞争和生产无政府状态，但不能排除市场与市场机制的作用。只要社会主义实行商品制度，社会主义经济在本质上就依然是市场经济。

首先，这是由生产力发展的状况决定的。

马克思说：人们能否自由选择某一社会形式呢？决不能。在人们的生产力发展的一定状况下，就会有一定的交换和消费形式。[1]"交换的深度、广度和方式都是由生产的发展和结构决定的。"[2] 我们可以跳过资本主义生产方式，但商品生产却不能超越。生产力的现状及其发展趋势，决定了我们不能从小生产占统治地位的半自给自足的经济直接过渡到马克思所设想的高度发达的社会主义阶段。列宁认为，在经济文化落后的国家，必须经过一系列中间的途径、方法、手段和补助办法，才能将资本主义以前的各种关系过渡到社会主义。资本主义越不发达的社会，所需要的过渡时期就越长，因而保存的资本主义经济结构的特点或特征也就较多。

列宁认为："市场"这一概念和社会分工——即马克思所说的"任何商品生产［我们加上一句，因而也是资本主义生产］的共同基础"——这一概念是完全分不开的。哪里有社会分工和商品生产，哪里就有"市场"。市场量和社会劳动专业化的程度有不可分割的联系。社会化大生产是现代生产力发展的标志。专业化和协作是社会化大生产发展的必然趋势。社会主义只能建立在现代化技术

---

[1] 马克思：《致巴维尔·瓦西里也维奇·安年柯夫（1846年12月28日）》，《马克思恩格斯〈资本论〉书信集》，人民出版社1976年版，第15页。

[2] 《马克思恩格斯选集》第二卷，人民出版社1972年版，第102页。

装备的社会化大生产的基础上，绝不能以半自给自足的小生产作为自己的物质基础。我国四个现代化事业的实现，将从根本上改变我国生产和技术的落后状态。列宁说：技术进步必然引起生产各部分的专业化、社会化、因而使市场扩大，市场不过是商品经济中社会分工的表现，因而它也像分工一样能够无止境地发展。生产的专业化、社会化引起市场的扩大，市场扩大又促进生产的发展。在现阶段，我国市场的扩大是生产发展的必然趋势，又是生产发展的"生活条件"。拿农业来说，现在仍然基本上以手工劳动为基础，实行简单协作，劳动生产率和商品率很低，不能完全摆脱半自给自足的状态，实际上是扩大了的小农经济。但是，随着农业现代化的实现，随着农业专业化和区域化的发展，我国农业将成为高度发达的商品经济，一方面它将以丰裕的农副产品供应国内外市场，另一方面它将成为工业的广阔市场。我国工业生产正在着手按照专业化和协作的原则进行改组，"小而全""大而全"的万事不求人的万能厂将被各种专业化公司和联合公司所代替。不仅如此，随着工业生产技术的现代化，为生产服务的物资供应部门、维修部门、运输部门、生活服务部门等，也将实现专业化、社会化。那时，我国社会主义商品经济将进入一个高度繁荣发达的阶段，市场将成为各企业、各部门经济联系的主要渠道，市场在再生产过程中的作用将更加重要。现行的物资供应、商品购销体制同生产力发展的需要是不相适应的。

社会分工和生产资料、产品属于不同的所有者，是商品生产的一般前提。但是，如果认为所有制的改造基本完成后，商品生产便开始消亡，国营企业之间的交换已经排除出商品流通的范围，那就轻率了。现阶段我国依然是多种所有制并存，这种状态不可能短时期内改变。我们的管理体制必须同这种所有制关系相适应。

社会主义全民所有制不仅同共产主义全民所有制不同，即使在社会主义时期，全民所有制也不能立即实行全国范围内统一核算、统收统支、统一分配。一定的所有制形式必须同生产力发展水平相适应。在社会主义条件下，判断一种所有制形式的优劣，不能以人的主观愿望为根据，也不能以抽象的"大"和"公"为标准，只能看它是促进生产力发展，还是阻碍生产力的发展。实践证明，国营企业的全民性质要经历一个随着生产力的发展而提高的过程，即由不完全的全民所有制变为完全的全民所有制。在我国这类不发达国家，整个社会生产还没有实现社会化，生产技术落后，各部门、各地区发展极不平衡。在剥夺资产阶级之后，如果国营企业立即在全国范围实行统一核算，那就只能造成吃"大锅饭"，实行平均主义，把劳动者的有限的劳动成果拿来大家均分。这就必然会侵犯先进企业劳动者的物质利益，挫伤他们的积极性。所以，在社会主义条件下，国营企业应当在国家的统一领导下，在生产、交换和分配方面享有一定的自主权，独立核算，自负盈亏，把企业和职工的物质利益同本企业的经营成果紧密联系在一起。社会主义全民所有制企业是有自身特殊物质利益的独立核算的自主的经济单位，它们享有独立的商品生产者的地位。不完全的社会主义全民所有制的这个特点，决定了市场经济存在的必要性，它要求允许企业根据市场需要安排生产，允许企业自产自销，允许企业在满足社会需要方面开展竞争，允许企业通过商业途径取得原材料，允许企业在完成国家积累的前提下多劳多得等。国家对国营企业的领导应当从这一点出发，从经济上和法律上使企业的自主权和独立商品生产者的地位得到保障，充分调动企业的积极性，协调企业之间、企业和国家之间的关系，使国家、地方、企业和劳动者四方面的利益正确地结合起来。

集体所有制的存在是市场经济存在的一个重要客观原因。对集体经济，只能贸易，不能剥夺。经过市场的贸易，是工农间、两种公有制之间唯一可能的经济联系形式。在这种条件下，经济的计划性，国家计划的指令性，计划的作用范围和程度不能不受到限制。国家计划的指令性，实际上是对生产资料、产品和劳动力行使所有权、支配权的体现，归根结底，是由所有制决定的。所谓按国家计划生产，就是按照国家规定的指标和任务来调节生产资料和劳动力在各部门的分配。如果说国家对全民所有制企业都应保障企业的自主权和独立商品生产者的地位，那么，对待集体所有制企业，国家就无权对它发号施令，强迫生产队种什么，怎么分配。国家同社队是两个所有者之间的平等关系，而不是隶属关系。集体经济的所有权、经营管理权、交换权和分配权是不可分割的。国家计划对集体经济不具有法律上的效力，只能起指导作用。因为国家对它的经营成果不承担任何经济上的责任。所以，集体经济的所有权应当在经济上和法律上得到国家的切实保障和尊重。集体经济为了自己的利益，有权根据市场价格、供求、利润等情况安排自己的生产，可以同其他企业开展竞争，有权按自己决定的数量和价格出售产品，有权自由选购农用生产资料，有权开设农副产品加工厂和商店。国家和国营企业对集体经济的指导，主要是通过市场，运用价格等经济杠杆来实现。这就决定了市场调节的客观必然性。不承认这一点，必然会直接或间接地剥夺农民。片面地搞"以粮为纲"，对社队直接下达指令性计划，剥夺了生产队生产上的自主权；对农副产品的收购，实行各种强制性的征购、派购制度，剥夺了生产队在交换方面的自主权；工农业产品搞不等价交换，使农民的收益和生活受到损害，而且还把这套办法美其名曰"社会主义"。毛泽东同志曾经指出苏联搞义务交售制等项办法把农民搅得很苦，告诫我们：鉴于苏联在这个问题上犯了严重错误，我们必须更多地注意处理好国家同农民的关系。

我国生产资料所有制方面的社会主义改造是在社会生产力还没有完全社会化的条件下实现的。近20年来生产力又遭到反复破坏，我们一方面要大力发展生产，另一方面则应根据生产力状况对生产关系进行适当调整。在农村，农民的自留地和正当的家庭副业应当受到保护，集市贸易应当活跃起来，那些在"堵资本主义路"的旗号下的清规戒律应当取消。同时，手工业、商业、服务行业凡是适宜分散个体经营，且这种经营方式既能够适应群众和市场的需要，又能充分调动劳动者的积极性的，就应在国营经济的领导下允许各自经营，自负盈亏，自产自销。

其次，实行市场调节是价值规律的客观要求。

价值规律是商品生产的基本规律。说它是基本规律，不仅是说它在各种商品制度下都起作用，而且在任何商品经济中，它对商品的生产、交换、分配、消费都起调节作用，商品经济中其他规律的作用都受它制约。社会主义既然实行商品制度，价值规律当然也是社会主义商品经济的基本规律。

在商品经济条件下，价值规律本质上就是调节社会劳动按比例分配的规律。它是制订计划的重要根据。马克思认为，"商品的价值规律决定社会在它所支配的全部劳动时间中能够用多少时间去生产每一种特殊商品。价值规律所影响的不是个别商品或物品，而总是各个特殊的因分工而互相独立的社会生产领域的总产品"。因此，不仅在每个商品上只使用必要的劳动时间，而且在社会总劳动时间中，也只把必要的比例量使用在不同类的商品上。这是因为物质资料的生产是社会存在和发展的基础。商品生产者要实现商品的价值，首先，必须生产一种使用价值满足社会的需要。使用价值是价值的物质承担者。使用价值生产是价值生产的前提。如果他生产的使用价值不能满足人们的某种需要，不管他花费多少劳动也不能形成价值。其次，社会分工是商品生产的一般前提。在社会分工的条件下，生产者互相联系、互相依存，每个生产者的劳动都是社会总劳动的一个有机的组成部分。他花费在某种商品上的劳动只能同社会分配给他的部分劳动相适应。如果投在该种商品上的劳动多了，就会供过于求，一部分商品就卖不出去，投在这部分商品上的劳动就白白浪费掉，不能形成价值。这时，价值规律就会迫使生产者减少产量，从而维持生产与需要的平衡。相反，如果某种商品供不应求，价格就会上涨。这种情况表明社会投在这种商品上的劳动少了，不能满足社会的需要。这时，价值规律就会通过价格机制推动生产者增加这种商品的生产。可见，在商品生产条件下，价值规律就要求社会劳动按比例分配。在资本主义制度下，由于利润规律和资本主义竞争的干扰，价值规律调节社会劳动按比例分配的作用，只能通过社会生产无政府状态，并且以社会劳动的浪费为代价来实现。只有在社会主义条件下，才有可能通过计划，自觉地利用价值规律，按照价值规律的要求调节社会劳动的分配。计划的任务就是要根据价值规律的要求，使各种商品生产上所消耗的劳动量同这种商品的社会需要的量相适应，即同有支付能力的社会需要的量相适应，从而维持生产与需要之间的相对平衡。所以，把价值规律的作用同有计划发展规律的作用对立起来，在理论上是没有根据的，在实践上是有害的。

恩格斯指出，价值规律的各个方面是借助于多种多样的关系发生作用的。社会分工和生产资料不同所有者的存在，是商品生产的一般条件。这个条件决定了在任何商品经济中都存在下列矛盾：价值和使用价值的对立；个别劳动时间和社会必要劳动时间的差异；供给与需求的矛盾；价格与价值的背离等。这些矛盾的存在不仅不是对价值规律作用的否定，相反地，恰恰是价值规律借以发生作用的唯一可能的方式。价值规律就是在这些矛盾的不断产生又不断克服的运动中为自己开辟道路，维持社会生产的必要比例。它们是价值规律发生作用的客观机制。这也是不以商品生产的所有制性质为转移的。

在社会主义商品经济中，社会劳动的分配是由人们按照价值规律的要求，通过计划来调节的。但是，计划调节不能排斥，也不能代替价值规律通过自身的机制来发挥调节作用。计划调节和价值规律机制的调节作用是互相补充、相辅相成的。计划是主观的，第二性的，商品经济的矛盾却是客观的，第一性的；计划一经制定就具有相对的稳定性，而商品经济的矛盾却始终处在不断运动、变化和发展中；计划是相对静止的因素，而价值规律却时刻处在运动状态之中。因此，价值规律就要通过自身的机制不断地打破旧的平衡，建立新的平衡，推动生产的发展。例如，当社会上对某种商品的需求急剧增长，或由于自然灾害造成某种商品减产时，价值规律就通过市场向我们发出供不应求的信息，促使价格上涨。价格上涨就能推动企业扩大生产。一旦产量增加，供求平衡时，价格就会回跌。但是，如果我们冻结物价，实行计划供应，这种办法从表面上看似乎解决了供求矛盾，但实际上既限制了消费，又窒息了价值规律机制对生产的促进作用，掩盖了生产与消费的矛盾。再例如，当生产某种商品的劳动生产率提高时，市场发出供过于求的信息，这时价值规律就要求降低该种商品的价格以扩大销路，或者缩减生产。如果我们既不降价，也不减产，结果必然是生产越多，积压就越多，企业亏损也就越大。如果国家对企业实行统购包销，或者财政补贴，那么这只不过把亏损转嫁到国家身上而已。

在社会主义条件下，资本主义利润规律不再发生作用，投机资本已经被取缔，因此，价值规律机制的作用不再受到干扰，不再像资本主义那样，时而调节社会生产的比例，时而又冲击社会生产的平衡。我们不能把价值规律机制的作用看成消极因素，处处用计划来限制它。

要发挥价值规律机制的积极作用，在生产方面，就应当实行以销定产，允许企业根据市场的变化自由安排生产。这种自由生产是计划生产必要的补充。在销售方面，计划只应求得购买力和供应的总体平衡，其他则应由价值规律机制来调节。拿消费品来说，群众的需要和消费构成千变万化，千差万别。这是计划无法预计、无法规定的，也是不应当用计划去限制的。自由选购的办法之所以比配给制优越，不仅因为它能更好地满足群众的需要，而且能够刺激生产。在价格方面，不仅应当按质论价，优质优价，而且应当实行灵活的可在一定幅度内变动的价格，允许企业在价格上实行竞争。这样才能鼓励先进、鞭策落后。现行的稳定物价的方针，违反了价值规律的要求，起到了保护落后，限制先进的作用。

最后，国内社会主义市场同国际资本主义市场同时并存，也决定了必须利用市场调节。

无产阶级在一国或少数国家取得政权后,社会主义国家与资本主义国家长期共存,国内市场和国际市场同时并存、互相影响,这是不可避免的。在平等互利的基础上发展对外贸易,互通有无,以他人之长补己之短,这是我们在自力更生的基础上争取外援、加快建设速度的重要途径。国际市场上,资本主义市场占统治地位,它受资本主义规律支配。在这里,价值规律、竞争和无政府状态规律调节着市场行情和各国进出口贸易。社会主义国家的对外贸易对国际市场会产生一定的影响作用,但不能左右国际市场,相反地,我们的外贸要做大,就应当适应国际市场的变化,把生意做活。国际市场竞争性强,产品日新月异,行情多变。这就要求我们熟悉国际市场的规律,适应市场需要,力求出口商品优质、适销、对路,灵活地运用国际贸易中常用的方法,利用外资,引进先进技术。随着四个现代化的实现,我国的外贸将越做越大,我们在国际市场上的发言权也必然越来越大。

长期以来,在林彪、"四人帮"极"左"路线的影响下,我们对"国际分工"不作具体的、历史的分析,一概把它斥之为修正主义谬论。我们知道,资本主义把全世界经济发展程度不同的国家都卷入了资本主义世界经济体系,形成了世界市场。在这个基础上形成了受资本主义规律支配的所谓"国际分工":殖民地半殖民地沦为原料产地、商品销售市场,在经济上完全隶属于宗主国。帝国主义、修正主义把这种奴役和被奴役,剥削与被剥削的关系美化为"国际分工",这是荒谬的。这种"分工"必须打破。但是,国家之间的经济技术交流还有不依赖于社会制度性质的一面。由于各国经济发展的差异,科学技术水平不同,自然和地理条件不同,市场容量不同,因此任何一个国家都不可能闭关锁国。现在即使最发达的资本主义国家之间也是互为市场,进行广泛的经济技术交流。世界市场的形成和各国间经济交往,归根结底是社会生产力高度社会化的标志。马克思说过:"历史中的资产阶级时期负有为新世界创造物质基础的使命:一方面要造成以全人类互相依赖为基础的世界交往，以及进行这种交往的工具，另方面要发展人的生产力，把物质生产变成在科学的帮助下对自然力的统治。资产阶级的工业和商业正为新世界创造这些物质条件。"[①] 马克思还说："人们不能自由选择自己的生产力——这是他们的全部历史的基础，因为任何生产力都是一种既得的力量。"[②] 取得政权的无产阶级拒绝利用资本主义为新世界创造的物质基础，断绝世界交往，就不能巩固和发展胜利的成果。

总之，只要社会主义实行商品制度，社会主义经济在本质上必然是一种市场经济。

社会主义市场经济的作用

市场经济是发达的商品生产共有的经济范畴。社会主义市场经济既具有市场经济的一般特征，又具有同其他市场经济相区别的特殊本质。

社会主义市场经济是建立在生产资料公有制基础上的新型的市场经济。它消灭了资本主义市场经济所固有的生产社会性和资本主义私有制之间的矛盾，消灭了生产过剩的经济危机。

社会主义市场经济所体现的交换关系，是根本利益一致的劳动者集体之间，劳动者之间的互助合作关系。

社会主义市场经济是为活跃城乡物资交流，促进社会主义建设，满足人民不断增长的需要服务，而不是为私人资本谋利的。

社会主义市场经济消除了资本主义竞争和生产无政府状态，它是有计划的市场经济。在这里价值规律对生产和交换的调节作用，是通过计划实现的。计划调节和市场调节互相渗透，互相补充，相辅相成。

---

① 《马克思恩格斯选集》第二卷，人民出版社 1972 年版，第 75 页。
② 马克思：《致巴维尔·瓦西里也维奇·安年柯夫（1846 年 12 月 28 日）》，《马克思恩格斯〈资本论〉书信集》，第 15—16 页。

因此，绝不能把社会主义市场经济同资本主义自由市场混为一谈。

既然市场经济的存在，归根结底是由生产力状况决定的，是适应生产力发展需要的，因此我们就应当充分地发挥市场调节的积极作用。

首先，市场调节能够充分调动企业改善经营管理的主动性和积极性。

企业是社会主义经济的基层单位。生产的发展，市场的繁荣，关键在于调动企业的积极性。多年来的实践证明，要推动企业改善经营管理，开展技术革命和技术革新，提高劳动生产率，提高产品质量，增加花色品种，单纯依靠行政办法不行；仅仅依靠思想教育也不能持久；用八项指标来考核企业，效果也不显著。因为这些办法都是用外力来推动企业，不能使企业完全摆脱附属于上级行政机关的"算盘珠"的地位。要根本改变这种状态，就必须开动企业内在的经济动力，这样才能使企业的经济活动"自动化"。要做到这一点，就要运用市场调节，发挥价值规律的权威。

市场调节之所以能使企业的积极性"自动化"，主要是因为它切实保障企业经济上的独立性和经营管理上的自主权，把经营管理自主权和收益分配权结合起来，把企业的经营成果同企业的物质利益紧密联系在一起，实行自负盈亏、供产销自主、资金自筹（折旧基金归己，流动资金和基建投资改由银行贷款）。

社会主义既然实行商品制度，无论国营企业或集体所有制企业都是作为具有各自特殊物质利益的独立的商品生产者活动，既然商品的价值只能由社会必要劳动量决定，部门内部各个企业的劳动消耗是有差别的，而这种差别直接影响到企业职工福利和扩大再生产，因此，在社会主义商品制度中，经济竞赛或竞争的存在就不可避免。恩格斯指出：在一个进行交换的商品生产者的社会里，如果谁想把劳动时间决定价值这一点确立起来，而又禁止竞争用加压力于价格的办法，即一般说来是唯一可行的办法来确立这种对价值的决定，那就不过是证明，至少在这方面，他采取了空想主义者惯有的轻视经济规律的态度。列宁认为：在政治方面实行竞赛，比在经济方面容易得多，可是，为了社会主义的胜利，重要的正是要在经济方面实行竞赛。经济竞赛应当同企业的物质利益联系在一起，功过有别，赏罚分明。这种经济竞赛就是竞争。在竞争过程中，淘汰那些几十年一贯制的低劣产品，淘汰那些拖四个现代化后腿的企业，才能鼓励先进，鞭策落后。没有竞争，就会让那些落后企业寄生在9亿人民身上吃"大锅饭"，就会造成官厂化、官商化，整个经济机构就会变成死气沉沉的封建官僚衙门。社会主义建设正反两方面的经验证明，社会主义商品经济没有竞争是不行的。列宁曾经指出，资本主义竞争是兽与兽之间的斗争。但列宁同时又指出：竞争在相当广阔的范围内培植进取心、毅力和大胆首创精神。竞争能够推动技术进步，提高劳动生产率，改进产品质量，增加花色品种，改善服务态度。竞争在促进生产力发展中的积极作用是不容抹杀的。我们为什么不可以取其长、补其短，取其利、避其害呢？社会主义必须做到这一点，而且能够做到这一点。社会主义经济竞赛代替了资本主义竞争，但它并不否定竞争，而应高于竞争，优越于竞争，应当在更加广阔的范围内，在广大劳动者集体之间培植进取心、毅力和大胆首创精神。

其次，市场调节能够把劳动者的个人物质利益同社会利益密切结合起来，充分调动劳动者的社会主义积极性。

社会主义个人物质利益规律主要是通过按劳分配实现的。在商品生产的条件下，按劳分配又是同价值规律相联系的。企业职工的劳动要支出在对社会有用的形态上，生产一种能够满足社会需要的使用价值，而且生产这种使用价值所花费的劳动量应当是社会必要劳动量。但是，是不是社会必要劳动，又只有交换才能证明。因此，按劳分配的"劳"同社会必要劳动的"劳"是有内在联系的。这就要求把职工的劳动报酬同企业的经营成果直接联系起来，使职工的工资全部或大部分直接取自本企业销售产品所得的收入。这样就能够充分调动劳动者的积极性，并且把劳动者的个人物质利益同集体利益密切结合起来。

我们现在在劳动就业上实行"大包干"的"铁饭碗"制度，在分配上实行吃"大锅饭"，不仅造成了人力的惊人浪费，而且任其发展下去，势必坐吃山空，搞光社会主义家底。现在是打破那种认为劳动力不是商品，因而不要核算，不讲效率，不追究经济责任的陈旧观点的时候了。改革劳动管理制度，必须有效地利用市场机制和各种经济杠杆，一方面给企业择优选用和精减多余职工的机动权，另一方面允许职工有选择职业的自由，在国家统一的劳动计划范围内，把计划分配和择优选用、自由择业结合起来。为了防止由此产生的劳动力无序流动，国家应当利用工龄津贴等经济办法进行控制。

再次，利用市场机制能够活跃整个国民经济，做到"管而不死，活而不乱"。

社会主义现代化建设需要有集中统一的领导。但是集中统一必须建立在民主的基础上。没有民主，集中制就可能走到反面，变成专制主义。

我国现行的高度集中的管理体制，不适应商品经济的特点。商品生产是以社会分工和产品的不同所有者为前提的。生产者经济上的自主权是商品生产固有的特点。我们权力过于集中的管理体制同这个特点是有矛盾的。这不仅产生官僚主义，瞎指挥，而且束缚了地方和企业的积极性和主动性。要克服这个矛盾，就必须正确地运用市场调节，实行经济民主。

在商品经济中，不仅有从事商品生产的工农企业，有从事商品交换的商店，而且还有为商品经济服务的银行、信用、社会簿记等经济机构和经济立法、经济法庭等法律机构。在社会主义实行商品制度的条件下，不仅要正确处理中央、地方、企业和劳动者之间的关系，而且要充分发挥为生产和流通服务的各种机构的作用，使它们各尽其能、各显神通。但是，多年来在我们这里，有的机构没有设立，有的形同虚设，有的往往成为执行"长官意志"的工具。例如，国家银行应当是全国性的簿记机关，全国性的产品的生产和分配的计算机关，这可以说是社会主义社会的一种骨干。但是我国的人民银行却不能发挥这种作用。"长官"画圈批条胜过银行的权威；财政上统收统支取代了信贷关系；银行贷款变成无偿占用；经营不善可以不受经济惩罚。银行自身也是手捧"铁饭碗"吃"大锅饭"。在这种情况下，银行往往成为按"长官意志"办事的行政机构，对国民经济不能起到监督和调节的作用。再如，税收机关是商品经济中的一个重要经济机构，它通过税收调节企业之间的收入的再分配，推动企业加强经济核算，为国家积累资金，还可以用增加或减免税收的办法来调节企业的生产。但是，现行的税收政策却往往起着保护后进，限制先进的作用。所以，我们应当适应市场经济的特点，改变那种单纯依靠行政组织，行政办法来管理经济的状况，充分发挥各种经济组织的作用。

要活跃市场，还必须按照经济区划合理地组织商品流转。各地区由于经济和自然条件的差别，形成不同的经济区划。这些经济区划互相联系、互相依存，形成统一的国内市场。这就要求应当按照经济区划组织商品生产和流通。但是，我们往往用行政区划代替经济区划，造成商品流向混乱，库存积压，甚至实行封建割据，互相封锁，荒谬地切断合理的经济联系，阻碍经济的正常发展，造成大量的浪费。

要活跃市场，还必须充分发挥市场机制的积极作用。市场是一切交换关系的总和。它能迅速地、敏感地把整个国民经济和各部门的发展状况反映出来。因此它起着计划经济的"气象台"和"检验器"的作用。计划是否正确地反映客观规律的要求，要通过市场来检验；群众的需求的变化，要靠市场来反映；产品品种规格是否对路，质量是否合格，价格是否合理，销售是否适时，市场反映得最及时。

不仅如此，市场机制在调节社会劳动按比例分配方面的作用，还可补充计划的不足，克服计划的局限性和盲目性。例如，某种产品的生产由于计划安排不当，或价格不合理，或片面地追求产值，造成了滞销、积压。这种状态表示投在该商品上的劳动过多，不适应社会的需要，价值规律受到了侵犯。这时价值规律便通过市场机制来显示它的作用。为了消除社会劳动的浪费，我们就应当自觉地按照市场供求变化适时调整生产计划或者利用市场机制来调节供求的不平衡。

利用市场机制，还能够监督和保证企业完成计划任务，履行合同义务。

最后，利用市场调节在政治上还有助于克服官僚主义、瞎指挥、封建专制主义、思想僵化。

我们对中国长期的封建社会和半封建半殖民地社会遗留下来的官僚专制主义的遗毒绝不能低估。第一，商品经济不发达，半自给自足经济的长期统治，这是产生封建专制主义、缺乏民主习惯的经济根源之一。发展社会主义商品生产，利用市场调节，有助于克服封建专制主义、"长官意志"等。商品、货币是天生的平等主义者。商品交换不承认任何特权和超经济的强制，人们都是作为平等的商品所有者互相对待。人人都得在市场这个考场上接受价值规律的检验。利用市场调节，就迫使领导机关和领导干部面向市场，面向基层，面向实际，及时研究市场动向，了解群众的需求。第二，在市场经济的条件下，企业和国家之间的关系，企业之间的关系都建立在经济核算的基础上，彼此承担法律和经济责任。第三，企业实行自负盈亏，职工个人的物质利益同企业的经营成果密切联系在一起，这就要求企业实行民主管理，企业有权抵制上级机关"瞎指挥"，企业领导人必须对企业职工负责任，接受群众的监督；群众对企业领导人的任用有选举权、罢免权。

当然，市场经济同计划经济也有矛盾的一面。比如竞争会造成无政府状态等。这个矛盾本质上是中央、地方、企业和劳动者个人利益矛盾的表现。它可以在社会主义制度范围内得到解决。只要国家统一政策，统一财经纪律，统一经济立法，同时打击资本主义势力的破坏活动，市场调节的某些消极作用是可以克服的，社会生产的无政府状态也是能够避免的。

（原载《经济研究参考资料》1979 年第 3 期）

社会主义商品经济论

关于商品货币在社会主义制度中的地位和命运问题，自俄国十月革命以来，一直是社会主义建设的重大理论问题和实际问题。中共十二届三中全会通过的《中共中央关于经济体制改革的决定》明确指出，社会主义经济是"公有制基础上的有计划的商品经济"。这一科学论断正确地总结了社会主义建设的历史经验，回答了经济改革实践中提出的新问题，使我们明确了社会主义经济的基本性质和主要特点，给经济体制改革指明了方向。

我国社会主义经济制度的发展必然要经历从自给半自给经济向社会化的社会主义商品经济转化的过程

我国社会主义社会脱胎于半殖民地半封建社会，而不是脱胎于发达的资本主义社会。中华人民共和国成立前，自给自足、半自给自足经济广泛存在，自然经济在许多地区居于统治地位，商品经济极不发达，这是我国的基本国情。

自然经济同社会主义是不相容的。自然经济的特征是，社会是由许许多多同类的经济单位（父权制的农民家庭、原始村社、封建领地）组成的，每个这样的单位从事各种经济工作，从采掘各种原料开始，直到最后把这些原料制作得可供消费。"这种生产方式是以土地及其他生产资料的分散为前提的。它既排斥生产资料的积聚，也排斥协作，排斥同一生产过程内部的分工，排斥社会对自然的统治和支配，排斥社会生产力的自由发展。它只同生产和社会的狭隘的自然产生的界限相容。"①

自然经济把社会生产分割为无数小而全的自给自足单位，排斥生产过程的社会分工和协作。社会主义借以建立的物质基础却是以发达的社会分工和广泛的协作为特点的社会化大生产。

自然经济墨守成规，故步自封，排斥技术进步，阻碍科学技术的推广运用和发展。社会主义则要求生产在现代科学技术基础上不断增长，并为科学技术进步开辟了广阔的前程。

自然经济排斥社会劳动在社会范围内按比例地分配，排斥各经济单位之间的交换和流通。社会主义则要求社会劳动在各部门和各种产品生产间按比例地分配，广泛发展部门间、行业间、地区间、企业间的交换和流通。

自然经济不计工本，不计消耗，不讲核算，排斥劳动的节约和经济效益的提高。社会主义则必须实行全面的经济核算，注重经济效益，提高劳动生产率。

自然经济只求自给自足，以各经济单位及其成员的极其低下的需求为满足。社会主义则是以满足每个社会成员的不断增长的物质和文化需要为动力，社会主义为生产持续稳步增长提供了取之不竭的源泉。

所以，自然经济与社会主义经济制度是不相容的。社会主义制度不能以自然经济这种生产方式作为自己的经济基础。

我国的基本国情，决定了我国社会主义制度的发展和完善，必须以彻底瓦解自然经济为前提。只有当生产和交换方式突破了自然经济的狭隘界限时，才能创造出更高的劳动生产率，才能提高宏观和微观的经济效益，才能保证人民不断增长的需求得到满足，才能促进生产力以比旧社会更快的速度发展。自然经济解体的过程越迅速、越彻底，社会主义制度就越巩固、越发达、越完善。

但是，自然经济并不会随着半殖民地半封建社会的灭亡和生产

---

① 马克思：《资本论》第一卷，人民出版社 1975 年版，第 830 页。

资料公有制的建立而即刻彻底解体。自然经济是落后的生产力的产物，生产关系的变革虽是促使自然经济解体的客观条件，但生产力性质和发展水平才是瓦解自然经济的决定因素。唯有近代机器大生产才最终导致延续几千年的自给半自给经济逐个解体。机器的制造和广泛运用，加深了社会分工，发展了生产的全面社会性。分工和生产社会化，一方面把各种有用劳动联结成有机整体，使每个人的劳动都成为社会总劳动的组成部分，从而具有社会性，另一方面分工又把人们终身固定在某种职业上，劳动的片面性和差别性使每个人的劳动具有个别的局部的性质。当生产力的发展不足以消除个别的局部的劳动和社会劳动的矛盾时，商品经济必然成为适应社会化生产力的唯一可能的生产和交换方式。当社会化的商品经济一旦产生和发展，它便会以自己特有的经济和技术优势，并以简单商品经济无可比拟的强大攻势，迫使自然经济最终解体，把商品货币关系渗透到国民经济各个领域。所以，在我国，适应国民经济现代化事业的发展，必然经历一个自然经济最终解体，社会主义商品经济大发展的过程。

自然经济的彻底瓦解，并不是一个转瞬即逝的短暂过程。列宁说过："因为在商品经济以前的时代，加工工业同采掘工业结合在一起，而后者是以农业为主，所以，商品经济的发展就是一个个工业部门同农业分离。商品经济不大发达（或完全不发达）的国家的人口，几乎全是农业人口，……从事农业的居民自己进行农产品的加工，几乎没有交换和分工。因此商品经济的发展就意味着愈来愈多的人口同农业分离，就是说工业人口增加，农业人口减少。"[①]"加工工业与采掘工业的分离，工场手工业与农业的分离，使农业本身也变成工业，即变成生产商品的经济部门。这种专业化过程，把产品的各种加工彼此分离开来，创立了愈来愈多的工业部门；这种专业化过程也出现在农业中，建立了农业的日益专业化的区域

---

① 《列宁全集》第三卷，人民出版社1959年版，第19—20页。

（和农业经济体系），不仅引起农产品和工业品之间的交换，而且也引起各种农产品之间的交换。"① 列宁的这些论述给我们指出了自然经济解体和商品经济发展的客观标志。没有人口构成的非农业化，不实现广泛的社会分工和专业化，不形成与生产、交换、消费社会化相适应的产业结构，不造成广大的统一市场，自然经济体系就不可能彻底解体，社会主义商品经济的发展就受到限制。在社会主义条件下，实现生产和交换方式的这一深刻变革，不需要重复资本主义所经历的那种痛苦的漫长的过程，但也绝非短时期就会实现的。在我国，随着私有制的社会主义改造的完成，随着社会主义工业化的发展，自给半自给经济便开始逐步向社会化的社会主义商品经济转化，然而，这一过程至今远未完成。

我国社会主义经济制度的发展，必然要经历两个互相联系、互相制约、互相促进的过程：首先在所有制方面实现从生产资料私有制到公有制的变革；进而在生产和交换方式方面实现从自给半自给经济向社会化的社会主义商品经济的转化。前一过程不能代替后一过程，后一过程不会随前一过程的完成而自发地实现。前一过程的顺利实现能够推动和加速后一过程的发展，但没有后一过程的实现，社会主义制度的巩固和完善是不可能的。中共十一届三中全会以来，这一转化过程已大大加速。

社会主义经济的商品性是社会主义生产关系内在的固有的属性，是社会主义生产关系体系的本质特征之一

我国社会主义商品经济是随着社会主义公有制的产生而产生，随着社会主义公有制统治地位的确立而居支配地位的。因此，社会主义经济的商品性质不是旧社会的遗留物，不是与社会主义生产关系不相容的、强加给社会主义的外部因素。

---

① 《列宁全集》第三卷，人民出版社 1959 年版，第 18 页。

在旧中国，封建地主阶级对农民的超经济剥削，小农土地私有制，把农民世世代代束缚在一小块土地上，使自然经济延续几千年之久。近代资本主义商品经济虽有发展，但居统治地位的官僚资本主义，由于其封建性、买办性、垄断性以及同反动政权合为一体，具有极大的寄生性和腐朽性，商品经济的发展和市场的扩大受到了严重阻碍。因此，消灭封建主义和官僚资本主义，进而实现生产资料公有化，必然为商品经济在广度和深度上的发展扫清了道路。

社会主义公有制代替生产资料私有制，这一过程不能改变生产的商品性质，只能改变商品生产的私有性，使它具有新的质的规定性。所有权与劳动在个人私有和个体劳动基础上的直接结合，是简单商品经济的特点。简单商品经济转化为资本主义后，发生了所有权与劳动的分离，由此导致商品生产的所有权规律转化为自己的直接对立物，即以所有权和劳动的分离为内容的资本主义占有规律，等价交换成了一种和它的内容无关的并使它神秘化的形式，这便是资本主义商品生产区别于其他商品生产的最本质的特征，也是决定商品生产的资本主义性质的主要因素。社会主义公有制取代了资本主义私有制，消灭了所有权与劳动的分离，消除了等价交换的形式与内容的矛盾，在联合劳动的基础上，实现了所有权和劳动的结合。所以，这种结合不是简单商品生产关系的再现，而是在更高级的形态上即在共同劳动、共同占有的基础上实现所有权和劳动的结合。但是，在社会主义条件下，所有权和劳动相结合的复归，不能同时实现劳动生产物由价值和使用价值二重物到使用价值一重物的转化，即由商品到产品的转化。原因在于，在现有生产力水平下，剥夺资产阶级和改造小私有制，远不能创造出全部物质生产领域都能在全社会规模上实现劳动和所有权相结合所必不可少的经济条件，不能在全社会范围内实行统一核算、统负盈亏、统一分配。如果无视生产力状况，追求劳动和所有权结合形式单一化，人为地扩大统一核算单位的规模，结果，只能使劳动者的物质利益和劳动成果疏远化，造成分配上的平均主义，最终导致所有权和劳动事实上的分离。所以，在社会主义制度下，适应生产力状况，劳动和所有权的结合不是单一的，而是在不同范围、不同程度、不同层次上，通过多样化形式实现的。在这种条件下，除了商品货币之外，其他的生产和交换方式都不能充分地体现劳动和所有权的结合，因而都不能为人们所共同接受。因此，商品交换便成为各个集合体之间互相交换劳动的基本形式；在不同层次、范围上实现了劳动和所有权结合的劳动者集体，便成为具有自身特殊权益的相对独立的商品生产者或商品经济组织。

这样，社会主义在实现了所有权和劳动相结合的复归的同时，又实现了商品生产发展的辩证法。经过否定之否定，社会主义在商品生产发展更高级的形态上实现了商品生产所有权规律的复归，这便是社会主义经济区别于它由以脱胎出来的资本主义经济和个体私有经济的本质特征，也是决定商品性是社会主义经济固有属性的主要因素。

商品经济是社会生产发展一定阶段上的社会生产关系体系。马克思指出："产品作为商品的交换，是劳动的交换以及每个人的劳动对其他人的劳动的依存性的一定形式。"[1] 他充分肯定了商品是被物的外壳掩盖着的人与人之间关系的论点。列宁更明确地指出："商品生产是一种社会关系体系"[2]，"一定的历史社会形态的社会生产关系体系"[3]。所谓社会生产关系体系，就是说，首先它是社会发展一定阶段上的生产关系，不是别的社会现象。其次它不是社会生产关系的个别方面和个别过程，而是从生产和再生产全过程来把握的生产关系总和，是把商品生产当作一个周而复始的不间断的运动过程，包括商品的生产、分配、交换和消费的有机整体。商品生产和再生产过程诸方面以各自特殊的经济职能互相区别、互相对

---

[1] 《马克思恩格斯全集》第二十六卷，人民出版社 1974 年版，第 139 页。
[2] 《列宁全集》第二十一卷，人民出版社 1959 年版，第 41 页。
[3] 《列宁选集》第二卷，人民出版社 1972 年版，第 589 页。

立，又互相联系、互相制约。当社会生产由为生产者自身消费转变为以交换为目的时，商品货币关系必然由生产渗透到分配、交换和消费诸方面，形成社会生产关系体系。只有商品生产而无商品交换、分配和消费，是不可思议的。马克思指出："一定的生产决定一定的消费、分配、交换和这些不同要素相互间的一定关系。"①生产具有商品性，消费、分配和交换必然采取商品形式，并受商品生产规律支配和制约。最后，当商品生产和其他社会生产方式同时并存时，随着生产力的发展和社会分工的深化，与商品生产相对立的分配方式、交换方式、生产方式，必然或迟或早地被商品生产所取代。商品生产，特别是社会化的商品生产，由于其经济和技术优势而成为"普照的光"，促使自然经济和其他超经济的人身依附关系逐个解体，形成商品生产关系在社会经济形态中的统治。这就是作为社会生产关系体系的商品生产的含义。我们所说的"商品经济"，就是把商品生产当作社会生产关系的体系或总和来理解的。否定商品经济范畴，实际上就是否定商品生产是"一定的历史社会形态的社会生产关系体系"。只有这样来理解商品经济范畴，才能全面地正确地把握"社会主义商品经济"的全部含义。

在社会主义制度下，商品货币关系不是只有形式而无内容，也不是局限于生产和再生产过程的个别环节，而是居支配地位的基本的社会生产关系。无论是社会劳动的计划调节，消费资料的按劳分配，人们之间根本利益的一致性，都不能否定社会主义经济的这一基本属性。问题的关键在于，在不同层次上实现了与所有权相结合的劳动，不具有直接的社会性，因而客观存在的局部的个别劳动和社会劳动的矛盾，便成为制约社会主义经济性质的基本矛盾。

劳动的直接社会性，是与局部的个别劳动相对而言的范畴。根

---

① 《马克思恩格斯全集》第四十六卷（上），人民出版社1979年版，第37页。

据马克思的论述①，它具有以下的特点：（1）它是按照社会需要的比例，投在对社会有用的形态上，因此无论在质的方面和量的方面都具有社会必要劳动的性质。（2）它在生产过程中"一开始就不是特殊劳动，而是一般劳动"，"在交换以前就应成为一般劳动"。相反，间接的社会劳动"只有通过交换才能成为一般劳动"，"是交换最先赋予劳动以一般性质"，因此劳动的社会性质是"事后确立下来"的。（3）直接的社会劳动表现为时间，劳动生产物表现为单纯的使用价值。相反，间接的社会劳动必须经过迂回曲折的途径，通过交换表现为使用价值和价值二重物。（4）直接的社会劳动是按照人们的需要直接调节劳动时间在各部门的分配的。相反，在劳动的社会性必须通过交换才能表现出来的条件下，社会必须通过市场机制和经济杠杆来行使调节机能。（5）在劳动具有直接社会性质的条件下，"产品的交换决不应是促使单个人参与一般生产的媒介"，"个人分享产品界，参与消费，并不是以互相独立的劳动或劳动产品之间的交换为媒介"。在劳动的社会性通过交换才能表现出来的条件下，交换对人们参与生产、分配和消费具有不容忽视的制约作用。（6）生产者的劳动在生产过程一开始就具有一般劳动的性质，是以局部的个别的劳动和社会必要劳动的差别已经不复存在为前提的。"在这里，交换价值的交换中必然产生的分工不再存在了，代之而建立起来的是某种以单个人参与共同消费为结果的劳动组织"。可见，仅仅实现了生产资料的公有化，但只要社会分工以及由此引起的个别劳动和社会劳动的矛盾依然存在，无论劳动者个人的劳动或劳动者集体的劳动，都不具有直接的社会性。

如果把指令性计划调节，生产资料的统一调拨，消费资料的统购包销，看作劳动具有直接社会性的证明，那么，这就否定了交换的必要性，否定了具体劳动必须经过交换还原为一般的抽象劳动，

---

① 参阅《马克思恩格斯全集》第四十六卷（上），人民出版社 1979 年版，第 118—120 页。

否定了价值和等价交换,否定了货币的一般等价物机能,从而生产物也无须经历"惊险跳跃"。结果,必然抹杀客观存在的熟练劳动和非熟练劳动、复杂劳动和简单劳动、有效劳动和无效劳动的差别,使分配、消费同生产和流通的实际经济效益脱钩,个人躺在企业身上、企业躺在国家身上吃"大锅饭"。

社会主义实行计划经济是社会主义制度优越性的表现。但计划经济的优越性,并不意味着它消除了商品经济所固有的个别劳动和社会劳动的矛盾,而在于它能自觉地利用这个矛盾,协调矛盾诸方面的关系,趋利避害,促进科学技术进步和生产力发展。计划本身仅是调节社会主义商品经济矛盾的必要方式或手段。计划调节的对象,是社会主义商品经济中诸方面的关系。计划调节的机能,是通过统筹兼顾各个商品生产者的利益,使他们各司其职,各展其长,以推动社会主义经济机体高效率地运转。所以,任何计划调节方式都不能不按价值规律的要求办事,都不能排斥市场和市场机制。

市场和市场机制是商品经济共有的运行机制。在社会发展不同阶段的商品经济中,市场和市场机制的作用及其后果,不仅直接依赖于它所在的客观经济条件,而且市场和市场机制本身就有特殊的质的规定性。既然我们承认社会主义商品经济同资本主义商品经济的本质区别,那么我们就没有理由把社会主义商品经济中的市场和市场机制同资本主义画等号。所以,国家在行使经济调节职能时,不仅有必要而且完全可能有效地运用市场和市场机制。

社会主义商品经济适应社会化生产力性质,必然在质和量的方面趋向深化和发展

社会主义商品经济方兴未艾。和传统观念相反,社会主义商品经济不是开始消亡,而是日趋发展;不是质的方面消亡、量的方面发展,而是在量和质的方面均趋向发展和深化。这一客观必然的趋势,是由生产关系一定要适合生产力性质的规律决定的。

马克思指出:"无论哪一个社会形态,在它们所能容纳的全部生产力发挥出来以前,是决不会灭亡的;而新的更高的生产关系,在它存在的物质条件在旧社会的胎胞里成熟以前,是决不会出现的。"① 马克思阐明的历史唯物主义的这一基本原理,适用于所有制的变革,也适用于作为社会生产关系的商品货币关系。生产力决定生产关系的性质、形式和结构,人们不能自由选择生产力,因而也不能自由选择生产和交换方式。生产和交换方式既不能长期落后于生产力,也不可能超越生产力。

商品货币关系的性质虽然决定于所有制的性质,但在生产关系的变革过程中,它对一定形式的所有制保持着相当程度的相对独立性。在人类历史的长河中,任何一种所有制都只具有历史的暂时性,而商品货币关系迄今已延续数千年之久。商品货币关系具有相对稳定性、继承性和延续性的特点。

商品货币关系保持顽强生命力的源泉,在于它适应社会化生产力的性质和发展趋势。它实行等价交换原则,因而能适当调节人们之间利益上的矛盾,能适应社会化需要促进专业化协作,发展各种经济联合;它扫清了自然经济给生产力发展设置的障碍,开辟了广大的市场,给生产发展提供了巨大的刺激力和几乎无限增长的可能;它实行择优的原则,竞争给生产和经营造成强大的压力和活力,使人们不断地改善经营管理,重视智力开发,推动科学技术的进步;它创造了银行、托拉斯、股份公司等,为社会化经济提供了适当的组织形式;它有价格、利润、利息、股息、税金等市场机制和经济杠杆,为社会化大生产的有效运行提供了必不可少的经济机制,为按比例地分配社会劳动创造了灵活多样的调节手段。在当代,生产社会化程度之高已今非昔比,社会分工更加精细,部门和行业日益增多,产品种类之多不胜枚举,花色品种变化之快日新月异。在这种条件下,排除了商品货币关系及其固有的市场机制,仅

---

① 《马克思恩格斯全集》第十三卷,人民出版社1962年版,第9页。

仅靠一个指令性计划来囊括几十万个企业的产供销，要保证经济运行的效率、生机和活力，是难以想象的。

由自给半自给经济向发达的商品经济转化，和由商品经济向非商品经济转化（即商品消亡），是两个相互联系但又不容混淆的不同过程。不完成前一变革，便不能促进后一过程的实现；后一过程的实现，必须以前一过程的完成为前提。但是，前一过程完成之日，绝非后一变革开始之时；自然经济彻底瓦解之时，并非商品消亡开始之日。这首先是因为商品经济一旦取代了自然经济，必然要经历一个发展和繁荣的时期。任何一种适应生产力性质的新生产关系一旦确立之后，都要经历相对稳定时期。稳定社会主义商品经济，正是生产力发展的需要。其次，商品经济消亡所需要的条件，远比自然经济解体所需要的条件复杂得多、艰巨得多。只要生产力发展还不能达到在全社会规模上实现劳动和所有权的结合，还不能在全社会范围内实行统一核算、统一分配，只要迫使人们奴隶般地服从的分工还存在，个别劳动和社会劳动的矛盾还不能消除，商品经济就不会消亡。显然，这些经济条件单靠自然经济瓦解是不能提供的。马克思在谈到商品消亡时指出："这需要有一定的社会物质基础或一系列物质生存条件，而这些条件本身又是长期的、痛苦的历史发展的自然产物。"[①]

社会主义商品经济发展的客观过程表明，所谓"产品性"或"产品经济"，并非社会主义经济固有的内在属性，而是传统观念和旧的经济体制强加给它的外部因素。中共十一届三中全会以来，由于实行对内搞活经济的政策，社会主义商品经济正在摆脱传统偏见和旧的经济体制的羁绊，按照自身固有的规律发展。这不仅表现在商品量增加和商品率提高，而且突出地表现在商品货币关系的范围正在进一步扩大：从两种公有制之间外部联系的形式，进一步伸延到各种公有制经济内部，国营经济内部诸方面关系趋向全面商品

[①] 马克思：《资本论》第一卷，人民出版社 1975 年版，第 97 页。

化，各种公有经济联合体如雨后春笋；从作为生产过程结果的产品商品化，发展到作为占有对象的生产资料商品化；从生产和交换领域进一步扩展到分配和消费领域；从消费资料生产发展到长期实行统配的生产资料生产；从物质资料生产部门伸延到科技、文教、信息、劳务、军工等部门。商品货币关系深化，又引起了商品货币关系形式的多样化，统购统销、统购包销、统购统配制度已经被突破。这一切标志着我国社会主义商品经济的发展开始跨入了一个新的发展阶段。这一客观进程表明，社会主义商品经济不是开始"消亡""褪色"，而是趋向繁荣发达。

按照社会主义商品经济及其规律办事，全面地改革经济体制

我国原有的经济体制已经不能适应"四化"建设的需要，阻碍着生产力的发展。全面地、系统地、有步骤地改革经济体制，建立具有中国特色的社会主义经济体制，是我们面临的迫切任务。

建立什么样的经济体制，不能由人们按照自己的意愿自由地去选择。我们改革经济体制面临着两种抉择：或者按照所谓"产品经济"模式，"进一步完善"原有体制；或者顺应生产力发展趋势，按照社会主义商品经济及其规律的要求办事，全面改革经济体制。

所谓"产品经济"，按照持这一主张的人的看法，是共产主义因素的经济，其特点是商品生产已消亡，劳动生产物已失去商品的属性；生产按国家的指令性计划进行，价值规律不再起调节作用；产品实行统一调拨和统一分配，交换和流通已不再是再生产的必要过程。历史经验已经表明，按照"产品经济"模式来"完善"原有体制是不可取的。

首先，"产品经济论"和"社会主义商品消亡论"如出一辙，都认为生产和交换方式可以超越生产力。这种观点违背了生产关系

一定要适应生产力性质的规律。在人们之间相互交换劳动的方式上，如果不顾生产力的状况，人为地用产品代替商品，生产关系的社会主义性质一定会受到损害和歪曲，劳动者集体和个人的物质利益一定会遭到侵犯，平均主义和"共产"风就难以平息，自然经济就会以新的形式重现。这正是原有经济体制的弊端。可见，主张按"产品经济"模式来"完善"经济体制，同主张所有制搞"穷过渡"，并没有本质区别。

其次，按照所谓"产品经济"模式来"完善"，不仅不能消除原有体制的弊端，相反地只能强化和发展原有体制中的自然经济因素，把我国经济体制最终变成封闭的、僵化的自然经济型的体制。

"产品经济论"实质上是"自然经济论"的翻版。它把社会化大生产等同于小生产；把社会分工混同于企业内部的分工；把计划经济歪曲为封建家长制的自然经济，否认独立的交换过程，用配给和实物分配取代流通；不讲等价交换，否定统筹兼顾国家、集体、个人诸方面的关系；不重视经济效益，否定价值规律对生产的调节作用；注重行政命令和行政手段，排斥经济杠杆和市场机制。"产品经济论"实际上是把实物化的经济关系理想化的"自然经济论"。

我国原有的经济体制，正是以"产品经济论"作为理论根据建立起来的。这种模式的经济体制在基本方面留有深刻的自然经济烙印。它给社会分工的发展设置了重重障碍，各部门、各地区、各行业不能发挥各自的经济和技术优势，扬长避短，提高社会的经济效益，社会化的经济机体被分割为无数的"大而全""小而全"的经济单位，形成"一种产品多家生产，一家生产多种产品"。这种封闭式的组织体制造成了资源的巨大浪费。这种体制违背了社会化生产力的本性，把企业当作附属于各级政府机构的"算盘珠"，否定企业拥有相对独立的商品生产者的地位和权益，把靠交换联结起来的国民经济有机体混同为一座工厂，由国家直接经营企业的供产销，管理企业的人财物，经济的运行只能听从来自中央主管部门的指令。这种体制以分配代替交换，以调拨取代流通，把货币当作单纯计算工具，造成货不对路，产销脱节，供求失调，年复一年地重演"工业报喜，商业发愁，滞销积压，财政虚收"。这种体制否定社会主义市场机制在调节经济运行方面的机能，特别是价格体制僵化，造成产业结构畸形，市场供求长期失调，物资紧缺。这种体制在分配方面实行吃"大锅饭"的平均主义，个人物质利益同生产经营的效益脱节，责、权、利互相分离。所以，在这种体制下，生产和再生产过程诸方面，都不能没有浓厚的自然经济色彩。这正是我们要全面进行改革的原因。显然，如果按照"产品经济论"办事，不仅不需要对原有体制进行全面系统改革，相反地，应当强化这种导致经济生活缺乏活力和生机的体制。

所以，经济体制改革唯一可行的抉择，就是顺应生产力发展的要求，以社会主义经济是有计划的商品经济为基点，对原有体制进行全面改革，建立能够促进生产力发展的充满生机和活力的社会主义经济体制。

从这个基点出发，要把单一化的经济结构改为以全民所有制经济为主导、以公有制占优势的多种经济形式、多种经营方式并存的经济结构，按照自愿互利、等价交换的原则，广泛发展各种形式的经济联合。

从这个基点出发，改革过分集中的决策体系，正确划分国家的经济管理职能和企业经营管理权的界限，区分全民所有制经济的所有权和经营权的界限，给企业以相对独立的经济实体和自主经营、自负盈亏的商品生产者的地位，增强企业的活力，充分发挥劳动者的主动性、积极性和创造性。

从这个基点出发，改革指令性计划体制，自觉运用价值规律，缩小指令性计划范围，扩大指导性计划和市场调节的范围，建立既有统一性又有灵活性的计划体制，把大的方面管好管住，小的方面放开放活。

从这个基点出发，建立和健全完备的计划调节体系，改变单纯依靠行政手段和行政命令进行计划管理的办法，充分发挥价格、税收、信贷等市场机制和经济杠杆的积极作用。当前，不合理的价格体系，严重地妨碍计划、财政、商业和外贸体制的改革，阻碍经济责任制和经济核算的实施。改革不合理的价格体系和价格体制，已成为经济体制改革的关键。现在，不仅有必要，而且有可能全面改革价格体制，把价格放开搞活。

从这个基点出发，建立各种形式的经济责任制，实行责、权、利相结合，国家、集体和个人利益相结合，职工个人利益和劳动成果相结合。

从这个基点出发，实行政企职责分开，正确发挥国家管理经济的职能，充分发挥城市中心作用，逐步建立以城市特别是大、中城市为依托的，开放式、网络型的经济区。

这样，才能加快"四化"建设，促进社会主义商品经济的繁荣和发展。我国经济体制改革在十一届三中全会所通过的关于经济体制改革的纲领性文件指引下，定将结出丰硕的经济之果。

（原载《经济研究》1984 年第 11 期）

经济市场化和市场现代化是当代社会生产力发展的必然趋势

——谈我国发展市场经济过程中的若干问题

党的十四大明确提出，我国经济改革的目标是建立社会主义市场经济体制，这是对14年改革实践的科学总结。当然，建立社会主义市场经济体制是史无前例的伟大实践，改革刚刚起步，其中必然会出现一些难题和矛盾，需要我们科学地加以认识和解决。

1. 何谓市场经济？经济学界大体上有3种看法：第一种看法，认为市场经济就是商品经济，也就是商品生产加商品交换。这种观点看到了市场同商品的关联，但看不到它们之间的区别。事实上，传统的社会主义政治经济学也不否认社会主义制度下存在商品生产和商品交换。第二种看法，认为市场经济是相对于计划经济，商品经济是相对于自然经济、产品经济而言；是指由市场还是由计划来调节资源配置。这种看法强调了资源配置的主体功能。但是，如果讲资源配置功能，在商品经济中这个功能也是由市场来行使的。因此，按照这种看法依然不能把握市场经济与商品经济的区别。第三种看法，认为市场经济是现代发达的商品经济，或者说是商品经济发展的高级阶段。

我倾向于第三种观点。所谓市场经济，包括两个不可分割的内容：一是经济市场化，二是市场现代化。它具有以下基本特征：第一，商品范围囊括一切产品、劳务和各种生产要素；第二，市场覆盖生产和再生产的全过程，遍及国民经济各部门、各行业、各地区，从而形成统一的完整的市场和市场体系，并且与世界市场相对接，成为世界市场的组成部分，第三，国家对市场运行管理法治化、规范化、秩序化、科学化，实现了市场主体之间的平等竞争；第四，市场组织和运作工具现代化、科学化。只有具备上述基本特征的市场经济才能对资源配置起到优化作用。因此，简单商品生产或自由竞争的原始商品经济虽然都离不开市场，但都不能称为我们要实行的市场经济。唯有发达的社会化的现代商品经济才能叫市场经济。我们搞市场经济绝不能重走资本主义原始积累和自由竞争的老路。

2. 市场的本质是交换关系的总和，是社会生产关系的重要方面，是通过物与物交换表现出的人与人之间的关系。当我们讲市场也是一种"手段"或"工具"时，绝不能忘记这一点，否则，市场的命运就可能沦为"大观园的丫鬟"（孙冶方语）。

3. 商品—市场作为社会生产关系的重要方面，具有普遍性，相对独立性、延续性、革命性的特点。

所谓普遍性，即自原始社会解体以来，商品—市场存在于一切社会生产方式之中，为各种生产方式所共有。所谓相对独立性，即商品—市场对相继更替的生产方式保持独立性，它能为各种生产方式服务，而绝不会成为某种生产方式灭亡的殉葬品；同时，在特定生产关系中，它虽受生产资料所有制和分配方式的制约，但它同时也反作用于一定的所有制形式和分配方式；当所有制和分配方式变更时，它却能继续生存。所谓延续性，即商品—市场自有人类社会大分工以来，能够适应不同层次、不同水平、不同性质的生产力的需要，延续数千年，至今仍保持着旺盛的生命力。所谓革命性，即在社会生产方式的更迭中，商品—市场始终作为促进生产力发展的革命因素，加速旧制度的解体，推动新制度的诞生。

可见，商品—市场作为人类社会共有的社会生产关系，是有自身产生和发展的规律的。深入探索这些规律是广义政治经济应当补上的重要一课。

4. 商品—市场的顽强生命力在于它适应多层次的生产力，特别是适应社会化生产力性质及其发展趋势。

在社会化大生产的条件下，市场主体的多元化，引起人们之间利益多元化和主体行为无序性，就这点说市场经济与社会化生产力性质是有矛盾的。但是，政治经济学传统观念只看到这一面，看不到或否认它对社会化生产力还有适应的一面，而且这一面是主要的、基本的，自然经济和战时统制经济与现代社会化生产力性质却是对立的，它们最终都或早或迟地成为阻碍生产力发展的因素进而退出历史舞台，而市场经济依然保持着旺盛生机和活力。其原因在于：

它实行自愿互利、等价交换的原则，通过协作和联合，协调社会化生产力与行为主体多元化、利益多元化的矛盾。

它拥有整套的经济参数、各种经济杠杆诱发企业的行为，传递经济信息，既尊重企业的经营自主权，发挥企业的活力和生机，又能从经济上迫使企业在为社会公共利益服务的前提下求得自身的发展，保证国民经济的协调和稳定。

它实行平等竞争，优胜劣汰，推动企业提高资源利用的效率，促使资源合理流动，从而实现资源配置优化。

它要求任何劳动都投在对社会有用的形态上，实行按需生产，以需促产，从而它能有效地协调社会生产和社会需求的矛盾。

可见，市场和市场经济同迄今为止存在过的其他任何经济形式相比，都具有无可比拟的优越性，能够为社会化生产力持续高效发展提供广阔的余地。正因如此，它至今仍保持着旺盛的生命力。

5. 市场和市场经济的消亡，与资本主义制度的灭亡，这是两个虽有联系但不容混淆的历史过程，"商品消亡论"错在把两者混为一谈。社会主义革命通过剥夺剥夺者，消灭了资本主义私有制与社会化生产力的矛盾，但不可能同时消除商品—市场经济的基本矛盾即社会劳动与个别劳动的矛盾。只要存在个别劳动与社会劳动的差异，只要劳动者公有化的劳动不具有直接的社会必要劳动品格，市场和市场经济就不会消亡。政治经济学的传统观念恰恰把这两个不同的过程混为一谈，从而引申出市场和市场经济随资本主义制度灭亡的错误结论。旧体制的弊端就在于它否认公有经济特别是国有经济中个别劳动和社会劳动的差异，导致分配上的平均主义。资本主义生产方式赖以生存的条件与市场和市场经济是分不开的，但市场和市场经济的生存条件却不依赖于资本主义。因此，社会主义制度的建立绝不意味着经济市场化过程的终结。

6. 中国的特殊国情决定了中国社会主义制度的建立和完善，必须经历自然经济彻底解体和经济市场化的历史过程。

人们一般是从当代不同经济体制的横向比较中，作出建立市场经济体制必要性的结论。这种比较分析是有益的，也是必要的，但不能说是深刻的。因为这种分析方法的局限性，在于它没有揭示出我国经济市场化的客观必然性和深刻的历史根源。我国社会主义制度脱胎于半封建半殖民地社会。中华人民共和国成立前，商品经济极不发达，经济市场化过程极不平衡，在广大农村和边远地区自然经济占据统治地位。社会主义与自然经济是根本对立的。社会主义绝不能以自然经济作为自己的经济基础。社会主义只能建立在现代社会化大生产的物质技术基础之上。因此，社会主义政治制度建立之后，我们必须刻不容缓地加速推进国民经济现代化，用现代科学技术和设备改造落后的小生产。经济现代化水平越高，分工和专业化就越细；社会分工越发达，市场化过程就越迅速；经济市场化越顺利，现代化事业成就便越大。经济现代化必然导致经济市场化；经济市场化又反作用于经济现代化，成为推进经济现代化最有力的杠杆。所以，经济现代化和经济市场化是互为因果、相辅相成、互相促进、互相制约的不可分割的过程。在我国，社会主义制度的建立、完善和发展，舍此别无他途。人们不能自由地选择生产力，因而也不能按照自己的意志自由地选择生产方式和交换方式。在谈到中国的改革为什么只能选择社会主义市场经济体制时，是不应当忘记历史唯物主义的这一基本原理的。

7. 在商品—市场经济条件下，实现资源优化配置是价值规律特有的职能。

优化资源配置是人类社会生存和发展的物质基础。资源由实现物质资料生产和再生产所需要的诸种要素总和构成。在商品生产的条件下，资源的分配是通过价值规律实现的。马克思指出："任何一个民族，如果停止劳动，不用说一年，就是几个星期，也要灭亡，这是每一个小孩都知道的。人人都同样知道，要想得到和各种不同的需要量相适应的产品量，就要付出各种不同的和一定数量的社会总劳动量。这种按一定比例分配社会劳动的必要性，决不可能被社会生产的一定形式所取消，而可能改变的只是它的表现形式，……而在社会劳动的联系体现为个人劳动产品的私人交换的社会制度下，这种劳动按比例分配所借以实现的形式，正是这些产品的交换价值。"[①] 价值规律调节社会劳动即资源的分配，是通过市场和市场机制表现出来的。在商品生产的社会中，任何可供人们支配和利用的资源都具有商品的属性，资源的流动必须通过市场。市场决定资源的投向和资源分配的比例；市场提供诱导人们行为的信号；市场协调人们之间的利益关系。市场的这种功能是资源配置的其他手段所无法取代的。人们不应当否认和忽视行政手段在资源配置中的作用，但行政手段是否有效，决定于它能否按价值规律的要求办事。

这里涉及一个基本理论问题，即公有化的劳动是不是直接社会劳动，或具有直接社会性。传统看法是肯定的，即认为一旦社会占有了生产资料，每个劳动者的劳动在进入直接生产过程之前天然地就具有社会必要劳动的品格。实践证明这种观点在理论上是错误的，在实践上是有害的。传统的指令性计划体制和分配体制正是以此为根据的。

8. 在资源配置过程中，计划与市场的作用具有互补性，究其原因，不是由于价值规律本身作用的"局限性"，而是由于市场主

[①] 《马克思恩格斯选集》第四卷，人民出版社1972年版，第368页。

体行为的盲目性所致。

在近代经济史上，资源配置方式最初的模式是自发的市场诱导型模式。当时，宏观资源配置优化，是通过企业在竞争中优胜劣汰自发实现的。在市场自发选择过程中，企业破产、工人失业、周期性危机等造成了资源的巨大浪费，增大了市场配置资源的成本，表现了市场诱导型模式的"缺陷"。但是，这个"缺陷"产生的根源并非价值规律本身，而是市场主体行为无序性所致。在资源私有的条件下，各个市场主体均以各自利益最大化为行为的宗旨，一旦他们的资源投向违背了价值规律按比例分配资源的要求，价值规律便会用企业倒闭、失业、危机等破坏性方式来校正市场主体行为的错位，强制地恢复资源配置与社会需求之间失去的平衡。这时，人们便求助于政府干预来减少行动主体的盲目性，从而为价值规律作用创造必要的条件和环境，降低资源配置的成本。

9. 改革资源配置模式，不能走修补和完善行政型资源配置体制的歧路，必须实行体制的整体转型，建立融计划与市场于一体的社会主义市场经济体制。

在当代西方国家，资源配置都实行不同方式或形式的有政府宏观管理的市场经济体制，但它的基础依然是资本主义私有制，政府只能作为市场的异己力量来协调市场配置资源过程中的矛盾。社会主义市场经济代替了资本主义市场经济之后，国家对宏观经济的管理和调节便不再作为与市场相对立的、市场的异己力量发挥作用。这时，市场不再作为异己力量与公有制相对立，而是与计划融为一体；计划也不再作为异己力量与市场相对立，而与市场融为一体。选择计划与市场一体化的市场型模式，并不是由人们的主观偏好、价值观念所决定的。这是在社会化生产力和公有制为主体的条件下，实现资源配置优化的唯一可能抉择。

计划市场一体化的市场型资源配置体制与行政指令型资源配置体制，是两种对立的模式，二者既不能搞板块结合，也不能把前者看作后者的完善和发展。前者以社会主义经济是有计划的发达的商品经济为立足点，以价值规律是优化资源配置的基本调节者为根据；后者以商品消亡论为出发点，以公有制与商品、计划与市场不能兼容为根据；前者与现代社会化生产力性质及发展趋势的要求相适应，能促进生产力持续协调高速发展和人民生活水平不断提高；后者则无视生产力现状及其发展趋势的要求，违背公有经济的商品性质，导致资源的浪费和破坏。因此，改革资源配置方式不能走修补和完善旧的行政型体制的歧路，搞计划与市场的板块拼凑。

10. 中国是不发达的社会主义国家，建立适合中国国情的社会主义市场经济，实现由行政指令型计划经济体制向社会主义市场经济体制过渡，是史无前例、今无范例的极其艰巨的事业。其中涉及一系列深刻的社会矛盾、难题是需要我们下大力气才可以解决的，举例来说：

——协调改革与发展的矛盾是一大难题。从长远看，改革是为发展创造一个稳固的长期起作用的体制条件，改革有利于促进发展；发展也有利于支持和推动改革。但是，在体制转型的过渡期，发展与改革却有无法回避的难以兼顾的矛盾。中国是发展中国家，我们面临着发达国家在经济上的严重挑战；中国是商品经济不发达的国家，我们是在市场体系尚未形成的条件下进行改革，因此，在体制转型时期必须保持相当的发展速度。但是，改革又要保持一个相对宽松的经济环境，要求国家有较充足的财力支持改革措施出台，要求把经济增长控制在国力所能承受的范围内，总之，要求在一定时期发展为改革让路。过去的经验证明，改革与发展的关系协调好了，改革就能较顺利地前进，发展也会因此获益。相反，二者矛盾激化，改革就会受阻，发展也会陷入困境。

——发挥市场机制的基础性作用和强化国家经济职能的矛盾。建立社会主义市场经济体制，要求培育竞争性市场，为市场机制发挥调节作用创造充分的条件和环境，实行政企分治，使企业摆脱对政府的依附关系，从这个意义上说，改革要求弱化政府对经济的直接干预。但是，我国是发展中的社会主义国家，第一，国家是国有资产的所有者，它需要通过对企业经营活动的干预实现自己的所有权；第二，我国经济起飞要求国家充分利用自己的政治优势和权力，集中有限的资源，加速发展重点行业和部门，争取在较短的时间赶上发达国家；第三，改革是自上而下地在政府领导下进行的，无论是破旧还是立新都要在政府领导下，并依靠政府的权力、机制来运作。很显然，这一切都是我们在转换政府经济职能中无法回避的难题和矛盾。

——国有经济的主导地位、公有经济的主体地位与多种所有制长期并存、平等竞争的矛盾。按照社会主义市场经济的要求必须改革所有制结构和公有制的实现形式，为各种经济成分长期并存、平等竞争、互相融合创造必不可少的环境和条件。但是，所有制改革又要确保国有经济的主导地位和公有经济的主体地位，否则，我国社会主义经济制度的基础将会动摇。不改革传统的所有制模式，便不可能有科学的社会主义，但所有制模式改革又不能突破社会主义制度的框架，必须沿着社会主义制度自我完善的轨道行进。历史上市场经济体制都是建立在私有制与市场经济的对接的基础上。从这个意义上说，改革无疑是一项史无前例的伟大而又艰巨的科学实验。

——就业和分配市场化，与共同富裕、经济稳定、社会安定的矛盾。社会安定和经济稳定是改革顺利进行的必要条件，共同富裕是改革所要实现的目标。但就业体制市场化，开放劳动力市场，把市场机制引入分配体制，不可避免地引起失业、破产、分配不公，影响社会安定和经济稳定，为深化改革设置了阻力和障碍。所以，劳动体制和分配体制的改革必须掌握好度，既要打破铁饭碗，又不能危及社会安定和经济稳定；既要让一部分人先富起来，又要防止两极分化。

——理顺价格，放开价格的行政控制，与低工资、低消费政策的矛盾。改革价格形成机制，让价格反映供求和资源的稀缺程度，这是决定整个经济改革成败的关键。广义的价格包括工资及各种要素的价格在内。理顺价格，要求改革工资结构和工资形成机制，把现行的不完全工资改为包括维持劳动力扩大再生产的全部费用的完全工资制。但是，我国人口众多，现代化事业尚待时日，必须统筹兼顾经济建设和人民生活，正确处理消费和积累的关系，低工资低消费的政策不可取，高工资高消费也不符合中国国情。我们现在依然必须提倡艰苦奋斗，勤劳节俭。这个难题不能不制约经济改革和就业、工资制度的改革。

——通货膨胀与稳定协调高速发展的矛盾。我国改革是在面临着严重挑战的国际环境下起步的。形势迫使我们必须保持较高的经济增长速度。但是，由于传统的外延粗放型发展战略的惯性依然在起作用，由于物资短缺的总格局难以迅速改变，由于企业自我约束和自我发展的机制尚未形成，在体制转型时期始终存在需求拉动型通货膨胀和成本推进型通货膨胀的双重压力。而通货膨胀又直接威胁经济高速增长，使之难以为继。因此，如何实现高速增长，同时又能把通货膨胀控制在适度的范围内，这是一大难题。

——对外开放与霸权主义、强权政治的矛盾。开放是双向的，而不是单方面的，是互利互惠的而不是单方面的援助或恩赐。我们实行对外开放。目的是引进外国资本、技术，打进外国市场，加速我国社会主义现代化事业，但我们又必须按照等价交换，互利互惠的原则，让出部分国内市场，让外商赚取利润。外国政府和外商欢迎我国开放政策，也是出于自身利益的需要，就他们的本意来说，绝不是为了培植一个自己的竞争对手。当今国家间的关系本质上是阶级关系。某些强国依然奉行霸权主义和强权政治的对外政策，借开放干涉别国内政。因此，我国对外开放政策能否贯彻，并不仅仅决定于我们自己的意愿。

——经济市场化、人际关系商品化和精神文明建设的矛盾。社会主义市场经济的形成，有利于推进社会主义现代化建设事业的发展，因而也会直接和间接地促进精神文明建设。但是，随着经济市场化，商品交换原则和金钱交易会侵蚀到人们之间的非经济关系领域，为权钱交易、唯利是图、贪污受贿、投机钻营等不正之风提供滋生的土壤。市场经济发展所带来的负效应是我们不应忽视的。

——改革的渐进式战略所带来的正效应与负效应的矛盾。我国改革选择了渐进式战略，避免了"休克疗法"所引起的社会动荡和经济不稳定，防止了恶性通货膨胀等灾难，缓解了体制转型过程中的矛盾和阻力。实践证明，渐进式改革是可行的。但是，由于体制转型经历的时间较长，在过渡期出现双轨运行的状态，特别是价格双轨制，引起经济秩序混乱，过度竞争，企业行为短期化，并给私倒、官倒提供可乘之机。因此，渐进式战略所带来的负效应也是不容忽视的。既要坚持渐进式改革，同时又要千方百计减少渐进过渡产生的消极后果，这又是一大难题。

总之，建立有中国特色的社会主义市场经济和市场经济体制有许多难题摆在我们面前。说到底，难就难在，一是我们要搞的市场经济是社会主义的，二是要符合中国国情。因此，我们不能照搬照抄西方的现成模式和经验。

11. 当前，我国改革已进入加快体制整体转型的关键时刻，尽快确立新体制的主导地位已刻不容缓。

前14年改革取得了很大进展，但从总体上说还带有局部性、探索性，旧体制还在继续运行，在某些领域甚至还居主导地位。

经济体制是由诸方面的运行机制组成的有机系统。能否实现资源配置优化，并不决定于个别的机制，而是决定于经济体制的整体功能。个别机能的功能是有限的，体制的功能才是持久的、全面的。因此，任何局部的改革措施都必须立足于体制的整体转型，而不能与体制整体转型背道而驰。据此，对过去已出台的改革措施应当进行一番科学分析，去粗取精，去伪存真，通过深化改革，巩固和发展、扩大改革的成果，尽快地实现由双轨制过渡到市场单轨运行。否则，长期拖延，旧体制复归的可能性是不能排除的。但是，倒退是没有出路的！

（原载《哲学研究》1993年第4期）

中国市场化改革:摆脱了困惑之后的艰难道路

中国的社会主义经济究竟应当选择什么样的模式？这个问题曾经长期困扰着党和国家的决策层和经济学界。现在，党的"十四大"终于明确地肯定，我国经济改革的目标是建立社会主义市场经济体制，发挥市场在政府调控下优化资源配置的基础性作用。在我们迈上经济市场化之路时，却遇到了许多难题。也许，解决这些难题恰恰正是创建具有中国特色的社会主义市场经济体制应有之义。

一

在资源配置中怎样兼顾效率和公平，这几乎是当今进行市场化改革的国家要着重解决的共同课题。然而，中国在推行市场化改革的历程中所遇到的难题却更多、更复杂。

——协调改革与发展的矛盾是体制转型过程中的一大难题。我国是发展中的社会主义国家，面临着西方发达国家和周边国家经济上和政治上的严重挑战。这场关系着"红旗能打多久"的竞争迫使我国经济必须保持较高的增长速度。同时，由于传统的粗放经营的发展战略作用的惯性，在体制转型的过渡期无法摆脱速度效益型模式即以速度求效益的困扰。为了保证中央政府有必要的财力对宏观经济实施有效的调整并支持改革，在新体制尚未形成的条件下也只能靠高速增长来求得低微的效益。但是，改革又要求保持一个相对宽松的经济环境，即要求把经济增长速度控制在国力所能承受的范围和限度内，以期形成有限的买方市场，为市场机制的作用创造必不可少的前提：要求中央财政从有限的收入中划出足够的资金支持价格改革和工资改革等，以利于缓解由改革引起的利益矛盾，加快体制转型。因此，在改革起步后，特别是在决定体制转型的关键时刻，经济发展要为经济改革让路，经济增长速度必须控制在有利于经济市场化的限度内。经验证明，改革与发展的关系协调好了，改革就能顺利前进，发展也会因此获益。即使经济增长速度一时慢一点，最终还是会上去。相反，如果不能协调二者的矛盾，在改革起步后，企图二者都迈大步，结果，改革受阻，经济也会陷入恶性循环。1985—1988年经济超高速增长，通货膨胀居高不下，市场秩序混乱，这段历史是不应当重演的。

——发挥市场和市场机制的基础性作用与强化国家经济职能的矛盾。改革要求弱化政府对经济运行的直接干预，要求强化市场的调节功能。但是，我国是发展中的社会主义国家。面临着改也难、不改也难的两难抉择。第一，我国政府的身份与西方国家不同，它是国有资产的所有者。既是所有者，它就不能仅限于从企业取得收益，还必须通过对企业经营和管理活动的干预实现自己的所有权。第二，我国要在经济上赶上发达国家，经济要起飞，这就要求政府充分利用自己的政治优势和行政权力，集中有限的资源，加速发展重点行业和部门，以带动整个国民经济的高速增长。如果完全排斥国家在资源配置中的功能，单纯依靠市场自发导向，实现经济起飞的过程将是缓慢的，代价将是巨大的。第三，我国政府既是改革的对象，又是改革的领导者。我国改革过程不能排斥自发性，不能否定自下而上的群众创造和推动，但从主导方面和总体上说，改革是在政府领导下有计划有步骤地推进的。无论破旧还是立新，都要在政府领导下，并依靠政府权力，借助于政府行政机制来进行。因此，在改革过程中我们面临着既要发挥市场和市场机制的基础性作用，又要强化国家经济职能的两难抉择。面临着如何正确摆正政府—市场—企业之间关系的难题。

——社会主义国有经济的主导地位、公有制的主体地位与多种所有制经济平等竞争、长期并存的矛盾。按照社会主义市场经济的要求，社会主义社会所有制结构应当多元化，各种经济成分不仅长期并存，共同发展，而且平等竞争，互相融合。但是，所有制改革又必须保持国有经济的主导地位和公有经济的主体地位。否则，我国社会主义制度的基础势必动摇。既要保证主导和主体地位，又要在平等的地位上开展经济竞赛；既要在市场竞争中发挥自己的经济优势，又不能凭借行政权力实现经济上的和非经济的垄断，这无疑是一大难题。在体制转型的过渡期，新生的非公有制经济对市场具有天然的适应性，从它出生之日起就能够显示出生机和活力。而公有经济要完全摆脱旧体制的束缚，实现公有制与市场经济的对接，却是颇费周折的。在改革初期，公有制经济的主体地位是靠数量优势支撑的。随着所有制结构日趋多元化，非公有经济会以高于公有制经济几倍甚至数十倍高速度增长，从而向公有经济的数量优势提出挑战。公有经济只有加速从数量优势向经营优势转化，才能保持住自己的主体地位。在平等竞争的市场上，靠躺在政府的怀抱中"吃偏饭"是不可能取得经营优势的。只有全面提高企业的素质，强化企业自我积累的功能，才能在与非公有经济的竞争中立于不败之地，并实现其主导。另外，国家对非公有经济的发展要采取适当鼓励和扶持的政策，以发挥其有益的补充助手作用。国家对非公有经济既不能排斥、歧视、压制，也不能放任自流发展；既要保障它的合法地位，又不能让它喧宾夺主取代公有经济，这个"度"是很难把握的。在体制转型的过渡期，国有经济需要经过反复探索才能找到自己在市场中的生长点，非公有经济对竞争性市场却具有天然的适应性，因此，如果国有经济的市场化改革徘徊不前，它的主导地位势必削弱。

——贯彻等价交换原则，把市场机制引入分配制度和按劳分配、共同富裕的矛盾。市场和市场机制对公有经济中分配方式的作用，进一步强化了形式上平等掩盖实际上不平等的"资产阶级权力",增强了分配的约束功能和激励功能,但同时又会拉大贫富差距,引起体脑倒挂,多劳不多得,而非劳动多得又会转化为以食利为目的的金融资产。此外,非公有经济的发展和劳动力市场开放,还会给分配制度注入市场竞争机制,形成对公有经济的冲击波。这样,如何体现和贯彻按劳分配,便成了分配制度实际操作中的一大难题。

——开放劳动力市场,把市场机制引入就业体制与职工主人翁地位、社会安定的矛盾。在就业体制转型过程中遇到了两大特殊问题:首先,中国农村存在上亿潜在失业人口,一旦开放劳动力市场,农村乡镇企业虽然可以吸收一部分,其余部分却会形成一支庞大的自发的流动待业大军,影响经济的稳定和社会安定。其次,国有经济内部存在一支逾千万人的在职失业人口。如果继续走"企业内部消化"的老路,搞好搞活企业就势必落空;但如果把这支大军推上社会,新建产业难以吸收如此众多的就业人口,社会保障体系也无法承受如此巨大的压力,这就不能不增加改革的阻力和障碍。

——理顺价格,改革价格形成机制与现行工资政策、消费政策的矛盾。价格体系改革要求实现价格结构合理化,理顺比价关系。为此,必须改革工资结构和工资形成机制,把现行的所谓低工资即不完全工资制改为包括维持劳动力扩大再生产的全部费用的完全工资制。工资改革能否就位,关系到产品和其他要素价格改革、住房、社会保障制度等改革。但是,我国人口众多,国家财政拮据,现代化事业尚待时日,必须统筹兼顾经济建设和人民生活,正确处理消费和积累的关系。低工资和低消费的政策不足取,高工资和高消费的政策也不符合中国国情。市场经济在很大程度上是消费经济,但我国在相当长时期都必须提倡艰苦奋斗、勤劳节俭。这个难题不能不制约价格体系、工资制度等改革。

——经济协调稳步持续发展和通货膨胀的矛盾。在体制转型时期,通货膨胀却难以避免。这主要是因为传统的外延粗放经营的发展战略的惯性作用,企业和地方政府行为的自我约束、自负盈亏的机制尚未形成,分权让利削弱了中央财政的调控实力,物价改革引起物价总水平上升,居民收入和消费快速增长,因此改革和发展面临着需求拉动型通货膨胀和成本推进型通货膨胀的双重压力。如何在加速体制转型时实现高速增长,同时又能把通货膨胀控制在经济所能承受的适度范围内,这是一大难题。

——农村市场化和稳定家庭承包责任制的矛盾。农业的根本出路在现代化、市场化、商品化。改革初期,靠家庭承包制释放了被人民公社体制压抑的农民生产积极性,生产力已经获得解放。现在则是要在稳定和进一步完善家庭承包制的前提下解决一系列新问题:如个体经营和规模经济效益的矛盾,小生产和大市场的矛盾,农村非农产业调整发展和农业增长不稳定的矛盾,农村城镇发展、开放劳动力市场和相对稳定农业劳动力的矛盾,提高农民生活和增强农民自我积累、自我发展的约束机制的矛盾,国家对农业实施保护政策和农村市场化、农业商品化的矛盾,等等。

——我国对外开放基本国策和超级大国奉行的霸权主义、强权政治的矛盾。我国开放了国内市场,让外商赚取合法利润,参与国际分工和合作。但前提是独立自主、平等互利。应当清醒地看到,外国政府和商人欢迎我国开放政策,是完全出于自身利益的需要,是大势所趋。因此,我们对外开放政策能否得到有效贯彻,并不仅仅决定于我们自己的意愿。我们应当区别对待,进行有理有利有节的斗争。重返关贸总协定,将为我们争得一个合法的斗争工具和斗争场所。

——经济市场化、人际关系商业化和社会主义精神文明建设的矛盾。随着经济市场化,商品交换原则和金钱交易也会侵蚀到非经济关系领域,为权钱交易、贪污、收受贿赂、投机钻营、唯利是图等不正之风提供滋生土壤。市场经济发展所带来的负效应是不应当忽视的。

以上列举的种种难题,大致上可分为三类:第一类是改革的环境和条件而产生的；第二类属于改革的任务和目标；第三类是改革措施引起的后果。这些都是我国市场化改革过程中无法回避的矛盾。当前，经济学界似应把注意力从论证市场经济的一般规定性和坚持市场化改革的必要性转移到这些难题上。

二

我国由行政型计划经济体制向社会主义市场经济体制过渡，必须经历一段艰难的行程，可以称为新时代的长征，究其原因，是由于我国改革的特殊环境所决定的。

我国改革的特殊起点。我国长期以来，对适应现代生产力性质和发展趋势的商品—市场关系实行排斥和限制政策，商品—货币关系处于扭曲和萎缩状态下生存。所谓产品经济实质上是变相的自然经济。在这个低起点上进行改革，任务就要艰巨得多、复杂得多。一方面要为发展商品—市场经济扫清障碍、创造条件，加速自然经济的彻底解体，最后完成由自然经济半自然经济向现代发达的商品经济过渡；另一方面要适应生产力发展和市场体系发育程度，建立社会主义市场经济管理体制，实现社会主义经济体制与现代市场经济对接。这两项任务二位一体，互相制约。前者是基础性的，是后者赖以建立和有效运行的基础；但体制对前者也非消极的被动的因素。

我国改革的特殊性质。

我国改革事业的艰难性远非其他国家所能比拟的。首先，我国改革可谓前无古人、今无范例，既没有现成的经验可以搬用，又无成熟的完备的理论可以照抄，一切都只能靠我们自己在改革的实践中去探索。迄今为止，已经建立或正在转向市场经济的国家，都是在资本主义制度的框架内宏观管理体制与市场经济接轨。有些国家，在转向市场经济的同时，也把社会主义基本经济制度当作"污水"泼了出去，实行了全面私有化。现代市场经济和资本主义制度天然具有适应性；现代市场经济与社会主义制度接轨却是有待于长期实践的难题。其次，就市场经济和市场经济体制形成的历史过程来看，西方国家是自发的，他们所谓的"制度变革"，是在商品—市场经济已经发育成熟的条件下进行的；我国则是在"空地"上建造市场经济体制大厦，首先必须为这座大厦建筑基础工程，清扫旧体制的废墟。最后，我国改革是在政府领导下，依靠原有的行政机构和官员进行的。政府机构既是改革的领导者和实施者，又同时是改革的对象。政府机构的这一矛盾地位使得它在体制转型过程中既可能充当改革的促进者，又可能设置障碍。前几年大量"官倒"滋生，近年来出现的大量"翻牌公司"，就证明了这一点。

我国改革方式的特殊性。当今由行政型计划经济体制向市场经济体制过渡，基本上有两种战略选择："休克疗法"和渐进式。我国改革从开始就从中国的国情出发，自觉地选择了渐进式的方式。渐进式改革有显著的优点：首先，经济改革不同于一个阶级推翻另一个阶级政治大革命，它是在基本制度的框架内调整生产关系与生产力、上层建筑与经济基础的矛盾，改革不适应生产力的管理体制。因此，改革本身必然表现为一个适应生产力发展的渐进过程，而不表现为爆发式的突变。选择渐进式的改革战略与改革本身的性质是相适应的。其次，渐进式有利于社会安定和稳定，能够为改革较顺利地推进创造必不可少的社会环境。改革是社会各阶级、阶层利益的大调整。任何一项重大措施出台都会在人们之间引起反响和震荡。采用渐进式改革方式，在推出各项举措时不仅要考虑到需要，而且要考虑到可能，照顾到人们经济上和心理上的承受力。这样就可避免恶性通货膨胀和大量失业引起的社会动乱，缓解各阶级、阶层之间的矛盾。最后，渐进式可以在不打乱经济秩序的条件下较平稳地实现体制转轨。体制变革是破旧立新的过程。如果轻率地打碎原有的经济机构，废止原有的法规，而新的运行机制和机构不能同时建立起来，不仅会造成宏观调控的缝隙，而且会引起经济生活混乱。经验表明，在体制过渡期，无论运行机制的转换，或者经济组织的调整，都应当遵循先立后破、有破有立的原则。但是，渐进式战略也不是没有弊病。首先，渐进式改革要经历由局部调整到整体转型的过渡时期。在这个阶段会出现两种对立的体制并存、两种对立的规则调节经济运行的状态，这就势必引起经济秩序混乱、市场规则多元化，给权钱交易、投机风潮提供沃土，使出台的改革措施难以产生预期正效应。其次，双轨运行所产生的矛盾和摩擦，有可能出现体制局部甚至整体复旧。计划体制借以运转的机制和培植起来的习惯势力是体制复旧的社会基础；双轨运行则是体制复旧或改革扭曲的客观条件。因此，渐进式改革不能久拖不决，让体制带病运转。绝不能把过渡期双重调节规则扩大化、凝固化。

改革目标的特殊性。我国经济改革的目标是建立社会主义市场经济体制。具体地说，在所有制形式方面要实现公有制与商品货币关系对接；在运行机制方面，实现计划与市场对接。社会主义经济市场化是生产力发展的不可抗拒的必然趋势。

我们要建立的是没有资本主义所有制和资本家的"资本主义"市场经济。[①] 中国经济市场化绝不能搞私有化、资本主义化。但是，能不能通过"企业法人所有制"来"模拟资本主义私有制"或"模拟资本产权"，从而保证新体制有效地运作，取得传统市场经济体制的效率，又可避免它固有的弊端呢？这至今依然是一个有待实践证实的理论上的假设。关键在于"模拟产权私有"能否硬化财务约束，能否形成企业自我约束、自我发展、自我积累的机制，能否保证公有资产持续增值，能否真正实现优胜劣汰。市场调节就是市场择优弃劣。对国有资产来说，不管企业是否法人所有者，市场选择的最终后果都要转嫁到国有资产的所有者——国家身上。股份制是国有企业改革可供选择的形式之一。现在我们由社会

[①] 列宁曾把无产阶级专政的国家称作"没有资产阶级的资产阶级国家"。

主义国有制回到了股份制,并不是否定剥夺者,走一条与历史发展相反的路,而是为了探寻一种与商品经济相适应的企业模式。再就产权界定来说,明确界定产权即产权明晰化,是我们主张实行股份制的论据。但是,股份制产生之初恰恰是通过所有权与经营权分离,来模糊产权关系,把纯粹私人资本转化为集体的社会的资本,从而使资本占有关系在一定程度上适应生产社会化的要求。社会主义国有制是全民所有制的形式。这种公共占有形式与股份制相比,无疑更适应社会化的生产力。而且它的产权关系是明确的,国有企业的经营管理权和所有权是不容置疑的,都属于政府。明显的例证,就是企业成为政府的附属物,在下放管理权后又出现"诸侯经济"。这不恰恰表明各级政府对所属企业的产权具有明确的毫不含糊的排他性的占有权和支配权吗?问题的症结在于,在国有经济中责、权、利分离,行使权力和享受利益、承担义务不对称;国有经济实行政企合一,企业成为政府的附属物。改革并不是改变所有制,而是要转换企业的经营机制。所以,用产权明晰化来论证股份制的必要性,在理论上似乎难以成立。不考虑基本经济制度和经济发展的差异,搞移花接木,很可能得到的不是市场经济的硕果,而是它的残枝枯叶。国有企业实行股份制之后,在实际操作中还会遇到一些难题。比如,国有股能否上市?如果允许上市,个人和非国有经济可否购买?有的学者认为,国有股买卖只不过改变国有资产的形态,即由实物形态转化为货币形态,国家并未因此受到损失。但是,在股票形式上存在的金融资产毕竟与企业资金是有区别的。股票一旦上市,便脱离生产过程按自身的特殊形态进行运动,并在流通中实现自我增值。由此形成与物质资料生产和流通相区别的经济,人们形象地把它称作投机性的"泡沫经济",一旦市场出现险情,便难逃厄运。我们如果把股份制作为国有大中型企业改革的基本形式,有何良策防止"泡沫经济"的形成呢?这个难题靠《公司法》来规范股票交易秩序是无济于事的。看来,在积极进行股份制试点的同时,我们应当鼓励人们大胆探索,寻求新思路和新形式。

改革的特殊国情。从总体上说，我国至今依然是二元经济结构的不发达国家，城市现代大工业和农村手工劳动并存，城市发达的商品经济与农村半自给自足经济并存，城乡经济发展的不平衡性使得城乡改革不能同步推进，只能分步实施，但城乡市场是不容分割的整体。一体化市场与城乡二元经济结构的矛盾以及体制整体性与城乡分步改革的矛盾，往往使我们顾此失彼，不能统筹兼顾。我国幅员广阔，地区间经济发展极不平衡。各地改革与开放的起点高低不一，经济条件和自然条件有优有劣，因此，在一定时期地区间经济发展水平和收入水平的差距不仅不会缩小，相反可能加大，国家要承认差别，让条件好的地区先富起来，绝不能重开"大锅饭"，但又不能放任自流，否则势必引起地区间、民族间利益上的矛盾甚至冲突。

总之，我国市场化改革的道路之所以艰难，是由我国改革的特殊环境和背景决定的。舍此，别无他途。走过这段崎岖之路，展现在我们面前的将是"柳暗花明"的新天地。

三

中国的市场化改革，可以说是在新时期中国共产党领导11亿中国人民进行的新长征。改革是艰难的，但不改革更难。我国在经济上原本比西方国家落后了几个世纪。中华人民共和国成立后，尽管我们实行了"赶超战略"并取得了很大成就，但是，由于经济工作指导思想上"左"的错误长期统治，频繁的政治运动的干扰，在长达20多年的时间里工作重点始终没有转到经济建设上。"左"的指导思想和集权的计划经济体制结为一体，使我们在经济上和科学技术方面与西方国家的差距进一步扩大。落后难免被别人宰割，落后就要挨打。相反，如果抓住机遇，加快市场化改革步伐，把经济搞上去，我们就可以在两个社会制度的竞赛中立于不败之地。所以，坚持改革就是要知难而上。两年前，我在一篇文章中曾经说过：中国的希望在深化改革，改革成功的希望在于坚持社会主义市场取向。

当前，我国改革已进入体制转型的关键时刻，虽然市场在资源配置中开始发挥基础性作用，但是，计划经济体制复归的可能性却现实存在着。首先，旧体制的主导地位尚未让位给市场。计划经济体制的主要特征是政企合一，经济运行完全依靠行政机制、行政系统，作为社会生产和经营的基本单位——工厂或商店都不具有现代企业的性质。改革以来，为了搞好企业，采取了诸如扩大企业自主权、利润分成等一系列措施，但都没有触及政企合一这个核心问题，所以多数国营企业竞争乏力。其次，某些改革措施背离了市场化方向，起了变相地强化旧体制的负效应。例如，按行政系统实行分级财政包干，最初是为了调动各级政府增收节支的积极性，克服财政困难。但后来却作为一项改革措施加以普遍推行。结果，把各级政府和所管辖的企业在经济利益上更加紧密地捆在一起，强化了政企合一的体制，形成了互相割据的"诸侯经济"。再次，旧体制培育起来的并作为它运行的社会支柱的习惯性势力还严重地存在。这股习惯势力是旧体制的既得利益者，既有掌印的官员，也包括吃惯了"大锅饭"的平民百姓。改革是为了造福于广大人民群众，使他们在改革中获得看得见的物质利益。因此，绝大多数人对改革是持积极拥护和支持态度的。但改革毕竟是利益的再分配。某些因改革而丧失既得利益的人，往往会自觉或不自觉地充当改革的阻力。给改革设置这样或那样的障碍。最后，体制转型过程中，由于传统发展战略和旧体制的惯性作用，不得不靠强化行政手段加以抑制，使改革的进程被迫中断。如果继续沿着强化行政手段的路子走下去，旧体制的复归便可能成为现实。

从我国改革走过的路程来看，旧体制复归并不一定采取赤裸裸的形式，而是表现为一些新的特点：一是在改革的旗号下维持或恢复旧体制。例如，20 世纪 80 年代后期出现的"公司热"中，政府主管部门纷纷改头换面组建公司，一身二任，既是经济实体，又继续行使政府职能。90年代初又出现了组建"企业集团热",政府主管部门纷纷挂起了公司集团的招牌,取消企业法人资格,上收下放权力,强化政企合一体制。这类体制复旧都是在改革的旗号下出现的,因此它的危害性更大。二是旧体制局部复归。例如,农村实行家庭承包制,确立了农民家庭作为独立的商品生产者的市场主体地位,但是"打白条"、各种名目的摊派屡禁不止。这是"对农民变相的剥夺",加重了农民的负担。这无疑是对市场化改革的反动。今后,市场化改革之势已不可逆转,但如果不重视解决深化改革过程中出现的局部的、在改革旗号下出现的复旧现象,改革的成果就可能丧失,深化改革便难以举步。

我国改革的进程表明,改革除了要防止计划体制复旧之外,还必须正视把改革推向邪路的危险。我国改革大业是在党领导之下,以社会主义基本制度自我完善、充分发挥社会主义制度的优越性为宗旨,因而,就避免了苏联和东欧国家把市场化改革引向全盘私有化所带来的灾难。但是,如果对体制转型时期潜藏的逆流视而不见,那也是十分有害的。首先,一些政府官员趁改革之机利用职权大搞权钱交易,受贿索贿,出卖经济情报、私售公文批件、敲诈勒索、贪赃枉法。他们与社会上的不法之徒相互勾结,侵吞公有资产,挥霍社会财富,破坏社会风气,扰乱经济秩序。这批人是寄生在社会主义公有经济机体上的蛀虫。他们力图把公有资产蜕变为谋取私利的官僚垄断资本,借改革营私。反腐败和推行廉政建设已经成为政府行政体制改革最紧迫的任务。否则,改革葬送在这批寄生阶层手中,不是不可能的。其次,改革中兴起的一批暴发户。这个新的富裕阶层并不是靠勤劳、节俭经营致富,而是靠钻双轨运行和体制缝隙的空子,用行贿、偷税漏税、坑蒙偷盗、走私贩私等违法手段大发不义之财。社会主义市场经济的发展将堵塞他们的生财之路。他们的利益与改革是对立的。他们力图把改革引上原始的自由竞争的商品经济道路上去。这个新生的富裕阶层具有强烈的寄生性,消费挥霍无度,几乎毫无自我积累的功能。因此他们不是促进生产力发展的积极力量。最后，化公为私，国有资产潜行私有化。国有经济改革过程中，一些企业用不正当手段，例如偷漏税金、乱摊成本、少提折旧、囤积短缺物资、虚报盈利等，以便达到提高工资和奖金、增加职工福利的目的。其结果，造成大量国有企业虚盈实亏、国家财政虚收，大量国有资产流失，天长日久国有资产将被"吃"空，国有经济势必成为"空壳"。① 这种化公为私的危害性绝不亚于公开的私有化。赤裸裸地鼓吹全面私有化，人们容易识破，但在"改革"的旗号下，用各种不正当手段侵吞国有资产却能滋生蔓延，直接威胁改革的前程。我国改革是社会主义制度的自我完善，但如果对破坏改革的黑势力听之任之，如果对侵蚀国有资产的行为视而不见，那么，自我毁灭的可能性是不能排除的。然而，避免自我毁灭，不能因噎废食，只有坚持社会主义市场化改革才是唯一出路。

当前深化改革的形势、环境与 14 年前比，已经有了很大变化。因此，改革必须寻求新的思路，才有可能有新的突破。以农业改革为例，我国现行的家庭承包经营保留着简单商品经济的基本特征。人们提出"把农民推进市场""建一方农村市场，活一方经济"，还提出"缩小工农业产品价格剪刀差""实行农产品保护价"等，这无疑对推动农村商品经济发展是有益的。但是如果企图仅仅依靠这些办法实现现行家庭经营与市场经济对接，是无济于事的。近几年农村中出现的卖难、买难，主要农作物播种面积时而缩小，进而扩大；多种经营时而一哄而上，时而一哄而下，农民叫苦不迭，国家调控乏力。这种状况反映了现行家庭经营与现代市场经济的矛盾。现代市场经济是不能建立在以手工劳动为基础的分散经营的小生产基础之上的。没有生产的现代化、社会化、商品化，就不可能有发达的完善的市场体系；没有发育成熟的市场体系，市场就不可

---

① 据《经济日报》1992 年 1 月 22 日报道，我国机械工业每年少提折旧费达 50 亿元。照此推算，40 年后，现有 2260 亿元固定资产将被"吃"光。

能对优化资源配置起到调节作用。如果不积极发展农业的现代化和社会化，不逐步扩大家庭经营的规模，不提高农业的组织程度，现行家庭经营与现代市场经济的矛盾是无法消除的。对过去"一大二公"的教训要记取，但不能因噎废食。社会化、合作化是生产力发展的必然趋势。

历史的经验和教训表明，推行市场化改革应当重视改革环境的建设，积极为重大措施出台创造条件。改革不仅要讲必要性，而且要讲可能条件。超越客观条件的许可盲目蛮干，就可能导致改革失败；消极等待条件成熟，就可能错失改革良机。讲改革的条件，最重要的是为改革创造和保持相对宽松的经济环境。所谓相对宽松的经济环境，是对短缺经济下紧运行相对而言的。它要求社会总供求基本平衡，经济增长速度保持在国力所能承受的范围，通货膨胀率控制在居民所能承受的限度内，财政收支大体平衡。只有这种经济环境才有利于体制整体转型，有利于发挥市场机制的调节功能，有利于社会安定。1985—1988年经济超高速增长，通货膨胀居高不下，社会供求矛盾加剧，迫使我们不得不推迟价格改革措施出台，转而进行经济调整。实践证明，没有相对宽松的经济环境，任何重大改革措施都难推行。当前改革已到了决定体制整体转型的关键时刻。记取这个教训是十分必要的。1992年我国经济出现了12%的高速增长势头。经济学界对此评价不一，有的说过热，有的说正常。我以为，评论去年的增长速度应当跳出冷热之争，应当看它是否有稳定的体制作为基础，是否靠优化资源配置实现的，是否有利于加快体制整体转型，是否能持续。根据这个标准，在保持社会总供求基本平衡的前提下适当地调低增长速度是必要的，也是有益的。当前压倒一切的紧迫任务是加快改革步伐，为今后持续高速高效发展创造稳固的长期起作用的体制。加快经济立法，这是保证体制有秩序地转型所必不可少的条件。为了在实施渐进式改革战略过程中趋利避害，尽量减少双轨运行带来的矛盾和摩擦，防止市场秩序的混乱，堵塞宏观调控的空隙，应当坚持立法先行、先立后破的原则。只有这样，1985—1988 年出现的经济秩序混乱、官倒私倒猖獗的黑幕在今后深化改革中才能避免重演。

深化改革还要求重新调整改革的战略步骤。长期以来，学术界对价格改革和企业改革孰先孰后问题一直有争论。两派观点各执一端，都失之偏颇。我国旧计划经济体制下经济运行靠行政组织、行政机制。政企合一是这个体制的根本特点。改革以来，为了搞活企业，先后实行过利润分成、利改税、下放管理权限、承包制……真可谓千方百计，但收效甚微。同样，现在消费品和服务价格多数均已放开，生产资料价格大部分也已实行市场定价，但由于市场体系发育严重滞后，广义价格（包括利率、汇率、地价、劳动力价格等）市场化举步艰难。究其原因，迄今为止我们在改革战略选择上忽视了旧体制政企合一这一根本点，企图绕开政企分治去推行各项改革，甚至有的改革措施强化了政企合一的体制，例如，财政分级包干。新形势下深化改革必须重新调整战略部署，首先，着重解决政企分治，分解政府职能，普遍推行企业"无婆婆"制度，为搞活企业和加快统一市场体系的发育创造制度前提，消除来自旧体制及其习惯势力的障碍和阻力。

实现体制顺利转型，降低改革成本，还必须在改革的决策和实施方面推行各级领导的责任制，即各级政府领导人对决策和实施的后果承担政治上和经济上的责任。改革关系到亿万人民的切身利益，关系到我们国家的前途和命运，既不能因循守旧、畏首畏尾，又不能盲目冒进、无人负责。这是旧体制的一种流行顽症，改革正是要从体制上根除它，但由于我国改革性质是制度的自我完善，改革的战略采取渐进式，在一个相当长的时期里我们要依靠原有的体制、机构和官员来完成体制的转型，因而旧体制存在的无人负责等积习会不时地顽强地出来阻挠改革，加深双重体制的摩擦，增加改革的成本。这类事例在过去 14 年改革中并不罕见。我们曾为此付出了不少的代价。今后深化改革不应当忘记历史教训，精心设计，精心施工。

中国改革已初战告捷,今后将会演出更加壮观绚丽的戏剧。21世纪是东方的世纪。

(原载《财贸经济》1993年第11期)

我国市场体系发育和建设的历史进程

市场作为经济范畴，是商品交换关系的总和。市场的功能是通过调节生产和交换当事人之间的利益关系，实现资源的合理配置。由单一的产品市场发展到包括生产诸要素的市场体系，在历史上经历了漫长的过程。社会化生产力的性质及其发展趋势，决定了我国社会主义经济体制的改革必须实现由传统的计划经济向市场经济的过渡。社会主义市场体系的形成是这一客观过程的必然产物。

一 我国市场和市场体系发育的历史起点

自20世纪60年代社会主义国家掀起经济改革的浪潮以来，各国几乎都把开放市场和引入市场机制列为改革的基本内容。中国改革起步时也不例外。但是，我们并没有照抄照搬外国的改革理论和改革目标，而是从中国的实际出发，从理论与实践两个方面进行了开创性的探索。首先，在理论上提出了社会主义经济是建立在公有制基础上的有计划的商品经济，破除了社会主义与商品经济不相容的观念；其次，在改革的内容和步骤上提出了建立和完善市场体系，选择了社会主义的市场改革取向，破除了把市场等同于资本主义的传统观念。

中国原有的经济体制与苏联东欧国家属于同一模式，但是中国的国情不同于这些国家。因此，改革之初中国市场和市场体系发育的起点，与其他国家是有所区别的，在生产资料私有制的社会主义改造基本完成后，我国市场和市场体系发育的正常的历史过程中断,甚至倒退了。

我国社会主义制度脱胎于半殖民地半封建社会。旧中国的商品经济极不发达,极不平衡。在广大农村和边远地区,自然经济在很大程度上居统治地位,而沿海地区的大城市,例如上海市场化的程度同当时的西方国家比较,并不逊色。解放前的上海,是我国近代工业生产的主要基地(1933年,工业产值占全国51%,资本额占全国的40%,产业工人占全国的43%),全国最大的贸易中心和国际贸易口岸(批发商业占全国的1/3,进出口额占全国的28.5%),全国的金融中心(解放前夕,有各类金融机构662家,外国银行的分行多达40家)和水陆运输枢纽。[1] 上海还是远东国际贸易中心和金融中心。诚然,旧中国市场发育是畸形的,但它本可以成为培育社会主义市场的起点。在社会主义改造过程中,我们本应根据现代社会化生产力的性质及其发展趋势,利用社会化生产共有的市场组织形式和市场机制,培育社会主义市场和市场体系,促进社会主义现代化事业的发展。但是,由于市场和市场体系发育的客观过程被人为地中断甚至倒退,改革前的近30年当中,我国在市场方面呈现出如下一些严重的缺陷。

(一) 市场主体缺位

市场形成和市场发育,以确立生产和交换的当事人的主体地位为前提,只有当生产和交换的当事人因社会分工深化,转化为产权有别、利益相异、地位平等的商品生产者和经营者时,才会出现市场。互相独立又互相依存的商品生产者和经营者是市场主体。没有多元的市场主体,就没有市场。

我国在资本主义工商业的社会主义改造基本完成后,市场的所有制结构发生了根本变化,确立了社会主义国有制的主导地位。但是,新建立的经济体制却不适应社会主义商品经济发展的需要,国

---

[1] 参见孙怀仁主编《上海社会主义经济建设发展简史(1949—1985年)》,上海人民出版社1990年版。

有经济实行了国有国营的体制,个体经济在完成合作化之后又实行了政社合一的公社化体制,城乡市场形成了"一个半"国营经济主宰的格局,无论国营企业或者人民公社生产队都不具有相对独立的商品生产者的地位,都是隶属于各级政府的"算盘珠"。同时,消费市场上不少商品由于实行凭票定量供应,消费者的自主权也受到极大的限制。市场主体缺位窒息了社会主义经济的生机和活力,阻碍了社会主义市场的发育。

(二)市场功能扭曲

交换是社会再生产过程的有机组成部分。它是联结国民经济各部门、各行业、各企业的纽带和桥梁。在商品生产条件下,交换是通过市场来实现的。市场是交换的载体。自从商品经济发展起来以后,市场还取得了调节社会资源配置的重要功能。但是,在传统体制下,由于资源按行政命令配置,产品和生产要素实行统包统配,交换实际上被分配所取代。[1] 以生产资料为例,计划调拨物资(包括统配物资和部管物资)的品种,1952年55种,1953年227种,1965年592种,1978年689种,1982年837种;又如农产品,1953年粮食实行统购统销,1954年接着对油料和食油、棉花实行统购统销,从1956年起其他重要农产品也一律禁止上市,各种农副产品在完成国家收购任务后,才准许进入集市。农村集市在"文化大革命"期间都被当作"资本主义尾巴"割光。再如消费品,1953年对城镇居民的基本生活资料实行定量供应,随后定量供应和凭票供应的商品范围进一步扩大。1961年,北京市凭票供应的消费品多达69种,1962年上半年又猛增到102种。[2] 企图用定量分配办法解决供求矛盾,结果反而加剧了短缺。

(三)**市场范围狭窄,结构单一**

随着社会分工的深化,市场范围会逐步扩展,以至于形成包括

---

[1] 参见《孙冶方选集》,山西人民出版社1984年版,第711页。
[2] 商业部商业经济研究所:《新中国商业史稿》,中国财政经济出版社1984年版,第238页。

产品和生产要素在内的完整的统一的市场体系。市场体系的形成是生产社会化的必然产物。但是，在传统体制下，不仅没有要素市场，而且产品市场也受到人为的限制。中国市场范围之窄，即使在社会主义国家中也首屈一指。其主要表现：一是取缔城乡集市贸易，形成行政型计划市场大一统的局面。1956年首先关闭了城市集市贸易，接着1958年农村集市贸易也被公社化"化掉"了。二是国家对作为生产要素的劳动力实行统包统配政策，阻塞了劳动力的合理流动。中华人民共和国成立初期，国家对收归国有的企业的职工和原国民党政府的公职人员采取了包下来的政策；户籍制度和粮食定量供应，限制了劳动力在城乡间、地区间的流动；1956年，规定就业人员由政府统一分配，次年又规定企业不得裁减多余职工，最终形成了国家统包统配就业的体制。"文化大革命"期间，全国城镇600多万临时工转为正式工。实行了多年的双重就业制度转变为单一的固定工制度。三是资金市场发育中断。中华人民共和国成立后，我们建立了中国人民银行，集中央银行和专业银行于一身，垄断金融业务；打击投机资本，取缔金融投机，先于工商业完成了对私人银行和钱庄的社会主义改造；资金融通方式由金融型融资转变为财政拨款，国有资金实行无偿使用；国家对亏损企业用财政补贴和关停并转方式包下来，产权市场随着社会主义改造的完成而绝迹。

（四）市场的割据性和封闭性

我国市场在改革前具有对内割据性和对外封闭性的特点。所谓市场的割据性，就是各行政区互相割据，互相封锁，形成封闭性的地区市场。中华人民共和国成立后，由于实行政经合一、政企合一的体制，形成"条""块"分割的经济运行格局。特别是20世纪60年代以后推行"以战备为纲"的建设方针，各级政府按照"自成体系，各自为政"的目标规划产业布局。结果，全国统一市场被分割为分散的地区市场。所谓对外的封闭性，并不是说我国完全与世隔绝，而是指我国国内市场并非作为国际市场的组成部分参与国际经济合作与分工。中华人民共和国成立后，我们曾力图在平等互利的基础上广泛发展同各国的经济交往，但是，帝国主义国家对我国实行经济封锁，妄图把新生的人民共和国困死在摇篮里。为此，我们不得不实行"一边倒"的方针，但在同苏联和其他社会主义国家的交往中后来也发生了问题，在霸权主义和强权政治的威胁面前被迫走上"闭关锁国"的道路。当然，这种情况同我们过去执行"独立自主，自力更生"方针中的某些片面性也不是没有关系的。我们曾经把对外经济交往仅仅看成"互通有无、调剂余缺"的手段；"文化大革命"时甚至加上"崇洋媚外""卖国主义"的罪名，几乎完全中断了同外国的经济交往。①

（五）市场机制的调节作用被窒息

市场对资源配置的调节作用，主要是通过价格实现的。我国工农业产品和劳务长期实行政府定价，60年代后期处于冻结状态，致使价格体系严重扭曲，工农业产品价格"剪刀差"日趋扩大。据孙冶方同志估算，农民对国家的贡献占财政收入的比重，不是百分之十几，最低要占百分之三十几。② 这就是说，国家通过工农业产品不等价交换，每年要从农民手中"暗拿"走300多亿元。在工业内部，能源、原材料价格过低和加工工业产品价格过高的不合理的比价长期得不到纠正。

在商品经济中，广义的价格包括利率、工资等。它们同产品价格一样，都是作为市场参数起作用的。解放初期，我国全民所有制单位曾实行过收入与物价挂钩的折实工资制。1956年改为统一的等级工资制，这种工资制度，除了安置就业和保证各类劳动者的基本生活需要外，对劳动资源的合理配置并无多少作用。即使如此，在"文化大革命"中我国工资基本处于冻结状态。至于利率和利

---

① 我国出口额占世界总出口额的比重：20世纪50年代为1%—1.4%，70年代降到0.8%。参见刘国光主编《中国经济发展战略问题研究》，上海人民出版社1984年版，第532页。

② 参见《孙冶方选集》，山西人民出版社1984年版，第695页。

息，对资金的供求和流向也毫无调节作用，这不仅因为利率和利息太低，近乎无偿使用，还因为银行贷款的数额都是由上级主管部门按指令"戴帽"下达的。行政命令和"长官意志"成了资源配置的全面调节者。

(六) 市场供给短缺和周期并存

中华人民共和国成立 30 年，市场运行状态处于全面的长期短缺的总体格局，存在着时而高涨时而下跌的周期性（见图 1）。短缺与周期并存，正是市场病态发育的产物，它严重阻滞了市场和市场体系的正常发育，这也正是违背价值规律作用而引起的负效应的表现。资源稀缺同资源配置与利用效率低下，形成了巨大的反差，究其原因，同市场与市场体系发育受阻有着密切关系。

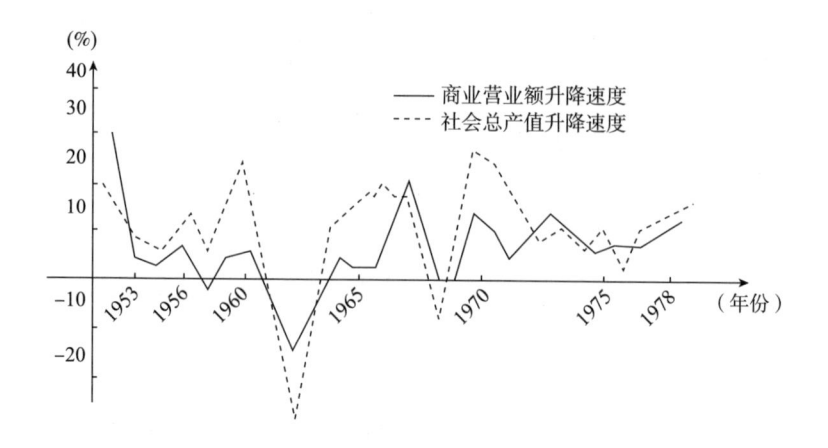

图 1　1953—1978 年市场运行状态

二　加速农村市场的发育——我国市场体系发育的基础和突破口

改革开放以来，我国市场和市场体系的发育过程，是从加速农村市场的发育起步的。

农业是国民经济的基础。我国又是一个农民占人口绝对多数的大国。"无农不稳""无商不活"。商活必须以农稳为前提。毛泽东同志曾经正确地指出：我国是一个大农业国，农村人口占全国人口的80%以上，发展工业必须和发展农业同时并举，工业才有原料和市场，才有可能为建立强大的重工业积累较多的资金。纵观世界近代经济史，由二元经济结构向现代经济结构过渡，都经历了农业和农村商品化、市场化的历史过程。当然，这个过程通过何种途径，何种方式来完成，不同社会制度和不同经济体制的国家是不一样的。

改革开放以来，我国农村市场的发育，大体上经历了以下几个阶段。

（一）1978—1980 年

这一时期的特点是放宽政策，减轻农民负担，让农民休养生息，局部调整原有体制内的矛盾，改变农村市场长期凋敝状态，促进农业的恢复和发展。

粉碎"四人帮"后的一段时间内，我国在经济工作中继续推行"左"的政策，搞"洋跃进"，提出在1980年全国基本上实现农业机械化，粮食产量达到3500亿公斤；"六五"期间要求钢产量达到6000万吨，原油2.5亿吨，新建和续建120个大型项目等。"洋跃进"使国民经济重大比例关系的失衡进一步加剧。1978年，重工业投资在基建投资总额中的比重上升到48.57%，积累率高达36.5%。商业和服务业萎缩，1978年比1957年全国人口增长48%，社会商品零售总额增长2.3倍，但零售商业人数却减少20%，网点减少54%。

继具有划时代意义的中共十一届三中全会之后，1979年3月中共中央政治局会议和4月中央工作会议，根据全会精神决定实行"调整、改革、整顿、提高"的新八字方针，用几年时间对国民经济进行调整，首先要集中力量把农业搞上去。同年9月，十一届四中全会作出《关于加快农业发展若干问题的决定》，采取了以下有利于促进农村市场发育的措施。

（1）纠正指导思想上"左"的错误，稳定以生产队为基础的人民公社体制，指出"三级所有、队为基础"的制度适合于我国目前农业生产力的发展水平，绝不允许任意改变，搞所谓"穷过渡"。"尤其必须首先分清究竟什么是社会主义，什么是资本主义。社队多种经营是社会主义经营，社员自留地、自留畜、家庭副业和农村集市贸易是社会主义经济的附属和补充，绝不允许把它们当作资本主义经济来批判和取缔。按劳分配、多劳多得是社会主义的分配原则，绝不允许把它当作资本主义原则来反对。"文件仍然规定"不许分田单干""也不要包产到户"①。可见，这一时期农村改革的方向尚不明确。

（2）减轻农民负担，放宽和调整农副产品购销政策，使农民得到休养生息。在以后较长时期，全国粮食征购指标稳定在1971—1975年一定五年不变的基础上，绝对不许购"过头粮"。允许三类农副产品上市，一、二类农副产品完成统派购任务后也允许上市。粮食征购基数三次共调减约75亿公斤，水稻和杂粮产区口粮分别在200公斤和150公斤以下的一律免购；国家统购和派购的农产品由130种减为70种；对棉花和二类农副产品的统购、派购部分也确定基数，超购部分实行加价或浮动价。

（3）大幅度提高农副产品收购价格，缩小"剪刀差"。1979年，18种主要农副产品收购价格提高24.8%，粮食统购价提高20%，超额部分加价由30%提高到50%。允许进入集市的农副产品价格随行就市。

上述措施促进了农业生产的恢复，为农村市场发育创造了物质前提。1979年农民因提价得到的收入，比上年增加108亿元。农业总产值的年均增长率从1966—1978年的4%上升到1979—1981年的5.6%。国营商业收购的农副产品产值年均增长率由1966—

---

① 《三中全会以来重要文献选编》（上），人民出版社1982年版，第185页。

1978年的4.1%上升到1979—1981年的18.5%。在社会商品零售总额中,农村所占的比重由1965年的49.4%上升到1979年的54.7%和1980年的56.3%。然而,这些措施并未消除旧体制给市场正常发育设置的障碍。例如一物多价、一物多轨流通,使经济运行难以正常进行;农产品价格购销倒挂,加重了国家财政负担;确定统购基数,造成各地苦乐不均;议价和超购加价,给落实国家收购计划造成了困难。因此,只有全面改革农村生产、流通、分配体制,才能使农村从根本上摆脱贫困和落后状态,才能推进农村市场的发育。

(二) 1981—1984年

这个时期的特点是逐步地、全面地推行家庭联产承包责任制,构造农村市场主体的基础。

1980年9月,中共中央批准全国农村人民公社经营管理会议纪要《关于进一步加强和完善农业生产责任制的几个问题》,准许边远山区和贫困落后地区"可以包产到户,也可以包干到户"。同年底,全国实行"两包"的生产队上升到14.9%。1982年6月上升到86.7%。1983年1月,中央肯定了联产承包制是社会主义集体经济的经营形式。当年实行"双包"的生产队上升到93%。1984年年底恢复乡人民政府的建制,人民公社体制随之解体。农业家庭联产承包制取代人民公社体制,根本改变了农业劳动者及其家庭在农村经济运行中的地位和职能,对加速农业商品化、农村市场化起了巨大的促进作用。

(1) 实行家庭联产承包制,确立了农民家庭作为农村市场主体的地位,使农村市场主体缺位问题得到了初步解决

在人民公社政社合一的体制下,生产队虽是基本核算单位,但并不具有独立的商品生产者的地位,不享有生产和经营的自主权。当土地等农业基本生产资料承包给农户后,1.7亿个农户便成为自负盈亏的独立的商品生产者和经营者,并且构成农村市场的主体。当然,在主要农副产品的统派购制度尚未废止的条件下,农户的经

营自主权还受到限制，但农民手中没有国家发给的"铁饭碗"，他们不会"一只眼盯着市场，一只眼盯着政府"，而是"两眼瞄准市场"，以收入最大化作为准则，利大大干，利小小干，无利不干。这样，国家的行政命令在限制农民的自主权时，自身不能不受到制约；指令性计划在限制市场机制调节作用时，不能不尊重价值规律的作用。

（2）普遍推行家庭联产承包制，使农业商品化和农村市场化不仅有可能，而且有必要

首先，农业生产的发展和农民收入的提高，加速了产品市场的发育。农业总产值增长率，由1980年的3.9%上升到1984年的17.4%，四年增长82.5%。农民人均纯收入由1980年的191元上升到1985年的398元，增长1倍。农民出售的农副产品，由1980年的797.7亿元上升到1984年的1371亿元，增长71.9%。农业生产资料销售额，1980年为346亿元，1984年为477.2亿元，增长37.9%。城乡集市贸易成交额，由1980年的235亿元上升到470.6亿元，增长1倍多。为适应农村商品经济发展的需要，中央作出了恢复农村供销社合作商业性质的指示。1982年1月，中央批转《全国农村工作会议纪要》，指出，农村供销社是城乡经济交流的一条主要渠道，同时也是促进农村经济联合的纽带。要恢复和加强供销社组织上的群众性、管理上的民主性和经营上的灵活性；必须多方设法疏通和开辟流通渠道。国营商业和供销合作社要充分利用现有经营机构，打破地区封锁，按照经济规律组织商品流通。同年6月，国务院作出《关于疏通城乡商品流通渠道，扩大工业品下乡的决定》，提出改变过去工业品流通按城乡分工的体制为按商品分工，城乡开通的新体制。其次，家庭联产承包制普遍化促进了农村要素市场的发育。最先萌芽的要素市场，是大批劳动力自发地流向非农产业和城镇，包产到户、家庭经营提高了劳动生产率，突出了人多地少的矛盾，也给解决这个矛盾提供了可能。1983年年底，农村涌现出1560万个专业户，约占农户总数

的 10%，其中种植业专业户约占 76%。① 同时，出现了转包土地和耕地向种田能手集中的自发趋势。1984 年 1 月，中央发出《关于 1984 年农村工作的通知》，准许农民转包土地和不超过 8 人的雇工。据天津市调查，1984 年年底，约有 8.3% 的耕地实行了转包。由于不存在土地市场，土地转包具有短期性、不稳定性，市场机制对地租也无调节作用，有的农户将土地转包给亲友，甚至不收取任何土地报酬。家庭承包制还推动了农村资金市场的发育。1981 年国务院 79 号文件准许民间借贷，不再把私人借贷视为高利贷。这一时期约有 70% 的生产队参与民间借贷活动。1979 年恢复中国农业银行和农村信用社。1983 年年底，农村信用社发放的贷款中，约有 46% 是贷给农户的。

（3）家庭联产承包制有力地推动了乡镇企业的发展，为我国农村工业化和市场化开辟了一条新路

乡镇企业的前身是社队企业，即社办和队办的非农产业。中共十一届三中全会前，特别是在"文化大革命"中，由于政策多变和人民公社体制的缺陷，社队企业得不到正常发展，时起时落。十一届四中全会提出社队企业要有一个大发展，并且指出，实现农业现代化，大量劳动力不可能也不必要都进入大中城市，一定要十分注意小城镇的工业、交通、商业等项建设。国务院在 1979 年 7 月和 1981 年 5 月，先后作出发展和调整社队企业的决定，这样便消除了社队企业发展的政策障碍。导致社队企业大发展的最有力的因素还是农业家庭承包制。1984 年中央同意将社队企业改称乡镇企业，指出乡镇企业是多种经营的重要组成部分，是农业生产的重要支柱，是广大农民群众走向共同富裕的重要途径。这时，原来社队办的企业比重下降，代之而起的是农民集资，合股经营、按股分红的民营乡镇企业。与乡镇企业所有制形式和结构多元化相适应，乡镇企业用工制度也是多种多样的，报酬形式千差万别。这里通行的

---

① 参见《人民日报》1983 年 12 月 12 日。

是市场调节。除了少数乡镇企业发达的地区外，各地的用工制度和报酬形式都具有灵活性和随意性的特点。

（三）1985—1988 年

这个时期的特点是农业徘徊不前和乡镇企业超高速增长并存，农村市场相对萎缩和通货膨胀并存，农村市场发育受阻。

1984 年是农业超高速增长的一年，是全面大丰收的一年。农业总产值比上年增长 12.3%；粮食 40731 万吨，棉花 625.8 万吨，油料 1191 万吨，均创历史最高纪录。乡镇企业总产值 1709.89 亿元，比上年增长 68.1%。农村社会商品零售额比上年增长 19.7%，为历年最高水平。农副产品收购额比上年增长 13.8%。但是，这一时期农业发展形势也存在不容忽视的问题。实行家庭承包制后，农业连年增产丰收，农民非生产性投资大幅度增长；从 1979—1984 年共建房 35 亿平方米，超过前 30 年建房总和，而农田灌溉面积 1984 年却比 1981 年减少 731 万亩。农村非农产业超常增长，诱使农民弃农抛荒。1984 年粮食播种面积比 1978 年减少 11555 万亩。在国家的基本建设投资中，农业所占的比重由 1979 年的 11.1% 下降为 1985 年的 3.3%。

1984 年获得空前大丰收之后，许多地方出现"卖粮难""储粮难""运粮难"。主管部门据此对农业形势作出了过分乐观的估计。同年 7 月，体改委、商业部、农牧渔业部发出《关于进一步做好农村商品流通工作的报告》，认为要从过去那种"少"字出发、"管"字当头，管得过死的框框里解放出来，迅速转变为从"多"字出发、"放"字入手，把农村商品流通搞活。报告提出要继续减少统购、派购品种，将一、二类农副产品由 21 种减为 12 种；派购由 18 种减为 9 种；淡水鱼和竹木制品全部放开；完成统派购后的产品价格实行随行就市。

1984 年第四季度，金融体制改革引发信贷急剧膨胀。由于实行"实存实贷"，各专业银行争相敞开口子放贷。年底，银行的各项贷款余额达到 5905.51 亿元，比上年增长 33.6%，超过吸收存款和自有资金的差额达854.66亿元,农业银行和信用社发放给乡镇企业的贷款达290亿元,比上年翻了一番多。

1984年年底,中央召开全国农村工作会议,提出改革农产品流通体制和加快农村产业结构的变革;在国家计划指导下扩大市场调节。会议认为,农产品统购派购制度目前已影响农村商品生产的发展和经济效益的提高,必须改革。次年1月,中央和国务院发出《关于进一步活跃农村经济的十项政策》。

1985年9月,党的十二届四中全会指出,粮棉等主要农副产品现在已可以自给或自给有余;国民经济开始出现持续、稳定、协调发展的新局面;今后将开始由温饱型逐步转向小康型。"七五"期间要把改革放在首位,在今后五年或更长一些时间内,基本上奠定新经济体制的基础。同时,继续促进农业的全面稳定发展,在国家计划指导下扩大农业生产的市场调节范围,进一步放开和调整农副产品价格,鼓励农民兴办乡镇企业。同年,国务院决定陆续放开肉禽蛋水产和蔬菜价格,农村销粮改为购销同价。年底,中央和国务院召开全国农村工作会议,肯定了改革农产品统派购制度和调整农村产业结构,认为对粮棉进行有计划的调节是合理的,看农村形势不能只看粮食,现在国家库存充裕,农民都有余粮,市场粮价平稳。会议通过《关于1986年农村工作的部署》,提出不能因粮食出现波动就动摇改革的方向,决定适当减少合同定购数量,扩大市场议价收购。

1986年,国务院决定将粮食合同定购任务由790亿公斤减为615亿公斤;提高北方部分粮油收购价格,大豆每50公斤由30元提到34.5元,食油每50公斤由130元提到165元,玉米每50公斤提高1元;北方棉花加价比例由"倒三七"改为"倒四六"。

1987年1月,中央发布的《把农村改革引向深入》的文件中指出,从我国粮食供需的现状和发展趋势看,在今后一个较长的时期内,还必须继续实行合同定购与市场收购并行的"双轨制",合同定购部分作为农民向国家的交售任务,要保证完成。同时,国家将根据粮食生产的发展和财政的状况,逐步减少定购,完善合同,扩大自由购销。为此,采取了下列措施:稳定定购,压缩统销,平价供应化肥和柴油与合同定购挂钩,调高部分粮油收购价格,中央对各地粮食购销、调拨实行包干,等等。

由于粮棉从 1985 年起连续几年减产,加剧了供需矛盾,1988 年国家继续就农产品和农用生产资料购销政策进行了调整。1 月,国务院决定继续实行"三挂钩"政策;9 月,国务院发出《加强粮食管理稳定粮食市场的决定》,重申国家粮食储备和周转库存,粮权属中央,绝不允许以任何借口有粮不调;禁止非粮食部门经营大米;逐步建立粮食批发市场;严格按国家定价收购。10 月,国务院作出实行化肥、农药、农膜专营的决定。这些措施又重新强化了政府对农业的直接行政干预。

1988 年 4 月,国家决定调整猪肉、大路菜、鲜蛋、白糖的销价,零售价由暗补改为明补,给职工适当的补贴。8 月,中央作出价格改革实施方案,由于自 4 月开始的部分地区抢购风潮蔓延全国,致使这个方案未能出台。回顾 1985—1988 年改革的历程,上述改革步骤和措施对农村市场的发育并未取得"七五"计划预期的效应。

首先,削弱了农村市场发育的基础——农业生产。1984 年农业大丰收,政府对粮食供求状况作了盲目乐观的估计,在正常粮食供应之外,又平价抛售 250 亿公斤粮食,市场粮价被压得低于原国家统购价,造成买方市场的假象,农民增产粮食的积极性受挫。就在改行合同定购的第一年,粮食播种面积减少 600 万亩,粮食减产 250 亿公斤。直到 1989 年,粮棉的单位面积产量和总产量均未恢复到 1984 年水平。农民收入的增长速度,由 1978—1984 年的 17.7% 降为 1985—1989 年的 10.8%,1989 年为负增长。

其次,农产品流通实行全面的双轨制,加剧了价格扭曲,强化了行政机制。这一时期价格改革继续实行先调后放、调放结合,按照通过双轨制逐步过渡的思路进行,但事与愿违,双轨制对市场发育所起的负效应远远大于它的有限的积极作用。统派购改为合同定购,本意是发挥市场机制在实现计划方面的作用,用经济合同取代行政命令。但由于供求矛盾加剧,获得了经营自主权的农民因比较利益受损而弃农抛荒,合同定购制名存实亡。政府不得不重新动用行政手段强制征购,用国家财政补贴来缓解生产者、经营者和消费者之间的利益矛盾,加重了国家的财政负担,从而堵塞了通过双轨制理顺价格的道路。双轨制和通货膨胀交织在一起,互相推波助澜,使农民的利益受到三重损害:农民按国家规定的平价出售大部分农产品,按已放开的市价购买日用工业品,农用生产资料则按急剧上升的高价购置。这对于农业生产的发展无疑是非常不利的。

最后,农村社会化服务体系发展滞后,市场服务设施严重不足,也是影响农业生产稳定发展的重要因素。

农村市场是全国统一市场的组成部分。农村市场的发育不仅受农村体制和农村经济发展的制约,而且也受城市改革进展的影响。

三 居民消费市场迅速发展

改革开放以来,城乡居民消费市场的变化在我国市场体系发育过程中显得尤为突出。无论同历史上的消费品市场比,或者同其他市场发育状况比,这一时期消费市场发育的规模和深度都是空前的。

(一) 消费市场经营主体多元化

消费市场经营主体多元化,既是消费市场发育的发端,又是推动消费市场结构和规模发展的重要因素。

粉碎"四人帮"后,迫于安置大量城镇待业青年的压力,政府作出了广开就业门路,大力发展第三产业的决定。对商业和服务业中的集体经济、个体经济给予必要的扶持,开始打破了国营商业和服务业一统天下的局面。但是,消费市场经营主体多元化的决定性因素,还是我国经济体制改革的实施。在农村,由于推行家庭承包制，开放集贸市场，允许农民长途贩运，恢复供销社和合作商业，不仅增加了农业消费资料的供应量，而且直接推动了消费品市场所有制结构多元化；在城市，政府实行了鼓励集体和个人发展商业与服务业的政策，对小型国营商业和服务机构采取出租、承包和出售的政策，还向外商开放某些城市服务业（如饭店、旅馆等），这样，以公有经济为主体，国营、集体、个体、中外合资、外商独资并存的经营结构便初步形成。经营主体多元化为竞争性市场的形成创造了前提条件。消费品市场供给全面短缺的状态显著缓解，供给由分配型向市场化转轨，消费者享有的自主权日益扩大。改革起步的同时，为了迅速恢复遭到破坏的国民经济，改善人民的生活和给改革创造必要的经济环境，政府对国民经济实施了调整的方针，大力调整产业结构，对农业、轻工业、商业服务业、原材料工业等在能源、原材料供应、信贷和财政方面实行优先的倾斜政策。农村推行家庭联产承包制，农业生产连年丰收，为市场提供了较为充裕的货源。城乡人民收入逐年增长。1978—1989年，社会商品零售总额由1558.6亿元增加到8101亿元，增长了4.2倍，年均增长9.1%。居民消费品供应，除粮、油之外，自50年代中期以来实行的凭票定量分配制度陆续取消。消费品市场呈现空前繁荣的景象。

但是，这一时期市场供求总体格局仍未根本摆脱短缺状态，需求过旺，供给增长不稳定。1978—1989年，社会商品零售总额年均增长9.1%。最低年份1979年为5.5%，最高年份1988年为27.8%。1984年后呈现超高速增长势头，究其原因：一是居民消费需求增长超过生产增长。二是固定资产投资连年膨胀。1979—1986年，国民收入年均递增8.7%，职工工资总额年均递增14.3%，全社会固定资产投资总额，1985年为961亿元，1988年则增加到4496.54亿元，增长了3.68倍。固定资产投资大约有60%要最终转化为消费。三是农业生产在1984年取得空前大丰收之后，连续几年徘徊，影响了消费品市场的稳定。1985年城市又恢复肉、蛋凭票定量供应。

（二）消费品流通渠道和经营形式多样化

随着流通体制改革，政府取消了工业消费品统购包销制度，将农副产品统派购改为合同订购，消费品流通渠道和经营形式趋向多样化。

政府根据消费品市场供求状况，对物价采取了调放结合、逐步放开的方针，增强了价格这一重要经济参数的调节功能。1990年，在消费品零售总额中，国家定价占30%，国家指导价占25%，市场价占45%。国营零售商业和服务业的经营方式日益多样化。但是，在消费市场趋向活跃和繁荣的同时，通货膨胀的压力加大。1985年以来，货币连年超经济发行，1988年全年投放680亿元，是1979—1984年平均投放量的7倍。全年市场商品缺口达850亿元，库存商品与货币发行量的比例，由1978年的4.54∶1降为0.6∶1。1988年物价逐月上升，1月增幅为9.5%，8月为23.2%，12月为26.7%，出现全国性的挤兑和抢购潮。全年物价涨幅达18.5%，零售物价上涨面达到90%，为中华人民共和国成立以来少有，经济和社会稳定受到严重危害。

（三）消费市场内涵和外延的进一步扩大

近十余年来，我国消费市场剧变的又一表现，就是消费市场的内涵和外延进一步扩大，自给性消费日趋商品化，配给性消费市场化，文化消费商业化，高档消费品普及率增高，出现了住宅市场、文化消费市场、旅游市场等。城乡居民用于吃穿的消费支出，由1978年的80%降为1985年的65%；农民商品性消费支出由30%上升到60%。这些变化为发挥市场的导向作用创造了有利条件。

四　生产资料商品化及其流通市场化的发端——市场体系发育的重点

生产资料是生产的物的要素。培育生产资料市场，是实现资源优化配置的必要途径。我国市场体系的发育，是以生产资料进入市场作为重点的。

（一）70年代末到80年代初调整时期，生产资料被逼进市场

中共十一届三中全会后，为了消除"洋跃进"造成的后果，中央提出了"调整、改革、整顿、提高"的方针，并根据这一方针修订了1979年的国民经济计划，基建投资由457亿元减为360亿元，工业增长速度由10%—12%调整为8%。由于压缩基建规模，加工工业生产能力过剩。这种情况逼迫企业走进市场，面向农村、地方小工业承揽订货，召开各种形式的交易会、展览会，实行来料加工、补偿贸易，设立维修服务网点等。这样，在生产资料的统一调拨体制之外，出现了一个带有一定自发性的生产资料市场。1979年年底，国家计委、经委批转一机部《关于初步改革机电产品供销体制的报告》，提出当前迫切需要解决的问题是按市场需要组织生产，把计划调节与市场调节结合起来，调整价格，改革订货会议形式，等等。自发的生产资料市场的出现，冲击了原有的物资统配体制。

（二）推行生产资料计划分配为主、市场流通为辅的体制

1980—1984年，在扩大企业产销自主权的基础上，实行生产资料计划分配为主、市场流通为辅的体制。

生产资料市场正式起步是随着扩大国营工业企业的自主权开始的。1979年7月，国务院发出《关于扩大工业企业经营管理自主权的若干规定》，要求各部委和各省市选择少数企业进行试点，规定在完成国家计划的前提下，允许企业根据燃料、动力、原料、材料的条件，按照生产建设和市场的需要，制订补充计划，产品可按国家规定的价格自行销售，可承接进料加工；企业对闲置的固定资产，有权有偿转让出租。根据财政部的规定，自1979年7月1日起，国营企业试行固定资产有偿调拨的办法。1980年9月，国务院批转国家经委《关于扩大企业自主权试点工作情况和今后意见的报告》，规定企业在完成国家计划任务的前提下，有权销售超产的产品和自进原材料生产的产品，以及试制的新产品；国家统配产

品允许企业按一定比例自销一部分；企业有权本着择优、竞争、联合的原则，打破地区和行业的限制，销售自销品和选购材料设备；企业自销品实行国家统一价、浮动价、自定价。1984年5月，国务院发出《关于进一步扩大国营工业企业自主权的暂行规定》，根据不同类别的统配产品的供需状况，对企业自销比例作了具体规定，自销品价格可在国拨价20%的幅度内浮动。

为了推进生产资料市场的发育，这一时期采取了以下措施。

（1）物资部门开始转变职能，进行商业化经营的试验。从1980年开始，物资部门用多种供应方式取代单一的调拨制，包括定点直达供应，通过物资部门网点中转供应，凭票择优选购，配套承包供应，敞开销售，租赁，代销代购，售后服务，等等。

（2）打破条块分割，以城市为中心组织物资流通。1982年，五届人大五次会议的政府工作报告提出，要发挥城市的作用，以经济比较发达的城市为中心，统一组织生产和流通。具体做法是：城市物资部门对当地企业不分条块统一组织供应；依托城市合理调整物资流向，消除相向、迂回运输；在交通要道口设置中转站；城市间建立物资调度调剂网，等等。

（3）建立生产资料市场管理暂行法规。1981年8月，国务院批转计委、经委等《关于工业品生产资料市场管理暂行规定》，规定了进入市场的生产资料范围，划清了非法经营的界限。1980年7月，国务院发布《关于推动经济联合暂行规定》，要求根据"发挥优势，保护竞争，推动联合"的方针，打破地区封锁、部门分割，避免以小挤大，盲目生产，重复建厂。同年10月，国务院通过《关于开展和保护社会主义竞争的暂行规定》，指出竞争已经在我国经济生活中显示了活力，要求在公有制经济占优势的条件下，允许和提倡各种经济成分之间、企业之间，发挥所长，开展竞争，反对用行政手段保护落后，抑制先进。1981年12月，五届人大四次会议通过《经济合同法》。

上述改革步骤打破了物资统配的一统天下的局面，在统配体制之外，形成了一个受其制约的、局部的生产资料市场。1984年年底统配物资由原来的256种减为65种。全国重点钢铁企业自销的钢材占总产量的9.6%，大中型水泥厂水泥自销量占总产量的8.8%。全国物资贸易中心达到110个。同时，统配物资也改变了单纯用行政命令、按行政系统分配的做法，引入了市场机制。这一时期，政府针对生产资料市场开放后出现的问题，颁布了一些法规，但是管理远未达到规范化，间接调控的市场尚未形成。

（三）生产资料市场内涵的深化和量的扩展

1985—1988年，为搞活物资流通，进一步缩小指令性计划调节范围，重要物资的价格实行了双轨制，调整计划内价格，逐步放开计划外价格。1988年与1978年相比，采掘工业品价格上升近1倍，原材料工业品价格上升72%。工业生产资料价格扭曲状况得到初步好转。

1984年下半年物资部门进行企业化经营的试点和推广。当年8月，石家庄市试办生产资料市场，组建物资贸易中心，将分散的物资交易纳入统一的有管理的公开市场交易。次年2月，该市为克服价格双轨制的弊端，对计划内外物资实行"同一销价，价差返还，放补结合，扩大市场"的办法。1986年又进一步扩大了计划内外物资实行同一销价的范围：把市场价和计划价的差额划为补偿基金，返还企业，同时从差价总额中提取10%作为资源开发基金；对部、省属企业，按划转到市的物资分配指标实行差价全额返还。试行这一办法的目的，在于为计划内物资进入市场流通探索一条新路，同时消除一物多价的弊端。但是，由于当时各地流通秩序混乱，石家庄市的经验未能普遍推广。

随着物资部门推广商业化经营和进入流通的物资比重的增加，物资贸易中心如雨后春笋般地发展起来。全国地市以上城市经营计划外物资的贸易中心，1984年为96家，1989年增加到395家，经营网点达4000个。交易额以几倍于生产增长的速度增长，1986年比上年增长47.7%，1987年比上年增长69.6%。同时，物贸中心的服务范围扩大,服务功能增强,经营多样化。1987年物资系统的销售额达1567亿元,其中物资企业自行组织的计划外物资为897.1亿元。

(1) 专业市场的出现,是这一时期生产资料市场发育的成果。1987年国家计委、经委、财政部、物资局、人民银行共同制定了《关于吸引钢材进入市场销售有关财税问题的规定》。为鼓励企业自销的钢材和用户库存多余的钢材进入市场,国家在税收、贷款等方面给予优惠。全国144个城市建立了不同规模钢材专业市场,1989年年末,全国钢材市场达294个。1987年统配钢材的比重由上年的53.1%下降为46.8%。1988年11月,国务院发出《关于加强钢材管理的决定》,规定钢铁企业必须保证完成国家下达的指令性计划;对供应极短缺的钢材实行由物资部门专营;部分计划外钢材实行定点定量限价供应;整顿钢材市场,划定经营钢材的企业,界定合法和非法的交易行为,加强价格管理和进出口管理。

物资部门按照计划调节和市场调节相结合的原则,对物资实行分类管理。其要点:一是关系国计民生的产品,继续实行指令性计划配给,1989年约72种;二是对重要机电产品实行国家合同订购,1989年为93种;三是专业性强需协作配套的物资,引导企业建立相对稳定的协作关系;四是供求平衡的一般物资,放开经营。

(2) 产权市场的萌芽,是这一时期生产资料市场发育的重大突破。产权市场和生产资料市场都是生产要素市场的组成部分,区别在于前者以企业资产整体或部分为交易对象,后者仅以作为产品的生产资料为交易对象。产权市场是要素市场发展的必然产物,是要素市场的高级形态。产权交易是具有法人资格的企业之间,按照等价交换的原则,一方对另一方拥有的全部或部分资产通过控股、拍卖、兼并等方式取得产权。我国早期的产权市场萌发于企业扩权。1984年5月,国务院发出《关于进一步扩大国营工业企业自主权的暂行规定》,文件规定企业可将留利中结余的生产发展基金用于对外投资;闲置的固定资产可有偿转让;在所有制、隶属关系和财税体制不变的条件下，参与跨地区、跨部门的联合。1986年年底，国务院在《关于深化企业改革，增强企业活力的若干规定》中又进一步规定，有些全民所有制的小型商业、服务企业，可由主管部门进行拍卖或折股出售。1987年产权市场首先在轻工行业试行，轻工部提出对那些长期亏损、经营不善、资不抵债的小型集体企业和地处偏僻、严重亏损、无人承包与租赁的小型国营企业，可由工厂职代会或管委会讨论通过，经主管部门征得地方政府同意后，实行公开拍卖，转让给集体或个人经营。随后，在机电行业和部分省市也局部推广了这种做法。截止到1988年第一季度，全国有100多家企业实行整体有偿转让。党的十三大报告中重申，小型国营企业的产权可有偿转让给集体或个人；发展各地区、部门、企业间互相参股的公有制企业；继续推行股份制试点。这一时期出现的企业整体有偿转让，主要靠行政机制运作，还未完全摆脱传统体制中实行过的关停并转的做法，仅具有商品交易的形式，远未达到市场化和规范化的程度。但它毕竟是要素市场发育的一个重大突破，为探索全面推进产权市场的发育积累了经验。

（3）房地产市场起步。我国城镇职工住房长期实行低租金供给制，土地实行无偿划拨制度，造成资源浪费，国家财政无法承受，房地产不能形成支柱产业。农村推行土地有偿承包或转包，拉开了土地市场的序幕。接着1983年城市房地产改革开始试点，首先在经济特区和沿海开放城市出售土地使用权，然后在部分城市进行房改试点。为加强土地市场管理，成立了国家土地管理局，颁布了《土地法》。房地产企业在各地兴起，1988年年末达到2400家。

（四）市场发育正常过程的被迫中断

由于市场发育的环境和条件出现逆转，1989年市场发育的正常过程被迫中断。

（1）全民经商，各种名目的商业性公司如雨后春笋般出现，流通恶性膨胀。1984年经济改革的重点转入城市后，提出从"敞开城门，开放市场，搞活流通"的方针和组建贸易中心入手，改革流通体制，随之出现全民经商的热潮。80年代初，为安置待业青年建立的各种劳动服务公司，到1985年年初增至21万个；1988年国家机关进行所谓机构改革，一些原有机构挂上了公司招牌，新组建了一批为安置精减人员的公司；物资部门和商业部门建立了大批贸易中心、供应点，1987年物资供应网点为10790个，物资贸易中心100多个，工贸、农贸中心2000多个。这样，便形成了全国性的"公司热"，由于计划外物资放开经营，这些公司都插足短缺物资的买卖。1988年，物资系统销售的各种生产资料达2362亿元，比上年猛增51%。

（2）经济超高速增长，市场供求矛盾加剧。1985年农业生产的增长速度由上年的12.3%降为3.4%，但工业和基建却超高速增长，1985年工业增长21.4%，1988年工业增长20.8%。固定资产投资，1985年增长38.8%，1988年增长23.5%。国民收入分配连年失衡，社会总供给与总需求严重失调，1985年总需求大于总供给16.56%，1986年为13.45%，1987年为13.6%，1988年为16.2%。尽管这些年国家把原材料和能源列为投资重点，但1988年原材料工业只增长10.25%，而加工工业却增长了23%，钢材产量只能满足需要量的2/3。每年进口钢材量达到国内生产能力的一半。

（3）生产资料价格双轨制普遍化，价格体系陷入了极度混乱状态。1984年5月，国务院《关于进一步扩大工业企业自主权的暂行规定》中，规定计划外生产资料浮动价上限不得超过固定价20%。1985年1月，国家物价局和物资部《关于放开工业生产资料超产自销产品价格的通知》，取消了20%的限制，实行随行就市，致使二者差别日益扩大，1985年市场价高于固定价30%—50%。至1988年年底，二者相差1—4倍。1988年15种主要生产资料价格总指数上升21.5%。

（4）普遍实行各级财政包干制度，形成"诸侯经济"，统一市场被分割。1979年财政体制实行"收支挂钩、全额分成、比例包干、三年不变";1980年改行"划分收支、分级包干";1982年实行"固定比例、总额分成";1985年实行"划分税种、核定收支、分级包干";1988年7月改行"地方财政包干",目的是稳定从中央到地方各级政府的财政关系。这种财政体制把各级地方政府的收益与企业的兴衰紧紧地捆在一起,从经济上进一步强化了政企合一的体制,全国统一的市场被大小"诸侯经济"所分割,原料大战此起彼伏,关卡林立,互相封锁,重复建设、重复引进屡禁不止。

面对混乱的市场秩序、扭曲的市场信号和畸形的市场结构,国家不得不转而实行治理整顿的方针,运用强有力的行政手段,紧缩银根,整顿秩序,强化行政干预。到1989年,市场的正常发育过程便暂时中断了。

五　金融业由供给型向市场化转轨

在现代社会化商品经济中,金融市场在市场体系中占据重要地位。要优化资源配置,必须以金融市场的完善为前提。

我国传统的金融业是依附于财政的供给型金融业。改革的目标是实现由供给型金融体制向市场化金融体制转轨。因此,改革旧的金融体制的过程,同时也就是金融市场发育的过程。

(一) 中央银行制度的建立

金融市场的发育,发端于建立中央银行制度。1982年7月,国务院批转中国人民银行《关于人民银行的中央银行职能及其与专业银行的关系问题的请示》,提出人民银行同时行使中央银行与专业银行两种职能的体制;确立人民银行中央银行地位,负责金融政策、印发人民币、统一调度信贷、审核金融机构的设立和撤并、协调各金融机构业务、统一管理外汇和金银等;农业银行、中国银行、建设银行在上述业务活动方面接受人民银行的领导;人民银行继续担负工商信贷和城乡储蓄。1983年9月国务院发布的《关于中国人民银行专门行使中央银行职能的决定》指出,为了充分发挥银行的经济杠杆作用，集中社会资金，支援经济建设，改变目前资金管理多头、使用分散的状况，必须强化中央银行的职能。为此，决定人行不再兼办工商信贷和储蓄业务，成立中国工商银行；各专业银行、保险公司作为经济实体直属国务院。

中央银行制度的建立，为发挥银行在宏观经济的间接调控方面的重要作用创造了必要的前提。但是，中央银行能否有效地发挥间接调控作用，又必须以自身在体制上的独立性和存在完善的市场体系为条件。文件虽然明确规定了人民银行作为中央银行的地位，划清了人民银行与专业银行的职责，但在实践中并未完全落实，尤其是银行依然隶属于各级政府，财政赤字依然主要靠银行超经济发行来弥补。1979 年以来，财政向银行透支累计达 379 亿元。这表明不实行政企分开，不转变政府职能，不改革财政体制，是难以实行中央银行制度的。

中央银行成立之初，与专业银行的资金未分开，加上大联行结算制，中央银行对专业银行的信贷差额只能事后认账，被动放款。为改变这种状况，使人民银行能主动地运用自己的资金调控信贷规模，1984 年 10 月人民银行改革资金管理办法，实行"实贷实存"，即中央银行对专业银行的贷款，按计划贷给各专业银行，并存入各地人民银行分行的账户上。各地专业银行只有在人民银行账户上有存款，才能得到人民银行的贷款。当时采取以 1984 年年底的贷款额为基数，确定第二年的增加额，结果各专业银行为扩大基数争相放款，导致年底信贷失控。1985 年中央银行不得不恢复对各专业银行贷款规模的直接控制。

（二）"拨改贷"的实行

实行"拨改贷"，改资金无偿供给为有偿借贷，转变银行的职能，改变银行与工商企业之间的关系，推进了金融市场的发育。1979 年 8 月，国务院批转的计委、建委、财政部《关于基本建设投资试行银行贷款办法的报告》指出，基本建设投资实行银行贷款，扩大经济手段和经济组织的作用；银行和贷款单位都是经济组织，它们之间的业务往来要按合同办事，互相承担经济责任和法律责任；贷款单位要保证还本付息，银行发放贷款，要按规定进行严格审查，实行择优发放的原则，有借有还，谁借谁还。拨改贷试行一年，全国除西藏外28个省、直辖市、自治区，十多个行业，有619个项目签订了贷款合同，总金额32亿元。此外，建设银行还对900多个单位发放基建贷款8.4亿元。1980年11月，国务院批转计委等单位《关于实行基本建设拨款改贷款的报告》，规定从1981年起，凡是实行经济核算有偿还能力的企业，都应当实行基本建设拨款改贷款的制度。建设银行要切实把拨改贷的任务承担起来，努力学会用银行办法办银行。该报告针对试点中出现的问题，提出财政预算安排的基本建设资金，拨给建设银行作为贷款基金，根据国家确定的基本建设计划，按照贷款条件发放。因价格不合理等原因无力偿还贷款的企业仍由财政拨款；行政、事业单位要实行投资包干；有条件的地方，实行建筑产品商品化的试点。贷款利率一般为年率3%，煤矿、建材、邮电为2.4%，机械、轻纺、石化为3.6%。1984年12月，计委、财政部、建行下达《关于国家预算内基本建设投资全部由拨款改为贷款的暂行规定》，决定自1985年起实行。拨改贷对不同行业实行差别利率（2.4%—12%），还款由企业自有资金和交纳所得税前的收入支付。

基建投资实行拨改贷，方向是正确的。但由于它是在宏观经济体制的总体格局没有根本改变的条件下出台的，银行依然隶属于各级政府，企业税前还贷，因此，拨改贷实际上是银行变相地为企业开"大锅饭"。1984—1986年，全国拨改贷项目8600个，落实贷款项目的仅占8%，贷款回收率不到5%，建成的大中型项目有3/4的生产能力未能充分利用，1/4项目的投资没有发挥效益。

（三）拓展银行和其他金融机构的业务，启动各种金融工具，推动金融市场体系的发育

（1）短期资金市场的发育是以同业拆借市场为始点的。1985年，银行打破统收统支的体制，试行各行之间互相调剂多余资金。

次年，银行间同业拆借全面铺开。1988年全国同业拆借额达262亿元，对缓解资金供求矛盾、促进资金横向融通、提高资金利用效率起了积极作用。但是，由于条块分割的体制未变，跨行业、跨地区拆借阻力重重；专业银行企业化进展缓慢，也影响了拆借市场的发育。

（2）票据承兑，贴现市场。1981年2月，上海市人民银行首次办理同城和跨地区的商业汇票承兑贴现业务。随后，这一做法被推广到天津、沈阳等市。1984年12月，人民银行下达《商业汇票承兑、贴现暂行办法》。1986年4月，人民银行和工商银行为解决企业间相互拖欠货款、占用资金，决定在京、沪等十城市实行商业汇票承兑、贴现办法，清理拖欠。随后在全国各城市推广，人民银行开始试办再贴现业务，贴现市场在我国初步形成。1988年全国商业票据贴现、再贴现总额达179亿元。这个时期的贴现市场是在"大锅饭"的体制继续运转的环境中诞生的，银行统包流动资金的供应，商业信用不发达，企业借款缺乏经济上和法律上的约束，有的企业甚至利用商业信用从事非法活动。

（3）债券市场的发育。其主要内容：一是开放国库券市场。1985年准许向个人出售的国库券上市，同时准许存满两年后到银行贴现（贴现率年息为12.93%）。1986年继续实行上述办法。二是开放短期金融债券市场。1985年，工商银行和农业银行率先发行了20亿元期限1年的金融债券。1987年建设银行、中国银行以及其他金融机构也先后发行金融债券。1987年年底，全国共发行债券85亿元。1986年8月，沈阳市信托投资公司开办债券转让业务，批准六家企业的13种债券上市，交易方式有公司买卖，委托代卖、抵押贴现、债券签证。1987年年底，地方和企业债券发行额为130亿元。债券市场是在金融市场体系发育不健全的环境中诞生的。它的流通市场远远滞后于发行市场，上市量极低（国库券仅占发行量的1.5%），且以柜台交易为主，交易价格限制过死。

（4）股票市场试点。1980年8月，人民银行抚顺市支行新抚办事处首次代理企业发行股票。1984年7月和12月，北京天桥股份有限公司和上海飞乐股份有限公司先后发行股票。1986年9月，工商银行上海信托投资公司静安证券业务部正式挂牌买卖股票，开创了股票交易的先例。1988年5月，沈阳市金杯汽车股份有限公司成立，首次发行规范化的股票。到1988年年底，全国发行各类股票35.7亿元，其中向社会公开发行12.7亿元，占35.6%，股票交易额约1400万元。

总的来说，我国现代金融市场发育仍处于初始阶段，供给型金融体制的转轨远未完成。作为金融市场的"神经脉络"的运行机制尚未形成。在这种情况下，中央银行通过货币政策和三大杠杆对宏观经济运行实施有效的间接调控，在很大程度上还停留在纸面。

金融市场机制发育受阻的原因，主要是市场参与的主体，无论是企业或专业银行，都不是相对独立的商品生产者和经营者，都未摆脱对政府的依附地位；市场远未实行规范化，政企合一造成条块分割和普遍的垄断；价格体系严重扭曲，负利率产生误导；"大锅饭"体制窒息了竞争和风险机制的作用。当然，金融市场发育受阻的原因，不单纯是体制问题，同时还由于我国是发展中国家，还处在向现代商品经济即市场经济发展的过程之中。

六　科技成果由"象牙之塔"步入市场

技术市场是市场体系的重要组成部分。它是联结科技与经济的桥梁，是引导科技成果进入生产领域的传送带。在传统体制下，科技与生产是"两张皮"，各自在封闭的体制中运行；科技部门靠国家财政拨款生存，科技成果按政府指令无偿转让。这种把科技封闭在"象牙塔"中的体制，既阻碍了经济发展，也不利于科学事业的繁荣。科技成果商品化和市场化，是现代社会化生产力发展的必然趋势。我国经济体制改革直接推动了科技体制的改革。科技成果商品化和科技市场的初步形成，是科技体制改革起步最重要的成果。

科技市场的发育,十年来,大体上经历了以下几个阶段。

(一) 自发的无组织的科技市场公开化阶段

农村普遍推行家庭承包制和乡镇企业的大发展,促使农村自发形成的科技市场公开化,并推动了科技市场的形成和开放。1982年1月,中央批转《全国农村工作会议纪要》,指出过去对科学的作用认识不够,忽视智力投资和现有人力的使用,必须及时纠正。1983年1月召开第一次全国农村科技工作者会议。为鼓励科技人员去农村,有关部门规定在社会地位和物质待遇等方面给予优待。这一时期农村科技市场的特点:一是自发交易和有组织的交易相结合。地方政府部门有计划地组织城市企事业单位对乡镇企业进行对口支援,但乡镇发展所需要的科技主要靠乡镇企业自身通过市场去寻求。二是有偿转让与无偿支援相结合。三是打破了地区、所有制的界限。

(二) 地方科技市场兴起

如果说农村科技市场是全国科技市场发育的直接推动力,那么,地方按现代商品经济模式兴办的科技市场则是我国现代科技市场发育的起点。1980年沈阳市率先办了一个面向市场的技术服务公司,实行企业化经营,通过有偿转让科技成果和提供技术服务,沟通科研单位和企业的联系,推动科技成果转化为现实的生产力。该公司成立一年先后为40多个城市的企业举办了洽谈会。1981年武汉市等除兴办技术服务公司外,还举办了技术交易会,供需双方直接见面。同年,天津市创办了《技术市场报》,为各行各业提供科技信息服务。此外,有的城市为了增强企业发展后劲,实行企业与科研单位联姻,后者以技术入股,建立生产—科研联合体,开发新产品和新技术。

(三) 国家开放技术市场

1982年10月,中央提出经济建设必须依靠科学技术,科学技术工作必须面向经济建设的方针,要求科学技术实现四个转移:由实验室向工厂转移,由军事工业向民用工业转移,沿海向内地转移,国内向国外转移。1985年1月,国务院颁发《关于技术转让的暂行规定》。同年3月,中央颁布《关于科学技术体制改革的决定》,明确指出技术市场是我国社会主义商品市场的重要组成部分。同年4月,《中华人民共和国专利法》出台,首次为科技成果的产权和技术贸易提供了法律保障。1986年5月,国务院发布《关于扩大科学技术研究机构自主权的暂行规定》,允许研究所面向社会承接任务,取得合法收入。1986年年底,国务院颁布《技术市场管理暂行办法》,就技术市场的政策方针,业务范围,协调机构,市场管理、服务机构、交易、税收等问题作了原则规定。1987年11月,我国开始实施《技术合同法》,各地区还制定了管理当地技术市场的具体规章。

由于国家政策和法律上的保障和指导,技术市场进入了快速成长阶段。首先,专业化的技术贸易企业大量建立,1989年各类技术交易机构1.9万个,从业人员36万人。1985年技术贸易成交额达23亿元,1987年上升到33.5亿元,1988年为72.4亿元,1989年为81.5亿元。其次,技术市场上产供需三方面的主体地位初步确立,生产企业、科研单位和技贸机构拥有一定的自主权。进入市场的不仅有科研单位,还有大专院校、军工和军科部门,实现了市场主体多元化。目前民办科技开发机构已有1万多家,从业人员20多万,为市场机制发挥作用创造了必要的前提。再次,技术贸易的形式多样化。各地的技术交易形式有:常设交易市场,不定期的交易会、招标会,服务队、咨询公司、信息市场和协调网。此外,还有建立生产—科研联合体,工技贸一体化,举办科技产业等。最后,政府开始重视技术市场管理的法规建设,陆续出台了一些法律规章。有组织地开放科技市场取得了显著的经济效益。科技成果推广应用率,由1981年的10%上升到1986年的40%。技术出口出现良好势头,1988年出口20多个国家和地区,创汇2.4亿美元。

目前，技术市场的发育依然受经济体制和发展模式的困扰。技术市场开放之初，由于企业扩权和科技部门长期的储备，市场曾一度繁荣，但不久便出现市场需求不足。原因在于供需双方的体制都未转型，对新技术的渴求既缺乏内在动力和外部压力，又缺乏必要的经济实力。1988年，全国专利实施率不足30%。我国经济增长至今未摆脱外延型数量扩张模式，科技在经济增长中的作用很小。在经济高速增长时，并不能相应地带动技术交易同步增长，相反，在经济进入调整时，刚刚起步的技术市场却会同时陷入萎缩状态。1986年实行紧缩政策，全国技术市场交易额由上年的23亿元降为20亿元。此外，科技市场缺少完善的宏观调控，价格扭曲，市场分割，秩序较为混乱。科技市场的发育迫切要求加快经济体制改革。

七 统包统配的就业体制向市场化迈步——市场体系发育的难点

在商品经济中，劳动力作为一种资源，它的流动和合理配置，是要通过市场来实现的。劳动力市场是市场体系的组成部分。在社会主义制度下，由于存在商品货币关系和所有制结构多元化，由于劳动者身份二重性（即公有生产资料所有者和劳动力承担者），劳动力不能不具有商品属性，市场不能把劳动力排斥在外。改革10多年来，尽管劳动力市场尚未成型，但统包统配的就业体制已经开始被突破。

（一）劳动力市场的出现

粉碎"四人帮"后，全国亟待安置就业人数高达800多万人，此外还有当年进入劳动年龄的城镇人口300多万人。如果继续坚持全部由国家包下的办法，即使把当年的全部财政收入用于安置就业，也无法实现充分就业的目标，统包就业的体制已经难以为继。1979年7月，党中央和国务院批转北京市《关于安排城市青年就业问题的报告》，要求各地广开就业门路。同年 10 月，吉林市首创劳动服务公司安置待业青年，并在全国推广。1980 年 8 月，党中央召开全国劳动就业工作会议，要求打破由国家统包就业的老框框，实行在国家统筹规划和指导下，劳动部门介绍就业，自愿组织起来就业和自谋职业相结合的方针；要有步骤地建立劳动服务公司；劳动服务公司担负介绍就业、输送临时工、职业培训等职能，逐步发展成为市场调节就业的组织形式。1980 年年底，全国城镇新安置就业人员 800 余万人，其中个体开业 49.8 万人，集体所有单位 278 万人。1981 年 10 月，党中央和国务院颁发《关于广开门路，搞活经济，解决城镇就业问题的若干决定》，指出解决就业门路，应当结合调整产业结构和所有制结构进行；适当发展城镇劳动者个体经济，增加自谋职业的渠道，并从经济上给予扶持。这样，在其他市场尚未迈步的时候，在国家统包统配的就业体制之外，出现了一个有限的劳动力市场。

（二）农村劳动力向非农产业的转移

以农村普遍实行家庭联产承包为推动力，农村劳动力自发地向非农产业转移，并组成一支数量庞大的流动的劳动力大军，为城市经济发展提供人力资源。20 世纪 80 年代初，党中央发布《当前农村经济政策的若干问题》，指出必须改革农业经济结构，利用有限的耕地，实行集约经营，并把大量的剩余劳动力，转移到多种经营的广阔天地中去；我们现在正进入城乡社会主义商品生产大发展的时期，要打破城乡分割的地区封锁，广辟流通渠道，允许农民长途贩运，等等。虽然政策规定了"离土不离乡"，但由于人民公社解体，加之农业连年丰收，户籍制度和口粮配给制已经无法限制农村人口的转移。1984 年 1 月，党中央发表《关于 1984 年农村工作的通知》，指出允许农民和集体的资金自由地或有组织地流动，鼓励农民向各种企业投资入股；越来越多的人转向非农产业是一种历史性的进步；乡镇企业从业人数由 1984 年的 5208 万人增加到 1988 年的 9545 万人，每年以 1000 多万人的规模转移。此外，这个时期全国城市企业和事业单位每年直接从市场招用计划外临时工1500余万人,其中多数来自农村。这个时期还有一支人数众多的"盲流"在城市和边疆地区流动,庞大的无组织的劳动力市场在迅速成长。但是,农村人口向城镇转移,远远超出了社会的承受力。由于劳动力市场发育不健全,市场自我调节的功能欠缺,政府不得不几度运用行政手段控制"农转非"的规模和速度。

在促进劳动力市场的形成和推动劳动力市场结构多元化方面,所有制结构的多元化和非公有制经济成分的增长是一个重要的因素。首先,随着农村非农产业中个体企业和私营企业发展,出现了雇工。1983年中央1号文件虽然肯定了社队企业可以采取多种所有制形式,但文件规定对雇工不宜提倡,不要公开宣传,也不要急于取缔。1984年中央1号文件则提出,对雇工超过规定人数的乡镇企业,可以采取不按资本主义的雇工经济看待。同年2月,国务院发布《关于农村个体工商业的若干规定》,允许雇请最多不超过5个学徒和一两个帮工。但各地实际上远远突破了这个限制。1985年年底,在农村非农产业"联合体"中,雇工的企业由上年的19.8%增加到28%。[1] 同时,特区和各地三资企业所需要的劳动力一般不采取政府劳动部门统配的办法,而是实行企业招聘,在劳动力市场上择优录用。早在1980年7月,国务院就公布了《中外合资经营企业劳动管理规定》,从法律上保障企业用工的自主权。由于特区和三资企业实行高工资、高福利,对就业者有很大的吸引力。尤其是特区经济发展迅速,通过劳动力市场就业的人数增长很快。深圳市区1984年年底职工人数为154.4万人,1989年年底增加到412万人,5年间增长了166.8%。

(三) 国营经济劳动制度的改革

国营经济的劳动制度是改革的重点,也是最大的难点。但这项改革进展缓慢,成效不大。采取的改革步骤主要有:1986年10

---

[1] 参见《人民日报》1986年12月12日。

月，国务院发布关于国营企业实行劳动合同制的暂行规定，对新增工人实行劳动合同制。这项改革使企业和待业者有了一定的互相选择权利，促进了就业竞争和人才的合理流动。1988年年底，全国实行合同工人数达1008万人，合同工占职工总数的10.1%，这样便形成"老人老办法"和"新人新办法"的双轨劳动制。1984年10月，国务院批准劳动人事部、城乡建设部制定的《国营建筑企业招用农民合同制工人和用人暂行办法》，规定企业所需的劳动力，除少数专业技术工种和技术骨干外，聘用农民合同制工人，逐步降低固定工的比例。此外，有些行业例如采煤、纺织和城市环保部门，由于城市待业人员就业观念的变化，在城市招工困难，被迫大量招用农民合同工。1987年国营企业推行"优化劳动组合"，试图为解决在职待业的难题寻找一条出路。但由于缺乏相应的配套措施，未能收到预期的效果。此外，有的地区开设了人才流动中心，促进专业人员的流动；组织劳务市场，供需直接见面，双向选择。1989年全国有各类劳务市场3000个。

为建立社会保障体系，确保社会安定，1984年实行职工养老金社会统筹，1989年在93%的市、县推开。全国2700多个县设立了社会保险机构，为10万多待业职工提供了待业救济金。

劳动制度改革涉及亿万人民的切身利益，加上我国面临着人口总量大，在职待业人数多的双重压力，因此推进劳动力市场化改革的难度是相当大的。

八　整顿市场秩序，治理市场发育的环境，推进市场体系的建设

1988年9月，中央针对经济生活中出现的严重问题，提出了"治理经济环境，整顿经济秩序"的方针，我国国民经济进入了新一轮的调整时期。在此期间，为制止通货膨胀，恢复社会总需求与总供给的基本平衡，政府在平抑物价、压缩固定资产投资、紧缩财

政和信贷等方面，在可能的范围内采用了一些经济手段，但主要还是借助于强制性的行政措施。这自然会使市场的发育进程受到影响。然而重要的是，通过治理、整顿，使国民经济的宏观状况得到改善，为经济改革的加速发展，为市场体系的建设创造了良好的条件。而且，就在治理、整顿的过程当中，市场的发育也没有完全停顿，甚至在某些方面还有所进展。

(一) 有限的买方市场的出现

由卖方市场向有限的买方市场的转变，是这一时期的一个突出的成果。

我国市场供求的总体格局，长期以来一直是供不应求。1985—1988年，社会总需求超过社会总供给的平均差率为11.8%。无论生产资料市场或消费品市场（特别是耐用消费品市场）基本上都是卖方市场。由于治理、整顿的实施，1989年差率缩小为8.7%，1990年继续缩小到7.6%，1991年与上年持平。这三年社会商品零售总额比上年的增长幅度分别为8.9%、2.5%和12%。其间，1989年下半年到1990年全年曾经发生市场疲软的现象，到1991年年初才逐步恢复而趋于正常。物价涨势回落，货源供应充足，库存大幅上升。据商业部1991年下半年调查，705种商品供求持平的占60.4%，供过于求的占27.4%，供不应求的只占12.9%，零售物价比上年涨幅1989年为17.8%，1990年为2.1%，1991年为3%。这样，深化改革所必需的相对宽松的经济环境便开始形成。

(二) 强化市场管理，建立良好的市场秩序

由于政府进一步强化对市场的管理，市场秩序明显好转，这是市场发育过程中由乱到治的又一大变化。

前几年，在流通领域中成立了一大批公司，对搞活流通起到了一定的作用。但其中有相当一部分公司政企不分，官商不分，转手倒卖，买空卖空，巧取豪夺，扰乱市场秩序，败坏社会风气，造成分配不公。为此，1988年国务院颁布了《关于治理整顿公司的决定》。经过清理整顿，1989年以来，全国共撤并公司10.5万个，

占原有公司总数的 35.2%，其中撤并流通领域公司 7.3 万个，占撤并公司总数的 73%。大多数公司已同国家行政机关脱钩，一大批兼职的党政干部退出了公司。同时，在全国范围开展了打击经济犯罪，严惩贪污、行贿受贿，以及查处假冒伪劣商品的活动，经济案件的发案率逐年下降，1990 年比上年下降 38.3%，1991 年比上年下降 32.9%。政府强化了对市场的行政管理，建立正常交易秩序，目前正式发布的购销等经济合同范文本有 6 大类 22 种，有效注册商标 32 万件，加强了广告管理。但市场管理尚未达到法治化、规范化。

（三）治理整顿与市场发育互相推动

在治理整顿过程中推进市场发育，同时又靠市场体系发育促进治理整顿任务的完成。

（1）深化金融体制改革，积极稳妥地推进证券市场的发育。1991 年年底，城乡居民金融资产已高达 1.3 万亿元。管好、用好这笔巨额资金，不仅可以缓解建设资金紧缺的矛盾，而且可以稳定市场。近几年为推进证券市场的发育，政府采取了下列积极步骤：开办上海证券交易所和深圳证券交易所；建立全国证券交易自动报价系统，会员公司已增加到 40 家，联网城市 13 个，成交额达 11.5 亿元；在 70 个城市开办证券交易网点 500 多个；1991 年国库券发行由按行政系统摊派改为银行承销。目前，已发行各种有价证券 2700 亿元，品种由单一的国库券发展到债券、股票等多种形式，其中，国家债券 1000 多亿元，金融债券 285 亿元，股票 46 亿元，但上市量仅为 200 亿元，占发行额的 7.4%。目前，证券业正处于萌发时期，证券市场还缺少规范化的管理，居民的金融意识比较淡薄。

（2）期货市场的试点，发展大宗农产品期货市场是改革我国农产品购销体制的重要步骤。1990 年 10 月，经政府批准郑州粮食批发市场开业，随后武汉、芜湖、成都等城市也相继开办了粮、棉、油期货市场。由于现行的农产品现货市场极不发达，运行规则双重化，市场基础设施落后，还不能发挥期货贸易的积极作用。

（3）技术市场发育加快。治理整顿期间，我国技术市场继续健康发展。其表现：一是市场管理逐步法治化、规范化，《技术合同法》实施之后，主管部门又颁布技术市场统计，技术合同认定登记、技术交易会管理、科技开发企业登记管理等规章，建立了各级技术市场管理机构，仲裁机构；二是面向农村和国营大中型企业，开拓科技新市场等。近四年技术市场成交额大幅度上升，1991年上升25.36%，全年成交合同金额达94亿元，比成交额最高的1989年增长15%。

（4）外汇调剂市场继续完善。近几年，我国外汇调剂市场在管好、用活有限的外汇资金中起了有益的作用：一是成交额逐年增长。1988年为62.5亿美元，1989年增至85亿美元，1990年升至131亿美元。外汇调剂价格已被人们作为"市场汇率"接受。二是调剂价格趋向市场化。1988年取消了外汇调剂的限价，允许按供求情况浮动。中央银行在1991年动用了部分资金参与市场买卖，开始运用经济手段对外汇调剂市场进行宏观调控。但目前全国统一的外汇调剂市场尚未形成。

（5）确立企业的市场主体地位，使消费者能够充分行使自主权，是市场机制得以发挥积极作用的必要条件之一，也是市场体系发育成熟的标志之一。近年来，随着改革的分量加大和市场供求格局的变化，在这两方面都取得了进展：一是在国营零售商业中推行以"四放开"（即放开经营、价格、用工、工资等）为内容的改革，使商店成为相对独立的经营主体，摆脱对各级政府的依附。同时工业部门也开始着于把企业推向市场。二是各地建立消费者协会，维护消费者的合法权益，接受消费者的投诉。1991年开展"质量效益年"活动，加强了对上市商品质量的检验，严肃查处假冒伪劣商品和损害消费者的不法行为。各地消费者协会接受消费者投诉约百万件，仅1991年就达27万多件。

（6）产权市场萌芽是要素市场发育的重要突破。推动产权市场发育的因素：一是治理整顿的重点由控制总量转向结构调整。这一时期，企业结构的调整虽然主要是政府用行政办法实行关停并转，但在若干城市进行了破产和兼并的试点，有的公开拍卖破产企业，有的实行跨行业、跨所有制的兼并。二是组建企业集团，为了实现规模效益，在行业内部按照互利原则组建股份公司型的大型企业集团，其中约半数以资产作为联结的纽带。但由于条块分割的体制，已经挂牌的企业集团多数没有形成独立的经营实体。

（四）经济生活中深层次的矛盾及其根源

三年治理整顿为推进市场体系的发育创造了可能条件，但经济生活中深层次的矛盾并未解决。这主要表现在以下几方面。

（1）信贷投放增长过快，通货膨胀的压力继续加大。1991年新增贷款2895亿元，年末广义货币供应量比年初增长26.8%，仍然大大高于经济增长的实际需要。城乡居民储蓄存款年末达到9110亿元，比年初增加2076亿元，增长29.5%。企业成本继续上升，在上年上升7%的基础上又提高5.2%。大中城市物价上涨幅度高于全国平均水平，达到8%。

（2）企业经济效益下滑趋势没有扭转。预算内国营工业企业亏损面高达29.7%，亏损额在前两年成倍上升的基础上又上升10.6%，实现利润比上年下降14.2%。

（3）国家财政赤字继续增长，1989年为92亿元，1990年上升到140亿元。

（4）产业结构不合理，存量调整少，要素配置不当，资源利用效率低。彩电、冰箱、洗衣机、汽车、吸尘器、录音机、啤酒、卷烟等19种产品的生产能力严重过剩，许多企业处于停产半停产状态。但是，重复引进、重复建设仍然屡禁不止，在建规模偏大，新开工项目增加过多，1990年全社会固定资产投资完成额比上年增长18.6%。

（5）收入分配不公。一方面，国营企业事业单位收入分配平均主义没有消除；另一方面，社会各阶层收入分配又出现严重不公。1990年城镇低收入的困难户约占14.8%。

（6）价格体系扭曲没有消除。在整顿市场秩序的同时，对价格作了几次调整，原油、成品油、钢材、铁路货运、粮食等价格上调，缓解了基础产品价格偏低的状况，减少了财政补贴，促进了基础产业的发展。但价格双轨制仍未消除，工农业产品价格"剪刀差"和粮、油等购销价格倒挂依然存在，加工工业产品价格偏高和基础产品价格偏低的矛盾仍未解决。1990年国家财政用于价格补贴的金额达380.8亿元。

产生上述问题的根源在于，现行体制或经济运行机制与社会主义商品经济自身发展规律的矛盾，市场和市场体系难以顺利地按照自身的成长规律发育。当前市场体系发育存在的问题，主要表现在：条块的行政隶属关系损害了市场的统一性；政企合一，国营企业在承包制下无法取得市场主体的地位；价格体系未理顺，市场信号失真；改革措施互不配套，甚至互相掣肘；市场设施建设落后；等等。因此，市场发育的广度和深度同整个经济商品化的发展程度相比严重滞后。

九　深化改革，加速推进市场体系的全面发育

当前，我国的改革已进入体制转型的关键时刻，改革的难度和风险比过去更大。如何处理好深化改革与社会安定，经济稳定的关系，似乎成了难以两全的问题，使人们举棋不定。由于苏东蜕变和国内资产阶级自由化思潮泛起，世人提出一个十分尖锐的问题：中国红旗究竟能打多久？面对这个问题，我们必须作出抉择：走回头路，对旧体制进行修修补补；或坚持改革开放，创立社会主义市场经济体制。二者必居其一。持"左"的观点的人把改革开放与坚持社会主义道路对立起来，他们坚持传统的僵化的社会主义模式，认为"和平演变"的危险主要来自经济领域，主张恢复指令性计划经济体制。这种"左"的观点已经成为深化改

革的主要思想障碍。正是在治理整顿阶段基本结束，我国改革开放面临何去何从的关键时刻，邓小平同志适时发表了南方视察谈话，接着党的十四大把建立社会主义市场经济体制正式确定为我国经济改革的目标，并对深化改革作出部署，市场体系的发育过程大大加快。

（一）随着价格全面放开，市场机制的作用进一步强化

1992年以来，价格改革的步伐加快。首先，国家物价局加大价格结构性调整力度，统一出台了粮、煤、油（天然气）、运输四大类商品和服务调价措施，价格结构性调整的幅度之大是改革13年来所未有的。接着，国家物价局重新修订生产资料和运输价格管理目录，规定由政府管理价格的商品由1991年年底的737种减少到89种，其中，放给企业定价的有571种。同年9月1日起，取消原油、成品油、钢材、生铁、铜、铝、锌、铀、镍、纯碱、烧碱等计划外生产资料全国统一最高出厂价或销售限价。同年10月，国家物价局又修订了农产品价格管理目录，规定实行国家定价的农产品有6种，即计划购销的粮食、棉花、烟叶、桑蚕茧、紧压茶、统配木材；实行国家指导价的有13种，包括部分中药材、绵羊毛、松脂（松香）。这样，绝大部分农产品购销价格均已放开让市场调节。

目前，放开的主要是产品和服务价格。广义价格还包括利息、工资、租金等。要素价格扭曲要比产品价格扭曲严重得多。由于要素市场发育滞后，实现广义价格市场化还需要较长的过程。放开价格只是为价格形成机制的转换创造了前提。除此之外，政府还必须制定相应的市场管理法规，建立正常的市场秩序，制止不正当的竞争和垄断。没有这些条件，市场机制对价格形成是难以发挥正效应的。

（二）企业作为市场主体的法律地位开始得到确认

1992年6月，国务院发布《全民所有制工业企业转换经营机制条例》，明确规定企业是依法自主经营、自负盈亏、自我发展、

自我约束的商品生产和经营单位；按照政企职责分开的原则，政府依法对企业进行协调、监督和管理，为企业提供服务。该条例具体地规定了企业、政府各自承担的责、权、利。这是继《企业法》之后进一步明确了企业的市场主体地位。但是，如果没有相应的配套措施，没有充分发育的市场体系，不转换价格形成的机制，企业还是不可能靠这一纸法规成为名副其实的市场主体的。现在讲把企业推向市场，而现存的市场却是扭曲的、残缺不全的市场。企业进入这样的市场不可能开展平等的、公平的竞争，因而不可能有生机和活力。

（三）各类市场发育极不平衡

市场的发育和市场体系的形成有其自身的规律，我们在改革进程中不可能为各类市场的发育制订出一个时间表。从经济发展史上看，各类市场发育有先有后，大体上说，先是产品市场，后是要素市场；各类市场发育互相制约，互相促进，任何市场都不可能单项突进。只有完善的市场体系整体才能对资源配置起到优化作用。

目前，我国各类市场的发育很不平衡，有些市场呈畸形状态。

（1）土地和房产市场空前活跃。我国对国有土地长期实行由政府无偿划拨制度。随着商品经济的发展，这种制度的弊端日益显露出来，改革势在必行。1987年9月，深圳市出让我国第一块国有土地使用权，期限为50年。接着福州、海口、广州、珠海、厦门、上海、宁波等城市也先后出让和转让国有土地。1988年4月，七届人大一次会议对宪法有关条款作了修改，规定土地使用权可以依照法律的规定转让。随后，《土地管理法》也作了相应的修改。全国土地出让试点的省、区、市由1990年的10个增加到1991年的17个，五个经济特区已全面实行土地出租，中国土地市场开始建立。截至1992年4月，出让1500宗土地使用权，面积3000公顷。除国有土地使用权经政府批准有偿出让外，划拨土地使用权自发进入市场获取收益的现象普遍存在，大多以房屋买卖、出租、抵押、以地易房易物，以地为资本进行投资等形式出现。这一过程中也出现一些问题，如开发区层层攀比，占用土地过多，土地审批失控；地价过低，炒卖地皮，甚至大量囤积土地。各地房地产开发公司增加到4万家，交易混乱，市场不规范，造成了国有土地资产收益大量流失，土地权属混乱，冲击了土地使用制度改革。清理整顿土地市场已刻不容缓。

（2）股票市场超前崛起。1983年，我国着手进行股份制试点。治理整顿期间，对试点提出了继续完善和提高的要求，不再铺新点。1990年12月中共十三届七中全会提出，逐步扩大债券和股票的发行，并严格加强管理，在有条件的大城市建立和完善证券交易所。1990年12月和1991年4月，上海、深圳两市先后开办了证券交易所，揭开了中国股票交易二级市场的序幕。到1991年年底，全国各类股份制试点企业有3220家，其中法人持股的企业380家，占12%；内部职工持股的企业有2751家，占86%；向社会公开发行股票的企业89家，占2%。在试点企业中全民所有制企业占22%。沪、深两市有69家股份公司向社会发行股票，总额84.05亿元，其中可上市交易的部分达30.2亿元。近几年各地颁布了一些管理股份企业的地方性法规，但一直没有全国性统一法规；相当多的股份制企业很不规范。为使股份制试点健康发展并使之规范化，国家体改委等先后颁布了《股份有限公司规范意见》《有限责任公司规范意见》《股份制试点企业宏观管理暂行规定》等。1991年10月经中国人民银行批准，首家全国性的证券评估机构——中国诚信证券评估有限公司成立。

（3）各种类型的产品市场蓬勃兴起。首先，中心城市兴办综合性交易市场，特点是打破了条块、行业的界限，一业为主多种经营。这种综合贸易市场的出现为探索组织社会化大流通，改革现行流通体制提供了一条新路。其次，中心城市兴办专业批发市场。郑州市利用地理和交通优势，兴办了建材、纺织纱布、蔬菜果品等九个大中型批发交易市场，面向全国，内外贸结合。这种开放型流通体制，具有环节少、流程长、集散快、效益高的优点。但在这股"批发市场热"中，有些地方不考虑本地的客观条件，没有总体布局规划，用小商品经济的观点组织现代市场，结果一些批发市场办成了放大了的集市贸易，表面上轰轰烈烈，实际上大大增加了流通费用支出。最后，按照现代市场经济的规范继续进行期货市场的试点。深圳市有色金属交易所在开展自营业务的同时，积极开展期货经纪代理业务，截至1992年8月，交易总额达22.45亿元，成交量13.759万吨，80%以上的会员单位开展了代理业务。目前正在筹办成立经纪公司，计划在其他中心城市设立经纪代理机构，并制定出有关管理法规。1992年5月，全国第一家国家级期货交易市场——上海金属交易所开张，仅42个交易日就成交有色金属40万吨，总金额72亿元。交易所已建立起一套与国际标准吻合，得到国内市场公认的权威性价格标准，成为指导企业调节生产的"晴雨表"。

（4）要素市场有新的突破。首先，地方性产权市场迈出较大步子。四川省1988年开始进行产权转让的改革，至1992年已有2288个企业发生产权转让行为，占全国总数的1/4，全省已有320多个产权交易市场，通过产权转让消化亏损企业1000多家，搞活呆滞资产达20多亿元。该省首次将国营大中型企业租赁给外商独资经营，四川客车厂与香港泰和行实业有限公司签订为期15年的租赁合同，实行"投资租赁，独资经营"的模式。此外，在农村还出现了用拍卖方式出让土地使用权。山西省岚县为治理开发荒山，公开向农民拍卖荒山使用权，规定买主可转让，或中途作价买卖，收益5年内免税。1992年全县有500户买了5万亩荒山，其中两万亩已栽上树木，成活率达87%。这种拍卖方式对农业发展规模经营有一定的启示作用。其次，劳动力市场发育加快。随着对外开放的扩大和第三产业的加速发展，劳动力市场呈现前所未有的活跃态势，各地"人才之战"此起彼伏。1992年3月，国家教委在杭州召开应届大学毕业生分配会，邀请438家国营大中型企业代表参加，竟有 5000 多人涌进会场，65 万毕业生几天内被争抢一空。国家统配统包的分配体制被打破。北京人才交流中心 1992 年 1—8 月登记要求更换工作单位的达 3000 人，一场春季交流会吸引了两万多人，多数是专业技术人员，80% 来自国家企事业单位。据统计，目前专业人才的流动率大约仅占要求流动人员的 10%。1992 年年初，各地出现"破三铁"（铁饭碗、铁工资、铁交椅）热。由于社会保障体系没能相应地建立，没有着眼于造成"三铁"体制本身的改革而出现了一些偏差，各地为稳妥地推进劳动制度改革，积极探索建立社会劳动保障体系。湖南省株洲市实行全方位统筹的社会劳动保险；建立富余职工和待业职工培训网络；建立多种形式的劳动力市场；发展劳动服务企业，扩大吞吐社会劳动力的能力。在我国农业现代化和市场化过程中，来自农村的庞大的流动待业人口的存在是不可避免的，用户籍管理和凭票供应口粮等行政办法已难以为继。目前有些地区之间试行劳务输出合同，按计划定向输送劳动力。最后，科技市场方兴未艾，继北京中关村、武汉东湖之后许多地区先后设立了新技术开发区，政府鼓励和支持从事应用技术研究的部门和个人实行商业化经营，或开办民营经济实体。1992 年上半年技术市场盛况空前。全国签署的技术合同约 9.84 万份，金额 57.8 亿元，比 1991 年分别增长 18% 和 54%。国有大中型企业已成为最大的买主，约占买方的 2/3。技术成果的转让形式多样化，如四川省 1992 年 9 月 5 日举办了"优秀技术成果现场拍卖会"。

（四）市场体系发育的环境和条件进一步改善，然而 1992 年上半年又出现了经济过热势头

1985 年以后经济超高速增长；通货膨胀居高不下，迫使我国市场发育中断；1989 年开始的治理整顿为继续推进市场体系的发展创造了良好的条件，出现了前所未有的相对宽松的环境，使我们有可能在价格改革等方面迈出较大的步伐。但是，值得注意的是，1992 年上半年以来，工业生产上升过快，基本建设新上项目过多，投资增长过猛，信贷投放过多。这股势头如不及时刹住，再次引发经济过热和再次被迫调整的可能性，是不能排除的。

当前，加快市场体系发育不仅必要，而且也有可能，关键在于我们应当吸取前一时期的经验和教训，作好总体规划和分步实施的计划。

（原载马家驹主编《中国经济改革的历史考察》，浙江人民出版社1994年版）

我国体制转型时期"农村病"及其治理[*]

当今发展中国家一般都患有农村人口过早过快转移引起大城市人口恶性膨胀造成的"城市病"（陈吉元等，1993）和由大量的剩余劳动力长期滞留农村引发的"农村病"。根治"农村病"，防治"城市病"，是发展中国家由二元经济结构向现代化经济过渡必须解决的重大课题。我国是人口众多的农业大国，实现此项任务尤为艰巨。改革开放以来，乡镇企业的崛起，用"离土不离乡"的方式，为治理"农村病"、防治"城市病"，开出了一剂良方。然而，"农村病"至今仍待进一步治理。本文主要是探讨由计划经济体制向社会主义市场经济体制过渡时期的农村过剩人口转移的若干理论问题。

流动择业与稳定职业

农村剩余劳动力的转移可以分解为两个过程：即流动过程和稳定过程。流动是剩余劳动力离开农村或农业向城镇或非农产业转移，寻找职业的过程；稳定是农村剩余劳动力相对稳定在其他地区或行业就业。这两个过程的区别是不容忽视的。流动是前提。只有流动，才谈得上农村劳动力的充分就业，谈得上人力资源的合理配

---

[*] 本文是国家社科基金、福特基金会项目《中国劳动力市场和工资改革》的专题研究报告之一，中国社会科学院经济研究所"中国劳动力市场和工资改革"课题组承担，由于祖尧执笔。

置。没有流动，根本无法实现剩余劳动力的转移。但是，流动并不是目的。流动最终是为了让劳动者选择适当的地域和职业稳定下来，达到人尽其才的效果，如果只有流动而不能相对稳定，就会形成流动的失业大军，改变的只是农村失业的形态，即由隐性失业变为流动失业。流动的目的是稳定。稳定是实现物质资料生产的前提，只有稳定，才能把人的要素和物的要素结合在一起从事生产。所以，稳定是流动的目的，流动服从稳定。但是，稳定是相对的。稳定不是把劳动力终身固定在一个地区、终身束缚在某一种职业上。在市场经济条件下，由于社会需求不断变化，包括人力在内的资源配置应当随之变化才能取得最佳效益。不过，这是另一种意义上的流动。农村剩余劳动力转移所推动的流动是要消除农村失业，解决劳动力闲置，而资源配置所说的劳动力流动，是要实现资源配置最佳状态；前者是由二元经济结构（刘易斯，1954）向现代经济过渡中的特殊问题，后者则是现代社会化经济运行中的普遍问题；前者是要通过流动实现稳定，后者是在稳定条件下局部的暂时的流动。所以，正确地认识和处理流动和稳定的关系，对于政策导向是至关重要的。

剩余劳动力由流动转化为稳定，由部分流动到部分稳定，从而完成转移过程。这个过程是有条件的，而不是无条件的。这是因为农村劳动力转移是社会分工深化的结果，而社会分工深化又是由生产力性质和水平决定的。因此，生产力状况是制约劳动力转移规模和方向的决定因素。当客观条件成熟的时候，如果人为地为农村劳动力转移设置障碍，那就会阻碍生产力的发展；相反地，如果客观条件不成熟，企图超越客观条件的许可强行加快劳动力的转移，只能加剧稳定与流动的矛盾，同样会给生产力发展带来消极后果。所以，人们只能因势利导，把立足点放在大力发展生产上，为协调流动与稳定的矛盾创造物质前提。

流动与稳定的矛盾是体制转型时期农村剩余劳动力转移过程中的主要矛盾。一旦束缚劳动力转移的体制障碍消除，亿万人在利益机制的驱使下将会形成巨大的潮流，强烈地冲击社会经济生活。改革开放以来，农村劳动力转移是在市场化取向的背景下进行的。在前一阶段，由于推行了"离土不离乡"的就地转移方针，乡镇企业吸纳了剩余劳动力，没有形成地区间、城乡间劳动力的大流动。这是世界史上没有先例的实现大规模农村劳动力有序转移的创举。它不仅没有造成社会动荡和混乱，相反地促进了农村的稳定和繁荣。以发展乡镇企业为内容的农村工业化，为协调农村剩余劳动力转移过程中流动与稳定的矛盾提供了成功的经验。但是，20世纪80年代后期却出现了"民工潮"，形成了一支人数多达2500余万人的流动择业大军，其中80%是自谋出路，农村劳动力转移呈现自发、无序的状态，给城市产业、基础设施、交通运输、社会治安等形成难以承受的巨大压力和冲击，加大了农村剩余劳动力转移的成本和风险，加剧了流动和稳定的矛盾。鉴于我国特殊国情和改革的特殊性质，我们迫切需要建立与社会主义市场经济相适应的劳动力流动的基本法规和服务体系，变无序流动为有序渐进转移。

阻力与推力

研究农村剩余劳动力转移问题，不仅要看到转移的必要性，还应探讨转移的可能条件，不仅要看到推动转移的积极因素，还应分析当前制约转移的种种阻力或限制。这样才能创造条件化阻力为推力，把可能变为现实，逐步地实现农村充分就业。

农村剩余劳动力向何处转移，以何种规模转移，应当遵循以下原则：首先，不能削弱农业作为国民经济基础的地位。中华人民共和国成立以来，我国工业化和现代化的初步基础已经奠定，但是农业劳动力转移严重滞后，极大地限制了农村人力资源的充分利用和农业劳动生产率的提高，因而不利于增强农业的基础地位。但是，如果无视我国农业生产力的现状，过快或过大规模地转移，造成耕地大量荒芜，农业减产，农村市场萎缩，也会削弱农业的基础地位。农业劳动生产率的提高及其所能提供的剩余产品，是制约农村劳动力转移的重要条件（拉尼斯语）。其次，应当有利于产业结构优化（陈吉元等语），促进国民经济按比例地发展。人力资源的流动是资源配置的过程，目的在于优化资源配置，推动经济持续高效稳定发展。如果农村劳动力转移背离这一宗旨，造成产业结构畸形化，最终势必导致局部或全部的经济危机，或者引发"城市病"。最后，农村剩余劳动力转移应当有利于实现社会稳定。社会稳定是保障人民生活安定和促进经济持续发展的前提。我国农村劳动力过剩年久日深，几亿农民长期被困在土地上受穷，这个巨大的生产力一旦获得解放，便会形成一股四处流窜的择业大军，如不加以疏导，就会成为冲击社会生活的不安全因素。同样，长期用行政办法阻挠剩余劳动力的转移，也会给社会埋下迟早会爆发的不安定种子。所以，只有遵循以上原则，劳动力转移才有利于把我国人力资源的潜在优势转化为现实优势。

当前，在讲到农业劳动力转移时，还应当看到制约和限制农业劳动力转移规模和速度的因素：首先，个体经营的生产方式。农业劳动力转向城镇和非农产业，是农业分工深化和农业生产社会化的产物。没有社会化农业，要实现农业劳动力转移是不可能的。以家庭为单位的小农生产方式限制了农业生产的发展，它提供的产品除维持生产者自身生存的需要之外所剩无几，但它在人类历史上却存在了几千年之久。其中一个重要原因就是它把劳动者与人类赖以生存的土地紧紧地捆在一起，把农民长期固定在土地上。甚至在近代机器大工业发展起来之后，这种生产方式都能够顽强地阻碍劳动力的转移。我国现行家庭承包制依然属于个体经营的小生产范畴，农民的经营自主权是有限的，土地资源的流转和集中从而经营规模的扩大受到很大限制。家庭承包制虽然存在着增加农业人口的自发倾向，因为土地是按人口平均分配的。但只有在家庭承包的土地所提供的粮食等足以维持其成员生存和履行承包合同后有了剩余，家庭劳动力过剩，才有可能形成劳动力供给。要做到这一点，只有当现在的家庭经营向现代化社会化家庭农场过渡才有可能。其次，农村劳动力的转移受现阶段农业生产力水平的限制。现有农户 2.29 亿户，平均每户占有耕地 10 亩，生产性固定资产 1.9 万元，提供商品粮 420 公斤，基本上一个农户供养一个城镇居民。农业生产停留在手工劳动为主的阶段，生产率和商品率低下，生产不稳定，农业自身持续增长还缺少稳固的物质基础。因此，非农产业的发展和人口城镇化不能不受农业这个脆弱的基础限制。国外的经验证明，农业的发展是推动农村剩余劳动力转移的基本前提。只有农业实现了现代化、商品化，农村劳动力转移才能进入快速、大规模转移的阶段。再次，农业剩余劳动力素质低限制了城镇非农产业的吸纳。农村文化教育事业的发展严重滞后于城市，不仅职业教育落后，而且在许多地区甚至初等义务教育都未实行。这种状况在改革初期乡镇企业大发展时矛盾还不突出，大量的低水平劳动力尚可为乡镇企业吸收。那么，现在当几千万农村剩余劳动力要进入城市非农产业时，劳动力供给的量与质的矛盾就变得越来越尖锐了。提高劳动者文化水平和技术水平不是一朝一夕就能完成的。不动员社会力量大力发展农村文化教育事业，尽快扫除青壮年文盲半文盲，开展各种就业前的职业培训，农村输往城市的剩余劳动力无法形成有效资源。还有，有调控的劳动力市场尚未形成。在资本主义市场经济下，农村劳动力转移是自发、无序、代价高昂的过程。我国农转非是在社会主义市场经济下进行的，应当输出有计划、流动有秩序、输入有管理，择业有服务、失业有保障。可见，农转非是项复杂的系统工程，必须以完善的成熟的劳动力市场为前提。目前城市吸纳农村劳动力的制度尚待时日。最后，社会承受力也是制约农业剩余劳动力转移的不容忽视的因素。由于农业剩余劳动力转移的规模特别巨大，影响范围广，涉及社会生产的各个方面和各个阶层，唯有逐步地有序地分流才可以避免由此可能带来的社会的动荡和混乱，防止形成待救济的新的贫民阶层。当前我国正处于新旧体制转型的关键时刻，社会稳定是决定改革能否推进的重要条件。因此，农业剩余劳动力转移必须以保持社会稳定为原则。

可见，分析农业劳动力转移不仅要看到必要性，而且不能无视客观可能性，超越我国现阶段生产力性质和商品——市场经济发展程度，企图在短时期内成就西方国家几个世纪完成的事业，就可能事倍功半。

地域转移和产业转移

正确地处理地域转移和产业转移（刘易斯，1954）的关系，是加快农村剩余劳动力转移，实现人口布局合理化，进而促进人力资源配置优化必须解决的问题。

所谓地域转移，在这里是指通过农村剩余劳动力向城镇集中、由人口密集的发达地区向人口稀少但资源丰富的不发达地区流动，消灭农业失业，进而实现城乡间、地区间人力资源的合理布局。所谓产业转移，这里是指通过大力发展商品化的非农产业，增加就业岗位，吸纳农村剩余劳动力，实现充分就业，进而优化人力资源配置的结构。

地域转移与产业转移互相联系，互相制约，但又互相区别，不能简单地等同。二者的目的是一致的，都是为了消除农村失业，使农民摆脱贫困，充分地利用人力资源。但是，如果仅有地域转移而无产业转移，农村剩余劳动力没能随着地区转移在其他行业就业，这种转移只不过改变了失业的形态，加重了城镇就业的压力，造成"城市病"。当然，地域转移也会带动移入地区产业的发展，促进人口和产业结构合理化，但是这中间有条件和时滞。在地域转移与产业转移不能同步时，地域转移只不过把农村就业负担转嫁到城镇或其他地区。所以，关键是产业转移，为农村剩余劳动力在其他非农产业中提供劳动力与生产资料相结合的场所。改革开放以来，我国农村乡镇企业的兴起，用不到10年的时间吸纳了近1亿剩余劳动力。这一奇迹并不是靠其他国家通行的地域转移实现的，而是靠就地产业转移达到的。

我国是发展中国家，现代工业化尚未完成，还不具备条件实现人口城镇化。目前只能分两步走：第一步消除农业隐性失业，加快农村剩余劳动力向非农产业转移；第二步改变城乡人口分布畸形状态，逐步增加城镇人口比重。这两个过程不能截然分开，应当而且可以适当结合，但绝不能两步并一步走。在现阶段，在处理地域转移和产业转移的关系上，我们的基点应放在产业转移上，扩大农村剩余劳动力的就地转业门路，不能离开产业转业孤立地推行人口城镇化。

目前我国农村就业的门路十分广阔。首先，农业自身仍然具有自我消化剩余劳动力的巨大潜力。向农业的广度和深度开发的前景十分可观，问题在于目前以手工劳动为主的家庭经营方式限制了充分有效地开发和利用自然资源。其次，农村地区经济发展不平衡。在广大中西部地区人口密度远远低于沿海发达地区，自然资源远比东部沿海地区丰富。但是乡镇企业不发达，农村人口过剩的包袱依然十分沉重。所以，现阶段产业转移首先着眼于农村内部吸纳。

我们主张农村剩余劳动力转移分步走，并不意味着把产业转换与地域转移对立起来，把发展非农产业和人口城镇化割裂开来。在这方面乡镇企业的发展不是没有教训的。15年来，乡镇企业大发展，农村非农产业中就业人数增长了近4倍，占农村劳动力的比重由1978年的9.2%上升到1992年的24.2%，但农村人口城镇化严重滞后。乡镇企业绝大多数分散在自然村落，形成村村办厂、户户冒烟的局面，规模效益低，资源浪费，环境污染。目前在乡镇企业发达地区面临着调整和提高的任务，现有企业应向小城镇集中，以形成规模经济和相关的产业链，推进农村人口城镇化。

利益驱动和需求拉动

农村剩余劳动力的转移与吸纳受多种机制的作用,其中以利益机制和需求机制尤为突出。

在经济体制中,利益是作为经济运行的动力机制发生作用的。合理地协调利益关系,充分发挥利益机制的动力作用,这是焕发经济生机和活力,实现资源配置优化的关键。在资源流动中,劳动力作为生产的人的要素,与物的要素是有重大区别的。物的要素必须借助于利益主体即经济人才能流动。而劳动力却不同,它是劳动者自身体力和智力的总和,因此它的流动直接受劳动者利益的驱动(希克斯,1932),表现为劳动者的行为。在行政型计划经济体制下,农民没有个人择业的自主权,利益机制只能以窒息农民的生产积极性的负效应表现出来,一旦旧体制的束缚松动后,一旦农民开始拥有了市场主体的权力,在谋求自身利益最大化的动机驱动下,农民群体便会自发地形成一股浪潮强烈冲击残存的旧体制的束缚,涌向高收入的行业和地区。改革开放以来,我们放弃了靠工农业产品剪刀差积累资金的政策,城乡居民收入差距逐步缩小。但是,近几年在放开工业品价格之后,农用生产资料价格大幅度上升。1989—1992年,农产品收购价格提高5.3%,而农用生产资料价格却上涨33.59%。同期农民实际收入仅增长1.88%。城乡居民收入差距由1978年的100∶42.4扩大到100∶39.4。农民的比较利益受损,这是"民工潮"兴起的直接动因。在体制转型的过渡期,与规范化的有调控的市场经济体制比较,利益机制在驱动劳动力转移方面的作用和形态具有不同特点:强度大,长期被旧体制压抑的利益机制一旦释放,便形成强烈的冲击波,驱动劳动力潮水般地涌流;个体性,家庭承包制取代人民公社后,农民家庭成为生产和经营的基本单位,利益主体呈现多元化、分散化的态势;无序性,由旧计划经济体制向市场经济体制逐步过渡,在这个过程中利益机制并不是按照单一的市场规则运行,而是按照双轨制甚至多轨制发生作用的。因此,在这种条件下,利益机制对促进劳动力市场发育、加快农村剩余劳动力的转移,既有积极作用,又有一定的负面效应。

分析经济运行过程中利益机制的功能时,应当把利益驱动和利益实现区别开来:前者表现为市场主体行为的起点,后者则是市场主体行为的归宿。利益驱动转化为利益实现是必需的,否则利益驱动便失去了意义。但是,转化又不是绝对的、无条件的。农村剩余劳动力在利益机制的驱使下自发地流向比较利益相对高的地区和产业,这种流动能否实现劳动力的转移,最终被吸纳,则取决于流入地区产业有无需求以及需求的大小和吸纳的客观条件。

利益驱动和需求拉动(托达罗,1980)之间的关系是对立的统一。在劳动力市场上,利益驱动为市场创造劳动力的供给;吸纳能力则为市场创造需求。只有利益驱动和需求拉动相结合,供给与需求相衔接,才能实现剩余劳动力的转移。如果有利益驱动,但无需求拉动,可以形成劳动力的流动,却不能实现劳动力的转移;如果前者的推动力大于后者的拉力,形成供大于求,那只能实现部分剩余劳动力的转移;如果有需求拉动,但不能相应地启动利益机制,需求便不能满足,剩余劳动力也不能转移。所以,这二者之间是互相依存、互相制约的。

在体制转型时期,利益驱动和需求拉动二者作用的力度是不平衡的。前者的作用力度远远大于后者。由于受国力的制约,产业发展对劳动力需求不可能与劳动力供给同步增长,长期滞留在土地上的亿万劳动力不可能在短暂的时间里被非农产业和城镇吸纳,农村劳动力市场供大于求的格局不可能迅速消除。因此,在过渡期必须通过经济和行政的手段在利益驱动力与需求拉力之间建立相对平衡关系,缓解劳动力供求矛盾,才能实现农村剩余劳动力有序转移。

排斥力与吸纳力

我国现阶段劳动力市场存在着一个重要特点：农村剩余劳动力与城镇剩余劳动力同时并存，而且各自的绝对量都非常大，以致形成互相排斥的矛盾，既不能一方排斥另一方吸纳，也不能互相吸纳。这似乎是一对解不开的矛盾。但是，如果用发展的观点来分析，这并不是一个解不开的死结。

农村剩余劳动力总数到 20 世纪末将达到 2 亿人。这支庞大的待业大军如果全部都要由城镇来吸纳，按照城镇每安排一个就业人员需投资 1 万元计算，共需资金 2 万亿元。这无疑是城镇无力承受的重负。且不说城镇自身还要安置几千万下岗职工和进入劳动年龄的人员就业。所以，把农村负担全部转嫁到城镇身上，走"农村人口城市化"的道路，在现阶段是行不通的。我国在城乡建设上，既要医治"农村病"，又要预防"城市病"。现在西方发达国家，随着生产力的发展，提高生活质量和改善生态环境已经成为现实的迫切问题提上了各国经济发展的议事日程，出现了城市人口"回归大自然""回到农村去"的趋向。

我们说要预防"城市病"，并不意味着不加分析地推行"离土不离乡"的方针，并不意味着城镇绝对地排斥农村剩余劳动力。中华人民共和国成立以来，由于长期推行优先发展重工业的发展战略，农村人口转移与工业化不同步，一方面大城市日趋臃肿，另一方面小城镇建设严重滞后，工业和农业封闭在各自系统内自我循环。1952—1978 年，工业生产增长了 16.5 倍，城镇人口的比重由 12.4% 上升到 17.9%，仅增长 5.5 个百分点；农村人口的比重由 87.5% 降为 82.08%，仅下降了 5.4 个百分点。现在有必要也有可能偿付这笔历史旧债，尽管随着企业改革深化，随着发展由粗放型转向集约型，原有企业会绝对地减少在职员工，新建企业也相对地减少人力资本投入。但是，从总体上看，改革开放只会增强城镇非农产业的吸纳能力，拓宽城镇吸纳待业的门路。因此，城镇对农村剩余劳动力的吸纳力会大于排斥力。它可以从以下几方面为农转非提供就业门路：（1）非公有经济成分发展增加了劳动力的需求。截至1993年年底，非公有经济中的就业人数已经增加到1116万人，占城镇就业人数的14%。现阶段非公有经济还会有较大的发展。如果到20世纪末非公有经济在国民生产总值中的比重能达到30%左右，将可能吸纳几千万人就业。（2）产业结构的调整和优化能够从多方面增加对劳动力的需求。例如，我国第三产业的发展严重滞后，而第三产业中劳动密集型行业占很大比重。目前第三产业就业人数所占的比重为20.2%。如果第三产业在国民生产总值中的比重由现在的27%上升到50%左右，就业比重将随之提高到45%，就业人数便会增加1倍。又如，城市企业技术改造和升级换代，将有一些行业或产品替换下来，一些就业岗位将腾出来，为农村待业者提供就业机会。（3）企业体制改革虽然会解雇大批职工，但同时企业内部福利事业实行社会化经营，进而劳动服务业大发展，将会扩大和增加就业岗位。（4）实行对外开放，兴办经济特区和扩大开放地带，引进外资，既增加了城市人口就业的门路，又给农村过剩劳动力转移开辟了新的途径。（5）城市居民收入增加和生活水平提高，就业观念变化，将会有相当数量的居民退出某些就业领域，为来自农村的待业者提供就业岗位。例如，城市清洁工、搬运工、纺织工等，可见，城镇安置待业的压力虽然很大，但是，对农村剩余劳动力来说，城镇既有排斥力，又有吸纳力；排斥不是绝对的，而是相对的。

同样，农村劳动力虽然绝对过剩，但是农村无论现时或者将来，安置就业的潜力是巨大的，排斥力与再吸纳力同时并存。（1）农业资源的开发和利用远没有达到充分、有效、合理的程度。我国中低产田总面积为13.12亿亩，占耕地的71.26%；全国低产园地面积为3278万亩，占园林总面积的28.95%；低产林地面积47463万亩，占有林地面积的25.67%；低产水面积为4737万亩，占已养殖水面的 71.85%；全国荒山、荒地、荒滩面积为 10.3 亿亩，适宜开发利用的约为 61.39%。① 可见，农业后备资源的开发潜力是很大的。(2) 适应生产力发展的需要，逐步推行适度规模经营，发展社会化大农业生产体系。目前农业依然处在手工劳动为基础的个体经营的小生产方式阶段，极大地限制了包括劳动力在内的自然资源的开发和利用。加快由个体小生产向现代农业过渡是农业摆脱困境的根本出路。现代大农业是用现代科学技术装备的、按照社会化分工组织的、遵循市场经济规律经营的农业体系，在农业内部，不仅实行农林牧副渔等各业横向分工，而且在各业内部生产、服务、加工、购销等环节实行纵向分工，打破小生产的封闭体系，发展专业化与协作。那时，几亿劳动力围困在 15 亿亩耕地上的局面将彻底改变，大批剩余劳动力将在新岗位上找到职业。80 年代初，美国直接从事农业生产的人数仅有 300 多万人，但在农业市场中从事产前、产后服务的人数 2400 多万人，后者为前者的 6 倍，二者的就业人数占全国就业总数 1/4，现代大农业体系为美国 1/4 的劳动力提供了就业岗位。(3) 继续推行以发展乡镇企业为主要途径的农村工业化道路。目前乡镇企业在吸纳农村剩余劳动力方面的潜力并未挖尽。1993 年，非集体所有制的乡镇企业 2169 万家，平均每家职工不足 3 人，年产值不到 5 万元，无规模效益可言。而且，目前地区间乡镇企业发展极不平衡，中西部地区远远落后于东部。那里恰恰是我国自然资源藏量丰富的地区。1993 年乡镇企业总产值中，中部地区占 30.2%，西部占 4.8%。此外，乡镇企业的发展和小城镇建设相结合，将进一步拓宽农村就业门路，我国乡镇企业社区化的态势十分严重，不仅生产和资本积聚与集中的程度极其低下，而且绝大多数企业缺乏规模效益，92% 的企业分散在自然村，农村小城镇发展严重滞后。乡镇企业建在集镇和县城的仅占 8%。如果乡镇企业实现规模经营、相对集中，随之带动小集

---

① 《经济参考报》1994 年 10 月 24 日第 2 版。

镇的发展和三次产业的发展，到 20 世纪末可吸纳 8000 万人就业。乡镇企业的发展还将为国有企业改革分流剩余职工提供一条出路。目前乡镇企业技术人员和管理人员严重紧缺，而国有企业则相对过剩。随着企业改革深化，精减下来的部分技术人员、熟练工人及管理人员将会在乡镇企业找到就业岗位。据报道，目前已出现城里下乡办企业的新潮。①

可见，农村依然是安置过剩人口的广阔天地。与城市比较，农村自我消化能力远远大于城市；农村的吸纳力大于排斥力。

两难困境与出路

综观当代世界各国在解决就业问题中都遇到了两大难题：一是在实现充分就业时如何防止通货膨胀；二是效率与公平如何兼顾。中国进行市场化改革同样也避不开这两个难题。但是，进行以建立社会主义市场经济体制为目标的改革却有可能为解决这两个难题开辟新的出路。

经历了 20 世纪 30 年代初世界性大危机之后，西方国家相继放弃了自由放任的市场经济，转而实行有政府调节的市场经济体制，企图通过财政政策和货币政策来调节总供给和总需求的平衡，运用指导性计划引导资源投向，避免生产过剩的经济危机。半个世纪来，西方国家经济发展未再重演 30 年代初那场世界性的空前的大危机。政府宏观调节政策确实收到了一定程度的成效。但是，这些国家在摆脱了典型的生产过剩的危机之后却又陷入了滞胀的泥潭，始终被周期性的衰退所困扰，充分就业和低通货膨胀无法兼得，效率与公平不能兼顾。经济学家纷纷开出药方，但任何一位大师下药都只不过是"头疼医头、脚疼医脚"，治标不治本。

中国能不能解决这个世界性的难题呢？在传统的计划经济体

---

① 《西北信息报》1994 年 12 月 21 日。

制下；失业和通货膨胀并不是不存在，只不过是以隐蔽的形式潜藏在经济机体内。公开的失业大军看不到，但隐性在职失业遍布城乡；市场物价十几年一贯制，但物价补贴居高不下，财政包袱越背越重，各种定量配给的票证越发越多，可见，开"大锅饭"和财政补贴的办法是无法消除失业和通货膨胀的。改革起步后，隐性失业和隐蔽的通货膨胀随着价格改革和企业改革深化，势必公开化。在体制转型过程中我们面临着控制通货膨胀和减少失业的两难选择：要抑制通货膨胀，就要控制工资等消费基金的支出，遏制社会需求的增长，由此便会引起企业开工不足，失业增加；要减少失业，就要扩大投资规模，刺激社会需求增长，由此又会引发通货膨胀。1988年和1994年高通货膨胀和高失业率同时并存就是例证。

从现象上看，我们面临的两类抉择与西方国家类同，但是如果分析各自产生的背景和原因却是有区别的。我国正处在体制转型和发展战略转轨的过渡时期。由于我国是发展中国家，生产力状况决定了改革只能是渐进过程，改革必须经历较长的过渡时期。在体制转型的过渡时期，一方面要承认失业和通货膨胀是不可避免的，另一方面又要看到我们有可能把失业率和通货膨胀率控制在社会所能承受的范围内，并在二者之间保持适当的关系。

摆脱两难选择的关键在于，我们不能盲目地照搬西方国家刺激需求的政策。首先，西方国家运用货币政策和利率杠杆调节需求，是以有效需求不足为前提的。在我国，旧体制和旧发展战略本来就有强烈的需求扩张冲动，它不受财政制约，仅受资源约束。在体制转型过渡期，由于宏观调控体系存在缝隙，这种需求扩张冲动表现尤为强烈，如果实行刺激需求的货币政策，只能火上浇油，加剧经济周期的波幅，重蹈西方国家时而繁荣时而衰退的覆辙。其次，刺激需求是以供给过剩，存在买方市场，总供给有弹性为条件的。这样，在需求增长时才有可能增加有效供给，使总需求和总供给保持平衡。然而，在我国体制转型期，调整畸形产业结构尚待时日，需求结构与供给结构的矛盾依然突出,"瓶颈"制约的因素短期内难以消除。在这种条件下,刺激需求的政策虽然可以迅速增加就业,但同时又会导致结构失衡,加剧旧有的结构矛盾。1990年市场疲软和1992年经济过热,这一过程反复证明了简单地照搬刺激需求的对策,失业率虽可降低,却不可避免地导致物价总水平急剧上升;为抑制通货膨胀不得不抽紧银根,最终失业率重新上升,甚至出现高失业和高通货膨胀并发。

事实上,即使在当今西方发达国家,货币政策和财政政策对调节劳动力供给与需求的矛盾,以及治疗失业和通货膨胀并发症的作用,也是有限的。当然,我们不能因此否定货币政策和财政政策的调节功能,但立足点应放在加快体制转型和发展战略转轨上。因为造成过渡时期这种并发症的根本原因是旧体制和旧发展战略交互作用的结果。

参考文献

马克思:《资本论》,人民出版社1975年版。

陈吉元主编:《中国农业劳动力转移》,人民出版社1993年版。

戴园晨等:《中国劳动力市场培育与工资改革》,中国劳动出版社1994年版。

迈因特:《发展中国家的经济学》,商务印书馆1978年版。

罗斯托:《经济成长的阶段》,商务印书馆1962年版。

贾塔克:《发展经济学》,商务印书馆1989年版。

托达罗:《第三世界的经济发展》,中国人民大学出版社1988年版。

刘易斯:《二元经济论》,北京经济学院出版社1989年版。

舒尔茨:《论人力资本投资》,北京经济学院出版社1990年版。

贝克尔:《人力资本》,北京大学出版社1987年版。

凯恩斯:《就业、利息和货币通论》,商务印书馆1963年版。

(原载《经济研究》1995年第4期)

我国当前收入分配问题研究[*]

一 体制转型时期收入分配的基本状况和特点

经过 17 年改革，社会主义市场经济体制的基本框架已经初步建立，现阶段我国正处在体制转型的过渡时期。收入分配的方式、机制、功能、格局已经发生了重大的变化。

（一）传统的统包统配的分配体制已被打破，以按劳分配为主的多元分配格局正在形成

分配体制改革从根本上讲，就是要实现按劳分配与市场经济接轨。通过对人们之间利益的调节，实现资源配置的优化。现阶段社会主义经济形态具有商品—市场属性。所有制结构和利益结构具有多元化的特点，因此自然要承认各种生产要素在收入分配中的利益索取权。1994 年，在职工工资收入中，国有单位占 77.7%，集体经济占 15.4%，其他非公有经济占 6.9%。金融资产也已成为居民收入的来源。1994 年年底，城镇居民家庭金融资产总额达到 18547 亿元，户均 26600 元。在金融资产中，各种有价证券占 19.9%。

（二）分配的功能发生了深刻的变化

我国改革的目标是建立社会主义市场经济体制，要求打破原来的行政等级制度，发挥市场机制对分配的调节，承认鉴于资源稀缺

---

[*] 课题负责人：于祖尧；执笔：于祖尧、毛立言、钱梁、罗德明，中国社会科学院经济研究所"收入分配"课题组。

性而对生产要素投入的保护和对其贡献的激励。这样，原来的福利型配给机制就要被市场型报酬机制所代替。市场型报酬机制，即在两个平等的主体之间，使用要素者向提供要素者根据要素在可分配成果中的贡献或要素的市场"价格"支付报酬。生产要素的贡献是确定各种收入份额的依据，这种报酬机制不仅激励要素投入者更多地投入的积极性，而且激励要素使用者节约的积极性，这样，就形成了投入与产出的高效率，促进经济良性循环。这种分配机理与劳动价值论并不矛盾。在市场经济条件下，劳动依然是创造收入的源泉，生产要素则是其不可缺少的条件。前者是价值的创造，后者是价值的分配。

（三）居民收入普遍增加，各个阶层、各种群体都得到了实惠，生活水平显著提高

按可比价格计算，1979—1994 年，国内生产总值平均增长 9.5%。经济的快速增长使城乡居民的收入水平大幅度提高。1994 年与 1978 年相比，农村居民家庭人均纯收入由 133.6 元提高到 1223.6 元。职工年均工资由 1978 年的 615 元提高到 1994 年的 4535 元，城镇居民家庭人均生活费收入由 316 元提高到 3179.2 元。

（四）社会各阶层、群体、区域的收入差别全面拉开，差距逐步扩大

从农民收入的格局看，呈现差距拉大的状态和趋势，这种收入差距拉大可分为两类：一类是阶层和群体间的差距，另一类是区域间的差距。

不同群体间收入差距的扩大又有两种：一种是不同行业、不同部门间居民收入差距的扩大。从事种植业的农民与在乡镇企业工作的职工之间收入相差 1—2 倍；与从事商业、服务业的人员相比，相差 2—5 倍；与从事个体运输和建筑业的农民工相比，相差 5—8 倍。另一种是雇主和雇工之间的收入差距，在个体和私营企业数量多的地区，私营企业主与雇工之间的收入差距相当悬殊，而且随着雇工人数的增加，其收入差距拉大。雇工规模在 10—30 人的，雇主与雇工的收入相差 15—40 倍；31—50 人的，相差 40—70 倍；51—100 人的，相差 65—130 倍。

区域间农民收入差距明显扩大。1980 年全国农民人均纯收入为 191.33 元，东、中、西部地区农民纯收入之比（以西部为 1）为 1.39∶1.11∶1；1985 年为 1.54∶1.21∶1；1990 年为 1.80∶1.26∶1；1992 年扩大为 2.22∶1.25∶1；1993 年全国农民人均纯收入为 921 元，其中东部地区人均纯收入为 1380 元，中部地区为 786 元，西部地区为 604 元。东、中、西部之比为 2.28∶1.3∶1。东部经济发达的苏南地区农民人均纯收入为 2360 元，而西部贵州毕节地区为 426 元，云南思茅地区不足 400 元，苏西地区与云南思茅地区人均纯收入之比为 5.9∶1。

城市居民的收入差距也呈现全面扩大的态势。

首先，区域间的差距在扩大。1983 年，我国东、西、中部的城镇居民人均生活费收入分别是 543 元、493 元和 458 元。而到 1994 年，此三地区已分别达到 4018 元、2402 元和 2805 元，分别增长了 6.4 倍、3.9 倍和 5.1 倍。若从收入的绝对差额看，1983 年，东部和中西部城镇居民的人均生活费收入差距仅有 85 元、50 元，但到 1994 年，差距已上升到 1213 元、1616 元。差额分别扩大了近 13.3 倍和 31.3 倍。

其次，不同行业的职工收入差距在扩大。1978 年人均工资收入水平较高的行业是：电力、煤气及水的生产和供应业 850 元，建筑业 714 元，地质勘查水利管理业 708 元，交通运输、仓储及邮电通信业 694 元，金融、保险业 610 元；人均工资收入水平较低的行业为：社会服务业 392 元，农林牧渔业 470 元，教育、文化艺术和广播电影电视业 545 元。卫生、体育和社会福利业 573 元，制造业 597 元。到 1994 年，人均工资收入水平较高的行业为：金融、保险业 6706 元，房地产业 6288 元，建筑业 6155 元，交通运输、仓储及邮电通信业 5438 元；水平较低的行业为：农林牧渔业 2816 元，批发和零售贸易、餐饮业 3536 元，制造业 4283 元，采掘业

4678元。最高的金融、保险业已是农林牧渔业的约2.4倍，二者收入的绝对值差额更大，再加上前者的难以统计的各种非工资收入，二者的差距也就悬殊了。

再次，不同所有制的职工收入差距持续扩大。1986年三资企业的人均工资为1527元/年，是该年全国职工人均工资的1.15倍，两者的绝对值相差200元。而到1992年，三资企业职工的平均工资已达4037元，比全民企业高出1400元，比城镇集体企业高出1903元，其绝对值差额在几年间已分别大了7倍与9.5倍。到1994年1月至2月，三资企业等经济类型职工的人均收入，又继续上升。当时，全国职工工资增长的平均速度是26.3%，而三资企业的增长速度竟高达92.2%，比其上年同期的增幅又高出41.7个百分点。现在，三资企业、乡镇企业等职工的人均收入，已达到党政机关、科研单位等职工平均收入的2—3倍乃至更多。

最后，企业内部不同群体间收入差距扩大。这又分为两种情况：一种是私营企业和三资企业中的雇主与雇工的收入差距；另一种是公有制企业中的厂长、经理和职工的收入差距。三资企业和私营企业中的雇主、管理人员与一般员工的收入差别是相当大的。中国的外资企业的中方管理人员的年平均收入已达6600美元，是普通员工的10倍左右。而有些乡镇企业经理的年收入达150万元。

公有制企业中的经营管理者与一般职工的收入差别，其工资收入差别虽然已经和过去拉大，但还没有达到应有的合理差距。而实际收入的差距已相当大，企业的经营管理者从外获得多种收益，已经是相当普遍的现象。而有些经营管理者利用各种机会和名义已形成了自己的"影子经济"，有了名义不属于他们但实际上可以支配的能获得高额收入的企业。

（五）已经出现了一个"暴富群体"和待救济的"新贫困阶层"

我国当前收入分配中，最令人瞩目和令人担忧的是出现了贫富悬殊的两个群体，一个是在一部分先富起来的人中出现了一个

"暴富群体"。所谓暴富群体，并不是指那些勤劳致富、合法经营的富有者，而是指那些靠钻体制缝隙和双轨运行的空子，用各种非法手段大发不义之财而成为暴发户的寄生虫。据估计，当前我国已经出现了百万户的最富有阶层，其中，百万、千万、亿元富翁不乏其人。他们中的一些人通过"炒批文""炒贷款""炒股票""炒房地产""炒产权"获取巨额财富；用体制漏洞，以权谋私、贪污受贿、偷税漏税、走私贩私、变相侵吞公有资产。这个暴富群体混迹于各行各业，包括政界、学术界、文艺界。他们搞乱了经济，败坏了社会风气，损害了党群关系。他们的利益与改革是根本对立的。

另一个值得注意的现象，是出现了一个待救济的"新贫困阶层"。这个阶层主要是指企业改革中的冗员、隐性失业人员、停产未停产企业的人员、退休人员、部分吃财政饭的工薪人员及在城镇中流动的非城镇人口等。城镇中出现的"新贫困阶层"，其数量很难准确计算，而且由于标准不同，其数量大小也会有很大差异。1994 年全国职工中生活困难者的比例已由 5% 上升为 8%。而随着这两年的物价上涨过猛，加上有些企业不景气，城镇收入下降居民家庭增多，已由 1992 年的 31% 扩大到了 38.5%，截至 1994 年，全国城镇已有约 2000 万人生活困难。城乡加起来，就有近 1 亿居民处于贫困状态，占我国大陆人口约 8%。

（六）国民收入的分配向个人和集体倾斜

改革开放以来，随着经济的快速增长，国家、集体、个人三者的收入都有长足的增长。但由于各个部分增长速度不等，使得国民收入分配的总格局向集体和个人倾斜。

首先，国家收入在国民生产总值中所占的比重急剧下降，地方和集体收入比重略有上升，个人收入比重大幅度上升。数据显示，1978—1991 年这 13 年间，国家收入比重由 31.6% 降至 14.0%，下降了 17.6 个百分点；集体收入比重由 17.9% 升至 20.6%，提高了 2.7 个百分点；而个人收入比重由 50.5% 升至 65.4%，上升了 14.9 个百分点。

其次，个人收入分配逐渐由向农村个人倾斜转为向城市个人严重倾斜。1978—1984年，整个个人收入比重上升10.4个百分点，其中农村个人收入比重上升8.6个百分点，占全部个人收入比重上升的82.7%，而同期城市个人收入比重仅上升1.8个百分点。1984年后逐渐向城市个人倾斜。1985—1991年，农村个人收入比重不仅没有上升，反而下降了4.6个百分点，而城市个人收入比重却上升了9.1个百分点，不仅抵消了农村个人收入比重下降对整个个人收入比重的影响，而且还继续推动整个个人收入比重上升了4.5个百分点。

（七）分配秩序混乱，政府对分配问题失控

当前我国收入分配的状况，与建立合理的规范化的收入分配体制和机制的要求相比，还有相当的距离。实事求是地讲，现在分配秩序相当混乱，政府对分配制度和分配状况基本失控。

1. 非法收入普遍且严重。政府不仅没能堵住各种漏洞，防止非法收入的蔓延，而且打击不力。当前，无论是在国家机关、国有经济，还是在集体经济、个体私营经济中，贪污受贿、偷税漏税、炒卖活动、牟取暴利、走私贩私等各种非法收入相当普遍和严重。

2. 对非公有经济的资产收益还没有形成完善的规范化的合理的调节机制和法律。现阶段，允许个体、私营和三资企业存在和发展，作为社会主义经济的补充，已经显示了巨大实践效应。我们应该坚持和完善这一理论和政策。但是，目前政府对资产收益的调节十分不力。政府虽然颁布了有关所得税法，但有法不依、执法不严相当严重。个体和私营企业偷漏税的占90%以上。同时，法制不健全，《遗产税法》等至今尚未制定。资本收益到底应该有多大的比率，巨额个人资产收入应该怎样调节，对其收入投向应该怎样引导，在西方国家，因资产占有状况不同而引起的收入差别，是靠税收来缓解的。我国实行社会主义市场经济，除发挥税收杠杆作用外，是否还应当探索其他办法？这些问题都已提到了议事日程，然而至今尚未引起关注。

3. 由财政支出付工资的部门和单位，工资水平过低，普遍追求工资外收入，存在着混乱的"灰色收入"，造成各行业各部门和单位的实际收入差距过大。

根据国家统计局的调查测算，1980 年城镇居民人均年工资外非货币收入是 190.8 元，1985 年是 228.3 元，1990 年是 409.2 元，1993 年是 507.7 元。工资外收入的比重逐年上升，据劳动部估算，1994 年工资外货币收入已占工资总额的 50% 以上。工资外收入的随意性、隐秘性、非制度性已经造成了收入分配的很大混乱，它与收入分配体制的改革是背道而驰的。

4. 在公有经济中，缺少有效的制衡机制，比较混乱。实行承包制时，承包者有意压低承包基数，有些人乘机捞取巨额收入；实行工效挂钩，由于外部环境不平等，有些人用不正当竞争手段牟取高额利润，增加个人收入；开放人才市场，实行招聘制，有的单位用高达几十万元年薪招聘经理人员。此外，在合法的集体消费的名目下，捞取工资外收入。

5. 脑体收入"倒挂"现象还在继续恶化。脑体收入"倒挂"是我国传统体制违背现代经济发展的基本趋势和要求而出现的一种在世界各国都罕见的扭曲现象。现代生产力中的智能因素日益提高，脑力劳动的作用日益突出。这种对经济发展做出重大贡献的要素是应该得到与其贡献相适应的回报的。虽然在市场机制的作用下，出现了少数高收入脑力劳动者，但是，"搞导弹的，不如卖茶叶蛋的；拿手术刀的，不如拿剃头刀的"这种脑体"倒挂"现象至今还没有从整体上得到纠正。

二 经济体制和发展模式转型时期分配体制的特殊性

（一）转型期的历史背景和制约分配体制的特殊条件与因素

1. 我国市场化改革的性质和目标，是要实现社会主义基本制度与市场经济的对接。完成体制转型必须经历一个较长的过渡期。

总体上的渐进式的改革决定分配体制的改革不可能一步到位。分配体制的改革,是社会各阶级、阶层利益的大调整。改革必须统筹兼顾,既要考虑有利于生产力的发展,又要考虑到群众的承受力。因此改革步骤必须稳妥,改革要经历双轨并行阶段。

2. 分配是社会再生产的一个方面,它是由生产和交换决定的。因此,分配体制的改革要受生产和交换的制约,必须与之相配套。我国现阶段生产力水平低,商品经济不发达,市场发育尚未成熟,绝不能超越生产力发展现状,只能积极创造条件,适应生产力发展有序地推进。

3. 我国幅员辽阔,地区经济发展不平衡,产业结构具有多层次、多元化的特点。这种情况不仅近期难以改变,而且我们还要利用这种多元结构促进现代化事业。经济上的多元结构决定了分配模式改革不能"一刀切",只能在共同富裕的总目标下,因地、因事、因人制宜。

(二) 现阶段分配体制的特殊性

1. 现行分配体制不规范,分配呈现无序状态。计划经济的统包统配体制已被打破,但是国家对国有单位的工资依然实行直接的行政控制;国有单位工资外的收入和非公有经济的收入分配则完全由市场调节。由于市场发育尚不成熟,市场机制的作用扭曲,分配领域秩序紊乱。

2. 国有经济体制改革方案多变,分配规则不稳定。改革开放以来,国有经济先后实行过利润分成,利润包干,各种形式的经营责任制,利改税,承包制,股份制试点。改革方案变一次,国家与企业之间、企业内部的分配关系随之改变。这些变化并非都是向市场经济的要求靠近,有的甚至与市场化改革相悖。由于总的改革思路是按"分权让利"进行,分配出现向企业和个人倾斜的态势。

3. 市场发育畸形,垄断和过度竞争并存,导致分配关系严重扭曲。1978年以来,价格改革进展较快。目前产品价格已基本放开。但是,由于其他方面的改革相对滞后,政府对市场管理缺少相应的措施,加上证券市场、房地产市场一哄而起,造成市场秩序混乱,流通领域投机过度,加剧了分配不公。

4. 社会保障体系滞后。健全的社会保险体系,对缓解社会分配不公,化解改革过程中的风险和矛盾起着十分重要的作用,它是社会的稳压器,本应先行改革,但却在《破产法》颁布6年之后才迟迟出台,致使国有企业改革举步维艰,不得不背着冗员和企业办社会的包袱,成为财政和银行的沉重负担。

5. 行政体制改革滞后,政企合一的问题始终未能解决,这为权钱交易泛滥提供了客观条件。权力直接侵入市场,阻碍市场正常发育;企业对各级政府的隶属关系未变,以创收和安置退居二线的领导干部为由组成的各种名目的公司也都打着官办印记;政府职能依旧,机构庞大,人浮于事,行政经费增加,奢侈成风。公款集体消费膨胀。

6. 全民经商,鼓励创收,私设小金库,工资外收入急剧增加,造成国有资产大量流失。

7. 农村深化改革缺少新举措,影响了农民收入持续增长。改革开放初期,依靠农民劳动积极性的提高,农业生产连续获得丰收,农民收入大幅度增长,但不久便陷入了徘徊状态。究其原因,主要是随着市场化改革深入,农村出现了新的矛盾:家庭经营与规模经济的矛盾;小生产与大市场的矛盾;农民个人消费和积累的矛盾等。农村改革没有适时推出新措施,致使农业扩大再生产举步维艰。

8. 农业生产和供销体制双轨制造成"中间肥、两头瘦"。生产计划依然由政府控制,主要农产品由政府收购,而农用生产资料市场却大部分放开,经营商乘机哄抬物价,牟取高额利润,扩大了剪刀差,农民和消费者两头受损。

9. 经济周期波动,大起大落,对收入产生消极影响。改革以来,我国经济增长始终未能摆脱时热时冷的不良循环。经济高速增长时,就业增加,职工收入提高,但同时又出现高通货膨胀,一旦高速增长难以为继，被迫调整时，待业面便扩大，职工收入下降，政府财政补贴增加。

10. 我国工业的二元结构在短期内难以改变，还需要利用它推动落后地区的工业化。二元结构对分配的影响是双重的：一方面，落后地区发展乡镇企业，有利于优化本地区产业结构，有利于增加个人收入；另一方面，先进地区在带动落后地区的同时，也在优化自身的产业结构，使先进地区更加先进，从而增加地区和个人收入。这样，地区之间收入差距在一定时期趋向扩大，是难以避免的。

11. 对外开放，众多三资企业享有优惠政策，企业负担轻，员工收入高，而国有企业负担重，职工工资低，没有减免税的优惠待遇，这就造成了不平等的竞争环境，引起大量优秀人才流向三资企业。此外，在沿海和沿边地区，走私猖獗，成为一部分人致富的手段。

12. 人们的传统观念和习惯势力还根深蒂固，旧体制下形成的平均主义思想和依赖思想还相当严重。这是分配体制改革遇到的阻力之一。改革就是要个人承担自己的经济行为风险，但这一点还未被人们普遍接受。目前人们普遍的心态是只想致富，不想承担风险，结果是对自己不能承担风险也不能致富的现实不满意，对别人能承担风险并能致富的现实也不满意。树立人们自力、自立的观念和风险意识，既是当前社会稳定的需要，也是精神文明建设的必修课。

三　对若干现行政策的评介

（一）"先富"理论缺乏具体的政策保障措施

在转型期，共同富裕只是改革的目标，不是现实；现实只能是一部分地区和一部分人先富起来，先富带后富。邓小平同志的"致富论"正确地总结了社会主义的实践的经验教训，是对科学社会主义的重大发展。但是，改革开放以来我们却没能把这一理论具体地全面地落实到收入分配和工资政策上。特别是什么人应当先富，用什么具体手段、通过什么途径致富，在政策上缺乏明确界定。这就使得有些该先富的没富，有的不该先富的却暴富了。笼统地讲人们要靠合法经营和诚实劳动致富是不够的。事实上，合法经营和诚实劳动致富是必须遵守的准则，这是市场最基本的规则之一，任何人要进入市场都必须遵纪守法和诚实这两条，否则有序的市场将不能容纳。一部分人先富，这对政府来说，不单纯是舆论和政策导向问题。而是必须从改革和现代化建设大局来考虑的战略问题。必须落实到分配体制和分配政策上。

（二）"效率优先、兼顾公平"的论点值得商榷

"效率优先，兼顾公平"不能作为分配体制改革的指导原则。

1. 它没有正确地吸取旧体制的经验教训。旧的分配制度既不讲效率，也不公平。平均主义是对他人劳动成果的占有。平均主义不等于公平。正因为不公平，所以才没有效率。

2. 这一理论与价值规律的要求是对立的。等价交换、平等竞争是市场经济的基本原则。只有为贯彻这一原则创造有序的市场环境，才能实现优化资源配置。在市场经济条件下，效率来自公平竞争。这种公平、平等虽然是形式上的，但别无选择。

3. 公平与效率不是对称范畴。就分配领域来说，公平本指分配的条件、环境以及取得收入来源的不歧视，而效率则指经济活动的结果。这二者不是此消彼长的关系。

4. 马克思、列宁早已科学地阐明了公平、平等与效率的一致性，今天的改革没有理由放弃已有的正确理论。针对空想社会主义者对平等、公平的历史唯心主义观念，马克思和列宁明确地指出，在社会主义阶段，当社会占有全部生产资料后，人们只能在对生产资料关系上实现平等、公平，消灭了剥削，至于在分配方面，还必须实行等量劳动相交换的原则；平等、公平就是劳动平等，就在于劳动者享有等量劳动领取等量报酬的平等权利。这种平等、公平是社会主义阶段生产力状况决定的，是人们不能超越或否定的。否则，必然导致平均主义，使生产力遭到破坏。如果我们坚持马克思的按劳分配理论，同时又提出"效率优先，兼顾公平"的论点，这样，我们势必陷入自相矛盾的困境。

5. 现代西方经济学有的流派从市场经济的实践中也认识到公平对效率的制约作用。英国经济学家、诺贝尔经济学奖得主米德说过："以效率为依据所要求的实际工资率模式，可能会有利于极少数富裕的财产所有者"，"这已经成了一个值得重视的问题"。

（三）工资调节市场化问题

在现阶段要求以劳动力的供求调节工资，形成市场化分配机制是不现实的。实行市场经济必须要求分配机制市场化，但这是改革的方向，不能以此作为改革的现实要求。我国是发展中国家，工业化只是初步的，劳动力供应总量大，每年要有1000万人到1500万人进入劳动力市场，这比一个普通的欧洲国家全部劳动力供应量都多。而且劳动力供给结构也失衡，脑力劳动者稀缺，体力劳动者过剩，矛盾十分突出。所以，现阶段，还没有条件实现劳动力供求完全市场化，政府在一定程度上必须要干预企业分配。

（四）分配体制改革和政策存在若干疏漏

1. 1978年以来，国有单位进行了多次工资调整和改革，但总不能摆脱还账的困境，先是还改革前长期冻结工资的旧债；改革起步后，又遇到几次高通货膨胀，工资改革不得不实行普调，以缓解通胀的压力。结果，工资改革始终不能到位，走不出"水多了掺泥，泥多了掺水"的困境。

2. 前几次工资改革，特别是1985年工资改革，没有触动旧工资制度的主要弊端：平均主义和官本位。1985年工资改革方案更突出了官本位，强化了平均主义。

3. 工资改革没有把着眼点放在转换工资形成和增长机制上；工资结构和工资水平的调整没能向市场化方向靠近。几次改革都行使了"财政否决权"，靠自上而下的行政机制运作。

4. 在人事制度尚未适应社会主义市场经济发展进行改革，政府职能尚未转换，政企合一的情况下，超前推行公务员制度，难以取得预期效果。所谓"高薪养廉"的口号是十分有害的。

5. 在国有企业改革举步维艰之时，近40%的企业陷入亏损、靠财政补贴度日，企业冗员上千万人，推行最低工资制似乎不合时宜。

6. 扶贫政策有成效也有局限。改革以来，我国老少边穷地区贫困人口总数由1.2亿人下降到0.7亿人。扶贫政策是适时、有效的。但是，扶贫政策也有局限性。最初实行的是传统的"救济性扶贫"。这一政策虽解决了一些燃眉之急问题，但总的效果不能持久。以后又转向"开发扶贫"，前进了一步，却出现严重的负效应。为了早日实现温饱，不少地区群众掠夺式开发本地资源，从而陷入"贫困——掠夺式开发——生态环境恶化——更加贫困"的恶性循环陷阱。"开发扶贫"必须与当地社会经济总体长远发展规划相结合，才能取得预期成效。扶贫必须保持生态环境，开发必须要起到持久的经济作用。

另外，城市也已出现贫困阶层。这一阶层的生活问题，不能只靠邻里、朋友、基金会帮助，也需要政府救援，由扶贫政策统一解决。今后的扶贫政策应是城乡一体化的政策，不能再只限于农村扶贫。

四　现行分配体制的过渡性及发展趋势

（一）现行分配体制是过渡性的体制

改革开放以来，我国的分配体制已经发生了重大变化，初步形成了以按劳分配为主的多种分配方式并存的格局，从而缓解了长期存在的"人多没事干，事多没人干"的矛盾，促进了经济的发展。这就说明分配体制的改革在总体上是在前进，而不是后退。

但是，现行收入分配体制是一种尚未定型的、不成熟的、过渡性的体制。一方面传统的计划分配体制在国有单位收入分配中仍然在继续运行。另一方面在收入分配中，特别是在集体经济、私营经济、联营经济，股份制经济中以及三资企业中，生产的物的要素参与了分配，市场机制开始发挥作用，而且作用的力度和范围逐步增加。但是，这两种体制并不是并行不悖的板块，而是互相影响、互相渗透、互相交织在统一的经济体系中。由于这两种分配体制是基于两种互相排斥的经济形态，在过渡期计划与市场的作用都会发生扭曲；由于破与立有个过程，在二者之间会出现一个两不管的缝隙。因此，社会分配规则不规范、分配秩序紊乱就难以完全避免。

（二）两种可能的发展前景

过渡期的分配体制的作用具有二重性，既有积极作用，也有一定的消极作用。一方面，它拉开了收入差距，拓展了收入渠道，分配的激励功能不再受到压抑；另一方面，竞争环境不平等，分配不公，滋生"寻租"因此，现行分配体制对资源配置也有恶化的消极作用。

现行分配体制既然是过渡性的，因此它就有两种可能的发展前景：一是顺利地向社会主义市场经济体制方向过渡，逐步最终实现共同富裕，二是强化畸形体制，加剧分配不公，引起贫富两极分化。前一前景并非注定会自发地实现；后一恶果也并非抽象的可能性。因为目前已经出现了严重的分配不公，而且一个靠分配秩序紊乱进行"原始资本积累"而暴富的群体已经形成。这个暴富群体就是把改革拉向歧路的社会势力和社会基础。

（三）坚持分配体制改革的社会主义方向

深化分配体制改革的任务就是要力争前一前景，避免后一可能的前途。结果到底如何，这取决于我们目前以及今后的努力。可以说，目前我们正处在十字路口。

坚持分配体制改革的社会主义方向，关键是必须确立社会主义公有制和按劳分配的主体地位，实现公有制和按劳分配与市场经济接轨。否则，权力和资本成为少数人暴富的手段，一个腐朽寄生的官僚特权阶层和暴富阶层将得以滋生,改革的成果将被他们葬送。

共同富裕是社会主义的本质,因而是建立社会主义市场经济体制必须实现的目标。评价和衡量收入分配体制改革是否坚持社会主义方向,就是要看改革是促进共同富裕还是搞两极分化。要实现共同富裕,就必须坚持社会主义公有制和按劳分配的主体地位。当然,共同富裕并不是同时同步富裕,它需要一个过程,其间,有一部分人一部分地区利用拥有的特殊的资源和发展条件,靠勤劳率先致富,这是符合市场经济规律要求的。同步富裕是不可能的,勉强为之,只能导致平均主义,共同贫穷。

(原载《管理世界》1997年第2期)

转型时期暴富群体的政治经济学分析

我国经济转型时期分配关系的重要变化之一，就是出现了一个特殊的社会群体——暴富群体。研究现阶段收入分配关系是不能回避这个问题的。要弄清转型时期的暴富群体问题，必须立足于我国的实际。

一 暴富群体——转型过程中新生的特殊社会群体

改革开放开创了一条民富国强的康庄大道。经过18年的艰难探索，在普遍实现了温饱之后正在满怀信心地奔小康。实践证明，离开建立社会主义市场经济体制，是无法走向共同富裕的。但是，毋庸讳言，当前我国已经出现了一个特殊社会阶层——暴富群体。

暴富群体混杂于以下几部分富豪之中：部分不是靠诚实经营和劳动起家的私营企业主和个体户；少数公有企业的承包人和买主；收取非法高额出场费或投机钻营的文艺界明星、穴头；政界的贪官污吏；少数新生的"洋买办"；一些以文谋私的知识界暴发户，等等。暴富者的财产来源和财富规模具有很大的隐蔽性，无法进行精确的调查和统计。但可以从以下几个方面进行间接的推测和估算。

——金融资产拥有量。年收入3万—10万元的富裕型家庭，拥有金融资产户均8.7万元；年收入10万元以上的富豪型家庭，户均金融资产28万元，占家庭总数的1%。两者合计，占城乡居民家庭金融资产总额的32%，按10%的年均收益率计算，一年收入 1200 多亿元。①

——注册的私营企业规模。1995 年年底，注册资金 500 万元以上的私营企业有 2655 户，其中实有资产超过亿元的有 20 户，最高的达到 5.4 亿元。据美国《福布斯》杂志报道，中国大陆 17 名富豪，资产超过 41 亿元人民币。有人认为，"富豪之数绝不仅止于此"②。有人估计，中国约有 30 个亿万富翁。③

——偷漏税金额。我国每年税收流失至少达 1000 亿元，比全国县级财政一年的收入还要大。逃税面个体经济超过 60%，公民超过 80%。④ 个人所得税 1994 年实收 72 亿元，仅占应收数的 5%。⑤ 照此比例推算，从个人所得税开征以来至少流失千亿元。

——土地收益。全国每年发生划拨土地隐性交易约 50 万元起，房地产面积上亿平方米，交易金额 400 亿—500 亿元，由此导致国家地产收益流失每年 200 亿元以上。⑥ 1991—1992 年，土地出让金应收未收的占 55%，收了未交财政的占 77.6%，上交中央财政的土地收益仅占全国总额的 1%。⑦

——走私规模。1995 年全国查获各类走私案件 17717 起，案值突破 100 亿元。按查获率 10%—15% 计算，全国走私货物总值为 1000 多亿元。⑧

——富翁人数。百万富翁由 5 年前约 400 人增加到 100 万人。⑨ 有的作者认为，"这个数字乘以 3 还保守"。

这个社会群体混杂在改革开放以来靠诚实劳动而富裕起来的高收入阶层之中，但他们是一伙鱼目混珠的靠发不义之财的暴发户，

---

① 《经济参考报》1995 年 7 月 24 日。
② 《文汇报》1995 年 2 月 23 日。
③ 《上海经济研究》1996 年第 1、2 期合刊。
④ 《经济日报》1996 年 2 月 2 日。
⑤ 《人民日报》1995 年 4 月 20 日。
⑥ 《经济日报》1992 年 11 月 25 日。
⑦ 《光明日报》1996 年 4 月 15 日。
⑧ 《半月谈》1996 年第 8 期。
⑨ 《中国改革报》1996 年 11 月 26 日。

绝不能把他们与政府倡导和鼓励的"部分人先富起来"混为一谈。

他们的巨额财富不是靠积累而聚敛起来的。暴富者发迹多为"白手起家",既不靠劳动积累,也未经历资本积累;其收入既非劳动报酬,也不是合法的剥削收益,而是利用各种非经济手段①,通过非常态的再分配途径来侵占或窃取他人劳动成果。

暴富群体是由体制转型时期特殊条件和环境滋生的。这个社会群体具有过渡性、不稳定性的特点,尚未形成一个稳定的定型的阶级。这个群体成员分布极广,遍及各经济领域,触角深入政界、文艺界、文教科技界。尽管他们占总人口的比重少,分布散,但这是一个具有共同物质利益的共同体。

二 暴富群体聚敛资本的途径和方式

在西方资本主义国家,成就一个百万富翁绝非轻而易举之事。除了靠赌博、买彩票偶尔暴富之外,即使有超群卓越的智慧和才能,要想成为百万富翁也必须经过艰难和长期拼搏。中国走上市场经济之路才刚刚迈步,为什么会在短时期内出现一个暴富群体呢?

我国社会经济结构已经发生了重大变化,形成了以国有经济为主导、公有经济为主体、多种经济成分并存的格局。但是,在转型时期的结构中还存在着非常态的黑色经济、灰色经济。它广泛地存在于工业、商业、外贸、交通、科技文教等领域,以牟取暴利为准则。它聚敛财富是怎样进行的呢?

1. 在合法经营外衣的掩盖下,以劣充优、以假充真,一些厂商以造假、贩假、卖假为业,有的甚至从商标印制、生产、贩运到销售诸领域配套成龙,形成网络。

2. 走私、贩私。实行对外开放以后,走私贩私屡禁不止,而

---

① 深圳市顾少光等3名罪犯,1994年10月开始合伙专做虚开增值税专用发票"生意"。不到半年时间,虚开增值税发票价税1.24亿元,获暴利374.1万元(《经济日报》1996年9月11日)。

且愈演愈烈。走私成为沿海、沿边地区一些人暴富的重要门路，以致一些不法之徒内外勾结以此为业，一是逃避关税，将税金据为己有，二是利用价差，靠垄断价格盘剥消费者。①

3. 利用同类商品的价差。转型过程中，价格市场化要经历一段时期，同种商品往往出现多元价格，例如，计划价和市场价、国家牌价和黑市价、进出口差价等。一些人或者利用行政权力，低价进高价出，或者专司黑市交易。有人估计，仅1987—1988年两年，差价总额高达上千亿元。其中如果1%的差价落入个人腰包，就可以使不少人成为暴发户。1996年上半年全国查处价格违法案件，共查处非法所得10.3亿元；万元以上大案上升近40%。

4. 买卖票证和批文。由政府主管部门签署、发放的各种证件是业主进入市场的通行证、交易行为的媒介。它的本意旨在限制货币作为一般等价物的功能。但是它本身却成了买卖对象。诸如，基建列项批文、划拨土地批件、进出口许可证、工商登记营业许可证、各种资格和资历证书等。有些人甚至以此为业。

5. 靠造假贩假暴富。造假贩假的范围几乎无所不包，从名牌或畅销商品、进口洋货、各种证件到钞票、有价证券、发票、公章。

6. 招工时收取高额报名费、培训费；上岗时再交高额风险抵押金；录用后通过克扣工资，延长劳动时间，提高劳动强度，不提供劳动保护和必要的生活服务，雇用童工等办法，进行原始积累。②

7. 签订承包合同时，用各种办法压低承包基数，拼设备超负荷运转，或转手充当中间商，利用公有资产捞取巨额利润。

8. 证券市场开放之初，乘供求失衡、法制不完善、监管不力

---

① 《经济参考报》1996年7月6日、10月11日。
② 据调查，珠江三角洲地区外来农民工1994年状况：私营企业平均工资低于最低工资的超过1/3；劳动时间每天平均12.4小时，11.5—14小时的占2/3；多数人从事高温、粉尘严重、噪声大、有毒有害的工种（《中国社会科学》1995年第4期）。

之机，有些官员利用职权直接或间接从事股票投机，有些股民勾结政府主管部门官员，合谋操纵股市，散布谣言，传播假信息，扰乱市场，从中牟取暴利。①

9. 房地产投机。房地产市场开放之初，有些房地产商乘机靠"关系"或行贿等办法，无偿取得土地租用权，然后或转手倒卖，或用银行贷款兴建楼宇及其他设施，以地牟取暴利。1991年全国房地产开发公司有3700家，其中仅有半数进行了实际开发，其余均无开发业绩，主要从事炒买炒卖地皮。

10. 文化、教育和科技部门的投机商。一些文化投机商利用政府授予的办学权力，以牟取暴利为宗旨，买卖文凭、学位；某些影视界人士，自以为奇货可居，漫天要价，偷税漏税；还有些文人墨客受雇于人，为其充当"广告"或推销员，或充当说家，捞取酬金。还有些技术人员在商战中"携宝跳槽"捞取巨额酬金。②

11. 以高利率为诱饵，非法集资，骗取钱财，牟取暴利。在金融界和产业界，利用开放资金市场、拓展融资渠道、放开利率之机，非法发行高额利率债券，将筹集到的巨额资金据为己有，用于投机和个人挥霍。③

12. 在招商引资的旗帜下，收受外商贿赂，为外商非法行为大开绿灯；或者为不法外商坑蒙拐骗效力，损害国家利益，换取个人巨额酬劳。从以上分析可以看到，在体制转型时期，暴富者广泛地活动在各个经济领域、各部门、各行业。他们主要是通过国民收入非常态再分配途径聚敛财富。

---

① 中共鞍山市委原副书记高文效利用职权倒卖股票认购证和内部职工股，获取19.6万元收入（《周末》1995年3月11日）。
② 《光明日报》1996年9月22日。
③ 轰动全国的沈太福金融诈骗案。沈为北京中城科技开发公司总裁，以高回报率为诱饵，半年内从全国11万多人手中非法集资10亿多元。

三 暴富群体滋生的特殊环境和条件

我国在社会主义公有制取得了主导地位之后，由行政型计划经济体制向社会主义市场经济体制过渡时期为什么会产生一个暴富群体呢？如果把这个特殊利益集团的崛起完全归罪于市场取向的改革，那是不恰当的。但是，如果忽视它与体制转型时期的特殊环境和条件的关联性，也难以对它的性质作出正确的判断，难以提出恰当的对策。

1. 体制改革是项庞大复杂的系统工程，破旧立新不可能一蹴而就，必须经历较长的过渡时期。在体制转型过程中，经济运行必然出现双轨、多轨甚至无轨运行的状态。这就给某些人提供了缝隙和机遇，他们可以不承担任何风险，甚至不必支付任何交易费用便可以成为暴发户。例如，生产资料流通分计划调拨和市场供销两个渠道，与之相应地同一产品分计划价和市场价；农副产品流通，统一收购，放开销售，使大量利润落入不法商贩的腰包；汇率双轨，使外汇贩子乘机倒买倒卖外汇从中牟利。

2. 行政体制改革滞后，政企合一给权钱交易提供了体制条件。我国原有体制的本质特征是实行政经合一、政企合一。经济运行是依靠行政机构、行政层次、行政机制、行政权力。从这个意义上说，在行政体制之外，并不存在一个独立的经济体制。改革起步以来，已经出台的改革措施都没有触动原有体制的这个根基，甚至有些措施还强化了经济运行对行政权力的依附。因此，行政权力依然作为凌驾于经济之上的绝对权威发生作用。例如，这些年打假为何越打越猖狂，就是由于受到当地政府的支持[①]；企业和管理机构的

[①] 《法制日报》1996 年 9 月 24 日报道，浙江省慈溪市天元镇天鸿电器公司制造伪劣低压电器，五年产值累计 1000 多万元，一直受到当地政府庇护。

领导人由上级政府任免，以致有人乘机靠卖官发财①，有人靠行贿捞一官半职；进出口必须凭政府主管部门颁发的许可证、配额等方可通行。颁发证件是政府机构的特权，取得证件便可以在市场上取得证件所赋予的垄断利润。因而，证件便成为交易的对象物。在"放活小企业"过程中，出售、租赁企业由于缺乏相应的法规，有些企业变成少数掌权人或其亲友的私人财产。

3. 稀缺资源转化为商品。像土地这类稀缺资源，在原有体制下不具有商品属性，国家禁止买卖土地。在向市场经济转型过程中，开放了土地市场，土地的使用权转为可以买卖的商品。由于固定资产投资周期性膨胀，炒买炒卖土地成为攫取暴利的捷径。一些政府官员利用职权划拨土地，获取巨额贿赂；不少投机商无偿得到批租土地，或转手高价出卖，或营造房屋牟取暴利。1992年，全国房地产开发公司增达12.4万家，比上年增加2倍多；房地产投资732亿元，比上年增长117%，开发土地2.3万公顷。其中，政府机构无偿划拨供地占90%。有的地区土地投机达到疯狂的地步。据报刊披露，全国发生的土地黑市或灰市交易每年达500万起，交易金额达400亿—500亿元，国家地产收益流失一年达200多亿元。② 其中大部分落入房地产商的腰包。

4. 垄断性行业中靠垄断资源供给牟取暴利。一是由政府垄断经营的部门，如政府外贸部门控制内销和外销经营权能够给经营者带来垄断利润。因而这种权力也成为逐利者交易的对象。又如国有银行信贷部门拥有对企业发放贷款的权力，一些职员乘机向申请贷款的企业索取巨额"回扣"，或者企业向其"赠送"股票。

5. 资源短缺、商品供不应求所形成的卖方市场难以在短时期内改变，也为牟取暴利提供了条件。在计划体制下，由于供求缺口大，价格体制僵化，长期靠计划分配来调节供求矛盾。改革后，逐

---

① 江西省广丰县县委书记郑元盛做"卖官"生意，三年内获暴利60多万元（《光明日报》1996年8月20日）。

② 《经济日报》1992年11月25日；《光明日报》1993年7月28日。

步放开物价，政府将物价决定权交还给了市场。但由于企业体制改革缓慢，特别是粗放外延增长方式转变滞后，生产要素和产品的买方市场的格局，与价格改革难以同步实现。基础产业的"瓶颈"制约，外汇紧缺，以及经营管理人才等紧缺，在相当长时期内还会存在。

6. 经济增长周期性地过热，高通货膨胀，与投机资本猖獗互为因果。经济周期的频率和强度与规范化的市场经济体制相比，具有很大的特殊性。在这一时期，由于传统体制和发展战略的惯性作用，分权让利又使地方和企业表现出强烈的扩张冲动，因此，超高速增长和由此引起的经济关系全面紧张，便成为这一时期难以遏制的倾向。经济过热又给价格改革引发的显性通货膨胀火上加油，使通货膨胀居高不下。这一切给投机资本肆虐提供了良机。投机资本猖獗造成了虚假繁荣，搞乱了市场秩序，进一步加剧经济过热。①

7. 经济市场化过程缓慢，市场体系发育不平衡，宏观调控体系不健全，市场秩序不规范，也是滋生暴利者的重要因素。我国进行市场化改革与战后的日本、西德相比，起点要低得多。经济市场化首要的决定因素是生产力。改革只能促进而不能代替生产力的作用；只能顺应生产力的要求而不能超越生产力的许可。如果改革措施操之过急，就可能事与愿违。在产品市场尚未完全开放、发育不良的情况下，急于开放股票市场、期货特别是外汇期货市场，造成前几年股市风潮迭起、外汇期货市场混乱，众多股民受损，国家巨额外汇资金外溢，而极少数人乘机捞取钱财成为暴发户。再如，各种中介机构的建立，是维护正常的市场秩序所必不可少的。近几年各种事务所、评估机构如雨后春笋般地出现。其中，许多机构把政

---

① 近几年全国性的"公司热"势头很猛。1992年年底，全国登记的公司达48.7万户，比上年增加88.8%。1993年又翻一番，达百万户之多（《经济日报》1994年8月16日）。1995年全国工商行政管理部门共查出无资金、无机构、无场地的"三无"企业73210户（《经济日报》1995年9月7日）。沈阳市1995年4月共查出"三无"企业近2万家，占全市登记注册企业总数的1/5（《经济参考报》）1995年7月30日。

府赋予的职能变成牟利的特权；有的与不法厂商狼狈为奸，直接参与非法集资、偷税漏税、走私等活动，从中牟取暴利。

从以上分析可以看到，当前我国经济生活中出现的暴富，不能仅仅看成是经济犯罪行为，而应当把它看作特定经济发展时期即转型时期的体制现象。它是经济体制转型过程中伴生的怪胎。要完全避免它，几乎是不可能的。但我们可以通过深化改革，完善法制，规范市场秩序，把它的危害减少到最低程度，并进而消除它大量滋生和蔓延的土壤和环境。然而，这绝不是说它是建立社会主义市场经济的必然产物，把它怪罪于市场化改革。体制转型为暴富层滋生提供了缝隙和土壤，但这种可能变为现实的决定性因素则是经济主体自身的行为。

四 暴富群体的社会属性分析

暴富者具有先富的特点。部分人先富是符合实现共同富裕的社会主义目标的。但是，能否说暴富群体是"新的社会生产力的代表"呢？能否说暴富群体是"改革的促进派"和"社会主义市场经济体制的体现者"呢？回答是否定的。

暴富群体并不是社会财富的创造者，而是寄生在社会经济机体上的毒瘤。社会财富是由从事物质资料生产和服务的劳动者创造的。暴富者并不是靠诚实劳动致富，而是靠不择手段地掠夺和侵吞他人劳动成果发家。[①] 他们从事"黑色经济"虽要冒风险，要消耗体力和精力，但他们付出的"劳动"不是社会必要劳动，而是有害的、破坏性劳动。现阶段存在着多种经济成分，在经济上和法律上允许在一定范围内存在剥削，但是，暴富者与从事法律许可的正当经营的剥削者是不能混为一谈的。后者虽然也属于无偿占有劳动

---

① 上海市奉贤县轻工设备厂厂长唐某用虚开发票、伪造工资单、截留利润等手法，隐匿企业资产，将 10 万元公款变成他私人购买企业的第一期付款。他不费分文，把一家集体企业变成由他个人全额投资的私人企业（《劳动报》1996 年 7 月 17 日）。

者剩余劳动的剥削者，但他们的经营活动是有益于社会生产力发展的活动；他们的剥削所得控制在法律许可的范围内，占有剩余的方式和数量受到一定的限制。

暴富群体对资源优化配置和合理利用起破坏性作用。暴富者的经济行为是以最大限度地无偿侵吞和掠夺资源为宗旨的。他们挥霍无度，这种寄生性资本不具有积累和扩大再生产的机能；他们制造假冒伪劣，乱采乱挖矿藏，破坏和浪费自然资源；他们坑蒙拐骗，偷税漏税，走私贩私，扰乱市场秩序，破坏政府宏观调控。所以，暴利资本越猖獗，资源配置就越恶化，资源破坏和浪费就越严重。

暴富群体阻碍经济快速、持续、健康地增长。暴富群体的肆虐加剧了经济周期的频率和强度。20世纪80年代中期以来，几度经济过热，与暴富者寻利制造经济泡沫是分不开的。"全民经商"热潮，大量的"皮包公司"如雨后春笋般地滋生；开放证券市场，巨额的投机资本拥进有限的股市，掀起炒股热潮；启动房地产市场，炒卖土地批件，转包建筑工程，成为牟取暴利的捷径。这两次经济过热均与暴利资本的投机活动有密切的联系。

暴富群体是阻碍和破坏市场化改革深化的主要危险。暴富者虽然受益于改革，但他们的利益与社会主义市场化改革却是根本对立的。他们的寻利活动，严重地破坏市场秩序，损害法制和法治建设，扭曲市场信号，侵吞改革成果，挥霍和浪费社会财富，恶化分配关系，败坏改革声誉。暴富者的利益与深化改革是根本对立的。价格多轨制、无序的市场、卖方市场、政府放任自流、经济大起大落等，这些都是暴富者生存的土壤和条件。因此，他们才是真正反对改革的主要危险。

暴富群体是侵吞公有资产、瓦解社会主义公有制的蛀虫。社会主义公有制及公共资产是社会主义市场经济的基础，是实现共同富裕的物质保证，也是政府实施宏观调控的重要的手段。暴富者聚富的首选目标恰恰就是公有资产。他们运用各种非法手段损公肥私、化公为私、侵吞公共财产，将人民创造的财富据为己有。他们横征暴敛严重侵犯了广大群众的切身利益，扰乱了社会分配关系，动摇了社会主义根基。

暴富群体的寻利活动毒化了社会风气，败坏了社会道德风尚。暴富群体的危害性还表现在它对人民政权有极大的腐蚀和瓦解作用。暴富者把他们的黑手首先伸向人民政权。他们用金钱收买、贿赂政府官员，充当他们的代理人，假官员手中的权力来牟取暴利；他们肆意践踏党纪国法，破坏社会主义法制建设；他们假公济私、徇私舞弊，挑拨党群、政群关系，败坏人民政权的声誉；他们把职权变为牟取私利的特权，盘剥百姓，称王霸道，横行乡里；他们与不法外商勾结，坑害国家，出卖民族利益。

由此可见，在体制转型时期的这个新生群体虽然受益于经济发展，但他们绝不是"新生产力的代表"，而是生产力发展和经济繁荣的破坏因素；虽然他们得益于经济体制改革，但他们绝不是"改革的促进派"，而是社会主义市场取向改革的障碍。

暴富群体的崛起是当前深化改革的主要危险。这是因为：第一，他们的利益与深化改革是根本对立的。他们不愿意恢复旧的集权的计划经济体制，但他们也不愿意建立规范化的社会主义市场经济体制。因为经济运行多轨制、市场无序，恰恰是他们赖以滋生的主要条件，是牟取暴利的主要途径。他们的切身利益决定了他们主张改革就此止步，长期维持多轨制。而改革每前进一步，就意味着他们生存条件进一步削弱；改革成功之时，暴富虽难绝迹，但不会形成群体。第二，与那些只动口不动手的守旧势力不同，他们反对和破坏改革是有实际行动的，而且手段卑劣，气焰嚣张，无孔不入，劣迹遍布各行各业，直指各级党政领导机构。如果任其发展，改革的成果必将被他们窃夺，最终他们将会把改革引入歧途。第三，转型时期，与暴富群体之间所进行的遏制与反遏制的斗争关系到党和国家的前途与命运。改革的目的是促进生产力的发展，增强综合国力，实现共同富裕。暴富群体是体制转型时期的特殊产物。任其发展，它必然会进一步蜕变为新生的官僚、买办、封建性质的阶级。那时，他们就不会仅仅满足于通过非法途径牟取暴利，而要夺取政权来巩固、维护和发展他们的既得利益。

虽然体制转型时期产生部分人暴富乃至暴富群体难以完全避免，但这并不意味着它蜕变为新生剥削阶级是必然的。只要政府坚定地反对腐败，坚持市场化改革的社会主义方向，暴富群体绝种是完全可能的。

五　对若干不同观点的商榷

部分人暴富现象是有目共睹的事实。对此，学术界似乎没有人否认，但怎样看待和分析这一问题，却有不同观点。

有种看法，认为我国现在由于出现了部分人暴富，贫富差距已经扩大到两极分化的程度。我认为，改革开放以来，贫富差距没有趋向缩小，而是在进一步扩大。但是，第一，收入差距扩大之势是在居民收入普遍提高，绝大多数人的生活水平达到或接近小康的基础上出现的，而且随着社会保障体系的建立，贫困人口的基本生活有了保证，因而这种差距具有相对的性质。第二，贫富差距与两极分化这两个经济范畴虽有联系，但不能混为一谈。两极分化是资本主义制度下资本积累的特殊规律，而不是商品经济的普遍规律。它首先是指生产条件即生产资料分配的两极化，即资本积累和贫困积累两极化。改革开放以来，我国公有制主体地位并没有丧失，社会主义公有制依然是社会的经济基础。因此资本主义积累的规律除了在资本主义私有经济中占支配地位之外，不可能主宰我国社会主义扩大再生产和积累。近18年来广大人民群众从改革中普遍得到实惠，这个事实是有目共睹的。

有种观点，认为暴富者虽然人数不少，但不能说已经形成了一个新生的资产阶级或阶层。理由是：暴富属经济犯罪，不能把罪犯看成是一个阶级或阶层；他们所获得的所谓"暴利"数量有限，与发达国家工薪阶层相比，称不了富裕；他们还没有形成一个共同体。有人把暴富与"先富"混为一谈,以先富起来的人未形成一个资产阶级为理由,否认暴富群体的阶级属性,认为"目前已出现一些年收入达几万元、几十万元的高收入户,有的个人家庭资产达百万元、千万元。但这些高收入户尚未形成具有共同社会地位和共同利益的'利益群体'"①。认为他们"不是一个具有共同社会地位和共同利益要求的'利益群体'或'压力集团';他们实际上还只是一个分散在不同社会阶层中的泛化群体;他们还从未出现过带有一致的政治要求或利益要求倾向的集体行动"②。笼统地说目前已形成了一个新资产阶级,这种观点值得商榷。但如果以此为由,否认暴富群体的阶级属性,却是站不住脚的。关于什么是阶级的问题,列宁曾经作过精辟的论述。他指出:"所谓阶级,就是这样一些大的集团,这些集团在历史上一定社会生产体系中所处的地位不同,对生产资料的关系(这种关系大部分是在法律上明文规定了的)不同,在社会劳动组织中所起的作用不同,因而领得自己所支配的那份社会财富的方式和多寡也不同。"③ 列宁的这个定义反映了阶级的共同的本质特征,因而它适用于已经成熟的、定型化的阶级。当前,我国正处在由公有制一统天下的计划经济体制向多种经济成分并存的市场经济体制过渡时期,阶级关系正处于急剧变化之中。因此,分析这一时期阶级关系切忌简单化,不能简单地生搬硬套列宁的定义。阶级问题是十分复杂的,有亦已成熟的完全的阶级,有正在形成中的阶级,有处于消亡过程中的没落阶级,还有死而复生的阶级。一定要具体问题具体分析。但是,列宁的定义却对我们判明一个特殊的社会群体是否具有阶级的属性,是否成为一个阶级,具有理论上的指导意义。首先,我们所面对的暴富户就数量而言,相对于12亿人口来说虽是少数,但它已经是一个分布面极广的具有相当规模的群体,可能超过旧中国以蒋、宋、孔、陈为代

---

① 王春正:《我国居民收入分配问题》,中国计划出版社1995年版,第13页。
② 李培林:《新时期阶级阶层结构和利益格局的变化》,《中国社会科学》1995年第3期。
③ 列宁:《伟大的创举》,《列宁选集》第四卷,人民出版社1972年版,第10页。

表的官僚买办资产阶级。难道我们能因蒋家王朝只是亿万人中的一小撮而否认它的阶级属性吗？阶级或阶层是个社会群体，但不是人口统计学中的一个数量概念。它首先是个经济范畴。其次，暴富的方式或途径虽是违法的，但它同一般的盗窃、贪污是有区别的。因为暴富群体赖以生存的经济基础是地下经济、灰色经济，它的活动是与社会再生产过程联系在一起，并通过这个过程实现对劳动者劳动成果的占有。与典型的产业资本形态不同，它们一般并不直接占有生产资料，而是通过权力资本支配属于公众的财产。这样，它们既可以牟取暴利，又不必承担资本经营的风险。用他们的黑话说，就是"用共产党的钱做无本生意！"最后，暴富者虽然是分散在不同社会阶层中的群体，他们在市场上也有争斗，但他们的利益却是共同的、一致的。他们化公为私、不劳而获、贪得无厌，竭力瓦解公有制，因为公有制是他们暴富的最大障碍；他们反对政府对市场实行调控，主张建立由他们主宰的市场经济，因为正是多轨运行和无序的市场为他们暴富提供了条件和机遇；他们反对治理整顿和深化改革，主张改革就此止步，因为市场体系发育成熟、宏观调控体系完善、法制健全意味着他们赖以生存的沃土将被铲除；他们敌视人民民主专政的政权，与贪官沆瀣一气，通过钱权交易，左右政府的政策，窃取权力，因为人民政权是他们从事非法牟利的最大障碍。所以，暴富者虽然职业各不相同，牟取暴利的方式千差万别，彼此为分割暴利也明争暗斗，但他们的经济利益和政治利益却是共同的、一致的。正是基于这一点，才使他们区别于其他阶级、阶层，构成为一个特殊的利益共同体。

但是，目前这个社会群体还不能说已经形成一个阶级。这主要是因为中国政府的政策和改革的目标不同于俄罗斯，对体制转型时期出现的暴富者不是通过全面私有化给予扶持和鼓励，而是针对不同情况采取遏制、惩治的政策。因此，这个群体处于时多时少、时生时灭、时而旺盛时而衰败的状态，具有不稳定性的特点，它的构成随着经济周期和改革的进展经常发生变化。但是，如果对他们牟取暴利的活动采取听之任之、庇护纵容的态度，他们便会迅速发展，进而演变成一个新生的资产阶级。所以，我们说中国的市场化改革是社会主义的自我完善，并不是自发完善、自然完善。

六 对策：反腐败和深化改革并举

有种时髦观点，即所谓"适度腐败有益论"[①]。腐败是暴富赖以滋生的温床；暴富也是腐败的一种表现。两者互为因果。有人认为，"腐败对经济生活有其积极的一面"，"在某些经济环境中腐败有一定的价值"，"腐败是经济的润滑剂"；因此他们主张"腐败适度存在"，"既然现在无法达到'根除腐败与改革顺利推进'这一帕累托最优状态，那么从经济学角度看，只能追求'改革进一步推进，腐败适度存在'这一次优状态"，"反腐败要适度"。这种观点在理论上是站不住脚的，对实践也是有害的。

首先，暴富者是人格化的私人投机资本，它的行为以私人利益最大化为宗旨，具有贪得无厌的本性。任何一次获利都是它再次获得更大利益的起点；寻得任何数额的租金对他来说都是一个有限的数量。因此，暴富者对私利的追逐是无限的、没有止境的。所谓"有限腐败"完全是不切实际的幻想。"小富即安"的心态是小农经济的产物，对现代市场经济中贪得无厌的投机资本是完全不适用的。

其次，主张"用适度腐败"换取"改革进一步推进"，这是不切实际的幻想。腐败和暴富固然是体制转型时期的社会产物，但腐败和暴富与我国改革的性质、方向、道路却是根本对立的。暴发户是靠改革的转型时机发迹，是投双轨运行的机，而不是靠改革本身致富。改革的目标是通过建立社会主义市场经济体制，实现共同富裕。社会主义市场经济并不消灭剥削，相反地还要允许剥削和非公

[①] 参见《经济学消息报》1996 年 3 月 15 日。

有制经济长期存在，并且在公有制为主体、有利于国计民生的前提下还允许其发展。但暴富不在其列，暴富者的行为是反改革的。深化改革就是要加快体制整体转型，从而根除腐败和暴富赖以滋生的环境和土壤。因此，从改革自身的规律和趋势来说，两者成反比例、反方向进展。两者的关系不是互补、互促，相反地，改革的进展、改革的成效，在很大程度上取决于反腐败。反腐败越坚决、越彻底，改革就越有保证。如果对腐败采取容忍或纵容态度，改革最终就可能被腐蚀，以失败告终。所以，二者势不两立。

最后，所谓"适度腐败"换取"改革推进"，是得不偿失的。当前，腐败和暴富已经不是个别的、偶然的现象，早已大大超出了广大群众所能容忍的"适度"，远远超出了社会所能承受的改革成本和代价。现在摆在我们面前的问题是：要么坚定地持久地开展反腐败斗争，为深化改革创造必不可少的社会条件；要么对腐败听之任之，任其蔓延，让改革走上歧路。两者必居其一。改革18年来的事实表明，腐败是一种致命的癌细胞，具有极强的腐蚀性。一旦染上它就会扩散。如果说它是种社会成本和代价的话，绝不是用多少金钱能衡量得了的。因为我们付出的将是政权和党的机体的蜕化，是社会资源配置恶化，是社会两极分化。那时，腐败这副"润滑剂"必将把社会拖向新的官僚买办统治的半殖民地社会。

开展反腐败是否会造成"政府官员个个岌岌可危，彻底失去了参与改革的动力"呢？把发不义之财作为参与改革的"动力"，这种以改谋私的人是十分危险的。真正献身于改革大业的仁人志士不仅不会因反腐败而"岌岌可危"对改革"失去动力"，相反地，他们是反腐败的坚定斗士。应当明确，如今反腐倡廉与过去的"反右倾""文化大革命"是不能混为一谈的。现在是依法惩治腐败，不搞运动，不搞"一刀切"，也不下达百分比。完全不必担心扩大化，更不会出现"人人自危"的局面。整治暴富是个政策性很强的任务。因为暴发户是混杂在"先富起来"的那群人中间的。我们必须把勤劳致富、依法致富与非法暴富严格地区别开来。对前者要给予大力扶持、积极鼓励，对后者则要依法惩治；惩治后者正是为了保护前者。过去我们违背生产力决定生产关系规律，推行过"割资本主义尾巴"的左的政策。现在绝不能因噎废食，对非法暴富也实行"私有财产神圣不可侵犯"。

实行市场经济并非注定腐败成风、暴富成群。我们对市场并不陌生。中华人民共和国成立初期实行国有经济为主导、多种经济成分并存的新民主主义经济，实质上也是种特殊形式的市场经济。那时，尽管出了刘青山、张子善之类的败类以及"五毒俱全"的不法奸商，但经过"三反""五反"，党风、民风大变，有效地扼制了腐败。可见，腐败、寻租并不是不治之症。所以，要根治暴富，必须坚持反腐败。

健全法制，严格执法，这是整治暴富的主要手段。目前存在的问题，一是经济法制不健全，一些应当尽快建立的法规尚未出台，例如遗产税；二是已经颁布的某些法规没有根据情况的变化及时加以修改，例如个人所得税起征点过低；三是执法不严，例如对偷漏税者，处罚过轻。

反腐败，整治暴富，防止两极分化，根本的出路在于深化改革，加快体制整体转型。更为紧迫的现实的步骤应当是加快政治—行政体制的改革。杜绝钱权交易，必须从源头抓起，建立权力的约束、监管、制衡机制，精兵简政，这是当前深化改革的关键。

（原载《经济研究》1998年第2期）

遭遇"休克"劫难的俄罗斯经济

——访问俄罗斯见闻

2000年10月,全国人大财经委员会代表团应俄罗斯国家杜马预算委员会的邀请,访问了俄罗斯。访俄期间,代表团受到热情接待,与社会各界人士进行了广泛的接触。

我本人曾在1991年年底访问过苏联,目睹了克里姆林宫上空苏联国旗落地的悲剧。这次重返莫斯科,所见所闻,感慨万千。对比中俄改革,有人曾预言:"俄罗斯改革是先苦后甜,先哭后笑。"如果从戈尔巴乔夫上台算起,迄今已经过去15年,面对严酷的历史和现状,似乎没有给人们留下令人欣慰的回忆,想笑也笑不起来。在一次宴会上,我们团长举杯:"祝愿俄罗斯人民幸福,国家富强!"一位俄杜马负责人苦笑道:"但愿上帝能听到您这句话!"

一 对俄罗斯改革的不同评价

俄罗斯以私有化和市场化为取向的改革,是从何时起步的?1985年3月,戈尔巴乔夫上台后就着手规划和推行私有化和市场化,曾先后制定了两个《500天计划》,在他下台前,小企业私有化已经有很大进展。叶利钦曾说过:"我们争论私有化是否必要已经长得令人不能忍受。同时,那些党和国家的精英们已经积极地进行他们个人的私有化了。其规模、其劲头、其虚伪都令人震惊。苏联私有化已经搞了很长时间,但却是混乱的、自发的、并常常是违法的。今天，有必要掌握主动。我们决心这样做。"（1991年10月21日）。戈与叶虽有矛盾和争斗，叶最终将戈赶下了台，但叶不过以更大的规模，更快的速度延续了戈的政治路线。

经过16年的动荡、折腾，俄改革在以下方面取得了改革者预期的成效：在政治上，废除了苏维埃社会主义制度，取缔了苏共的执政党的地位和马列主义作为指导思想；在经济上，实现了生产资料所有制多元化，社会主义国有制的主导地位被官僚垄断资本主义取而代之，各种形式的私有制占据了统治地位；经济运行方面，废除了计划经济体制，在市场体系不成熟、市场无序状态下市场机制开始运作。

如何客观地、公正地、实事求是地评论俄16年改革，这是十分棘手的。由于不同的利益群体在经济和政治偏好方面的差别，人们很难找到普遍认同的共同标准。目前，国内外对俄改革的总体评论众说纷纭，大体上有以下代表性的看法：

1. 完全肯定。这主要是少数"休克疗法"的炮制者和推行者。他们或许对社会主义和共产主义怀有强烈的憎恨，其中，有新生的官僚买办金融寡头，有官僚特权阶层，有转轨过程中的暴富群体，也有以权谋私者。叶利钦就曾公开扬言："我要坚决、彻底埋葬共产主义！"戈尔巴乔夫自供，他早就怀有搞垮共产党的野心。

面对"休克"的严重后果，有些"休克疗法"的鼓吹者也不得不承认其失败。亚夫林斯基在其新著《激励和制度：俄国向市场经济的过渡》中无奈地承认：以"休克疗法"和私有化为标志的俄罗斯改革已经"彻底失败"。

2. 认为私有化改革的方向应当肯定，但实施中存在严重缺陷。持这种观点的人认为，计划经济的弊端根源于社会主义制度；要消除计划经济的弊端，只有取消公有制，实行全盘私有化和自由化；但不宜搞"休克疗法"。俄在转轨过程中发生的危机，主要是由于激进改革派推行"休克疗法"造成的。所以，他们主张应当总结经验教训，调整政策和法规，寻求适合俄国国情的市场化和私有化道路。科尔奈的看法最具有代表性。他认为，俄采取"快速私有化战略"遭到了最惨重的失败，导致了荒谬的极不公平的寡头政治资本主义。他把这种"快速私有化战略"称为"庸俗科斯主义"。他主张私有化应当"以增量变化的形式逐步推进"。

3. 对俄改革持完全否定的态度。他们认为，"休克疗法"并不只是改革经济运行机制的方法和途径，而是实施全盘资本主义化的战略，它导致苏联被肢解，国力衰竭，俄由世界第二大强国沦为听命于美国的二等公民；它是对国家人民的一场空前浩劫和野蛮掠夺，造成资源的严重破坏。激进的政治反对派甚至认为，这场所谓的改革是西方帝国主义颠覆苏维埃政权，复辟沙俄资本主义制度的阴谋；直接被美国统治集团及其御用文人和金融集团操纵。持这种看法的，主要是信仰马克思主义和拥护社会主义的人，以及爱国主义者和广大平民。

外国政界和学界对俄改革也有种种的议论。西方国家的当权者为苏联解体、俄国力量削弱而庆幸，为"不战而胜""和平演变"的战略而欢呼。但是，俄陷入严重的经济、政治危机，也使他们担心极左势力抬头，更担心俄共等左派力量上升。现西方不少有识之士对俄改革进行批判，说俄现行社会制度是"强盗资本主义"，"野蛮资本主义"。诺贝尔经济学奖得主阿罗指出：俄私有化是"是一场可预见的经济灾难"。尤其引人注目的是，像萨克斯这类"休克疗法"的发明人和推销员也不得不承认俄改革失败。他说："我过去对于大众私有化是过度乐观了。1991年的捷克和1993年俄国的证券私有化，很快就变成了腐朽性的资产掠夺。"他甚至主张"有选择地重新国有化"。

我国学界和政界里，推崇和贩卖"休克疗法"的，也大有人在，为俄"休克"粉饰和唱赞歌的，不乏其人。现在，面对俄罗斯"休克"15年的惨状，他们的认识能否有所变化呢？

二 俄罗斯推行"休克疗法"的过程及其特点

1. 俄罗斯改革是按照既定的理论模式的程序即"休克疗法"进行的。它既没有从俄国情出发，也没有考虑客观条件的许可。所谓"休克疗法"，是以新自由主义理论为指导，采取激进办法，即一步到位办法推行私有化、自由化、市场化，实现经济制度和经济体制转轨的战略，它的具体内容包括三个方面：一是取消公有制，实行全面私有化的产权制度；二是全面开放市场，放开物价，让市场自发地调节经济运行；三是实行紧缩的财政和货币政策，防止转轨过程中出现通货膨胀。这三方面互相联系构成统一整体：一是改变社会经济基本制度，二是转换经济运行体制和机制，三是为转轨创造稳定的经济环境和条件。推行"休克疗法"的政治目的，是企图在最短的时间里用激进办法扶植起一个作为叶政权支柱的私有者阶级。1992年新年前夕，叶利钦发表电视讲话，向人民许诺：只要坚定不移地贯彻"休克疗法"，1992年年底前国家经济便会稳定，人民生活就会改善，他号召人民与他一起挺过未来艰难和痛苦的6—8个月，然后共享改革带来的成功果实。"休克疗法"的发明人萨克斯的理由是："深渊不能分两步跨越"，"长痛不如短痛"。

2. 俄改革自始就是在西方国家官方策划、干预下进行的。叶政府不仅在理论和对策方面全盘接受了新自由主义和货币主义的教条，而且聘请萨克斯担任顾问。美政府派遣了庞大的专家顾问组在盖达尔、丘拜斯内阁的主管私有化机构中参与有关方案和法规的起草工作。西方国家政府和其控制的国际金融机构还以援助为手段，直接干预俄改革。1992年以来，美国和西方7国财团、国际货币基金组织在支援俄政策的名义下先后多次许诺提供总数700多亿美元的援助款。但兑现的少，空头支票多。西方国家对俄实行的是"胡萝卜加大棒"的政策，1992年美国宣布了一项240亿美元的援俄计划，但仅兑现了150亿美元。1993年"7国集团"许诺提供

430亿美元的援助，实际上只兑现了50亿美元。西方国家以此对俄施加压力，不允许偏离"休克疗法"。1992年俄爆发全面经济危机，年底盖达尔被迫下台，切尔诺梅尔金上台后为缓解危机调整了政策，触怒了西方国家，原定于1992年年底前提供的60亿美元贷款被推迟。迫于西方国家的压力，俄政府按照"7国财长会议"的要求抽紧银根，俄经济危机缓解的势头因此被葬送。

3. 俄改革是自上而下地通过立法方式由政府强制实施的。广大人民自始对私有化就采取抵制、反对的态度。俄改革十分重视法规建设，政府力图把改革纳入法治化的轨道。每项改革措施出台都要制定和颁布相关的法规。这对建立规范化、法治化的市场经济，是必要的。但是，从俄立法内容和效果来看，第一，它是为推行"休克疗法"提供法律保障，因此法律不是着眼于为最广大人民的利益服务，而首先是维护少数"休克疗法"的既得利益者。第二，它对化解转制过程中引发的矛盾和冲突不仅无能为力，相反推波助澜，火上浇油。例如，在市场秩序混乱和供求失衡的条件下，叶利钦发布放开物价的总统令，政府据此作的《俄罗斯联邦放开物价措施的决定》，导致物价暴涨；实行《证券私有化》，推行"全权委托银行"开放金融市场等法规，直接促成了金融资本和产业资本的融合，成了新生的官僚垄断资本集团的助产剂。

4. 私有化、市场化、自由化、国际化四位一体，同步推进。从西方现代市场经济结构看，这四个方面是互相联系、互相制约、互相促进、缺一不可的有机整体。俄选择了西方现代市场经济模式，改革无疑是应当在这四个领域互相配套，同步推进的。但是，这四者赖以生存的环境，有效运作所需要的条件，是不一样的。它们在近代经济史上各自都体现社会经济发展的不同阶段，标志着市场经济发展成熟程度的差别。因此，这四者发育过程具有由自身内在规律决定的有序性。改革只能因势利导，绝不能无视客观条件毕其功于一役。俄却反其道而行之。在不到一年的时间里，在实行国有产权私有化的同时，又全面放开了物价，让市场自发调节；开放金融市场，推行商业银行私有化；利率市场化；国内市场与国际市场接轨，废除国家管制和垄断，实行对外经济活动自由化，允许卢布自由兑换，汇率自由浮动。所有这些措施出台，虽然推动了产品和要素市场的出现，但是，政府对市场失去了控制，投机资本肆虐，市场秩序极端混乱，生产急剧下滑，物价暴涨，政府财政赤字剧升，货币信贷体系崩溃，民不聊生。1992年物价上涨达到2500%，国内生产总值下降14.5%，投资下降45%，进出口总额下降23%，居民实际收入下降了55%，居民储蓄损失4600亿卢布。不顾俄国情，四化同步急速推进，把俄推向了灾难的深渊。

5. 国有企业产权制度改革，实质上成为在政府支持和庇护下，新生的官僚垄断寡头以及暴富阶层瓜分国有资产，掠夺平民百姓，进行原始资本积累的过程。俄现行所有制结构已彻底打破了公有制一统天下的局面，呈现以非公有经济为主体的多元化格局。商业、服务业、工业中小企业私有化，无疑应当肯定。但是，对大中型企业私有化则应另当别论。全面分析，俄私有化过程开创了权力转化为资本，资本与权力相结合的特殊原始资本积累道路，它导致社会财富快速向极少数（占人口5%—6%）的暴富者手中集中，滋生出一个新生的官僚买办资产阶级，在其顶端的是一小撮金融—工业寡头。

新生的官僚买办资本家在私有化过程中是如何瓜分公共财富，掠夺广大民众，进行原始资本积累的呢？一是廉价收购私有化证券，转而购买企业股票，掌握控股权。俄私有化是从无偿发放私有化证券起步的，政府给每个公民（1.49亿人）分发面额1万卢布（按1992年汇率计算合72美元）的证券。凭证可购买企业股票或个股投资基金，也可有偿转让或出卖。接着发生恶性通货膨胀，1992年达到2500%，广大民众迫于生计，纷纷出卖私有化证券。暴富者乘机廉价收购，私有化证券向他们手中集中。二是在有偿私有化阶段，政府将部分国有企业或国家控股的企业公开拍卖，金融寡头或者其他暴发户通过钱权交易，按照大大低于实际价值的价格收购。三是在银行私有化和全面开放金融市场过程中，乘机聚敛钱财。他们纷纷创办银行（最多时达 3000 多家）和各种储蓄机构，高息揽储，炒买炒卖外汇，或者开设投资公司，借用民间资本对国有企业进行收购、兼并、重组；或者通过向政府提供抵押贷款（即俄政府实行的股票抵押贷款计划），吞并国有企业。四是在企业改制分配股权之机利用行政或管理权力掌握股票控制权。私有化《纲领》提出了三种股份制方案供企业选择：第一种方案，企业领导人除可得到不超过法定资本 25% 的优先股（优先分到股息）外，还可按优惠条件购买不超过法定资本 5% 的有表决权的普通权。第二种方案，企业职工可按国家资产委员会规定的价格购买 51% 的有表决权的股票，成为企业的实际所有者。按照这个方案，企业领导人的身份便由国有资产代理人转化为企业实际控股人。第三种方案，企业股票 50% 自由出售，20% 有投票权的股票按 30% 的折扣出售给企业职工。绝大多数企业都选择了第一、第二两种方案。由于市场秩序混乱，政府管理部门失职，腐败成风，资产评估机构职能扭曲，股份制改造成了权势者瓜分国有资产的一次盛宴。在垄断的金融资本和产业资本互相融合的基础上，资本又进一步向政治渗透，出现了资本权力化的势头。一些寡头被叶利钦任命为政府要员直接主政。

据议会材料，500 家大型国有企业实际价值超过 1 万亿美元，但只卖了 72 亿美元，给国家造成上万亿美元损失，财政取得的收入甚少。1992—1996 年，私有化进款占政府预算收入的比重仅为 0.13%—0.16%。许多大型企业的售价仅相当于欧洲一个中型面包作坊的价格。例如，有职工 34000 人的乌拉尔机械制造厂仅卖了 372 万美元，车里亚宾斯克拖拉机厂有 54000 名职工，仅卖了 220 万美元。

6. 俄改革过程中，始终存在着资本主义和社会民主主义，自由市场经济和可调节的市场经济，全面私有化和有限私有化，激进改革与渐进改革，两种思潮、两种社会势力、两种改革思路的论争和搏斗。叶利钦执政期间，政治风波不断，政府更迭频繁，曾在一年内5次撤换总理改组内阁，随着政府首脑更替，改革时而大步推进，时而进行调整，时而改改，时而停停。从政府政策走向来看，大体上可分为两派：一派是以叶利钦—盖达尔为代表，另一派以切尔诺梅尔金—普里马科夫为代表。在改革的指导思想上，前者主张无条件地根据新自由主义和货币主义理论设计改革的模式和改革战略；后者主张从俄国国情出发，参照社会市场经济理论和政策，选择改革目标模式和改革战略。在改革的战略步骤上，前者主张实行"休克疗法"，用强制手段使各项改革措施一步到位；后者认为"休克疗法"招致灾难性后果，主张采取有利于社会和经济稳定的改革步骤，改革应稳步推进。在所有制结构方面，前者主张实行全面私有化，确立私有经济在国民经济中的主体地位，取消国有制的领导地位，把国有经济限制在提供公共物品等极少数部门，快速培育出作为政权支柱的私有者阶级；后者主张实行混合经济制度，大力发展各种形式的小私有制，国有大中型企业普遍实行股份制。在经济调节方面，前者主张实行自由竞争的市场经济体制，政府靠货币和财政政策对宏观经济运行进行间接调节；后者反对市场理想主义，主张实行可调节的市场经济，加强国家干预经济，稳定财政和金融，规范市场秩序。在对外经济关系方面，前者主张对外实行自由化，全面对外国开放市场，把经济改革和经济恢复的希望寄托在西方国家的援助上；后者主张吸收外资，改善投资环境，但应大力扶持本国企业，刺激出口，对本国市场和生产实行必要的保护。

俄改革自始就存在两种思潮、两种指导思想、两种对策的争议。由于叶利钦主政，前一派居主导和支配地位。尽管这一派的政策导致灾难性后果，尽管后者企图消灾除难，缓解前者造成的负面影响，对政策进行必要的调整，但最终均遭到罢官的厄运，以失败收场。

7. 俄改革目的是消除苏联计划经济体制的弊端，但是新体制"只休克，不治疗"，把俄经济推入更加严重的危机。"休克疗法"

破坏了经济转型所必要的安定社会环境。1992年,叶利钦—盖达尔政府全面贯彻"休克疗法"的各项措施相继出台,这一年,GDP下降14.5%,物价上涨2508.8%,财政赤字占GDP的比重上升到21.8%,失业率为4.9%,生活在贫困线以下的人口达到33%,拖欠工资2.219万亿卢布,投资下降45%,进出口总额下降23%,卢布贬值,紧缩银根更加剧了企业的艰难处境,导致全面支付危机。从此俄陷入了经济、财政、金融危机深渊难以自拔。年底,盖达尔被议会赶下了台,切尔诺梅尔金接任政府总理。面对濒于崩溃的经济,切着手进行整顿和调整,阻止生产继续下滑,扼制通货膨胀,加强社会保障。1993年8月政府颁布了《发展改革和稳定俄罗斯经济1993—1995年工作计划》,但是,正当切政府的政策初显成效的时候,叶利钦出于政治上的疑虑,不断对切施加压力,声言:不允许口头上表示改革而实际上放弃改革,如果出现扼杀改革的倾向,他就会把这种倾向消灭在萌芽状态;他将捍卫1992年1月开始的经济改革方针。这样,身为政府总理的切氏便陷入了两难的困境:要克服经济危机,就必须放弃"休克",调整已出台的改革措施,这就势必得罪激进改革派;若迁就激进派,就得继续"休克"下去,危机势必继续加重。切只能在二者之间寻求平衡点,既能克服危机,又可获得叶的信任和支持。但毕竟鱼和熊掌是不可兼得的。所以,他只能在叶所接受的范围内,采取有限的措施缓解各种矛盾,绝不可能根除危机。就在切着手调整政策、整顿经济秩序的时候,1994年爆发了金融危机,卢布与美元的比例由2600∶1猛跌至4000∶1。经济形势进一步恶化,GDP下降15%。形势迫使切加强了宏观调控的力度。就在切的调整和整顿措施初见成效,经济出现转机的时候,1998年3月叶却一意孤行将切革职。短命的基里延科政府上台一个月,便爆发了由金融动荡酿成的全面经济危机。四个月后普里马科夫接任。普的政策,近期以稳定经济,消除危机,发展生产,整顿市场秩序为重点,远期强调从俄国国情特点出发,走一条加强政府宏观调控、独立自主与对外开放相结合、强国富民的社会市场经济道路。但不久，普里马科夫也被叶利钦解职。由于社会矛盾尖锐，政坛动荡不定，政府首脑频繁更迭，调整和稳定经济的政策因缺乏连贯性而难以取得预期成效。叶执政10年俄改革始终在危机和社会矛盾相互交织、相互影响中进行恶性循环。

三 代价与后果

俄改革历时15年，不能讲毫无成效。但是，代价是巨大的，后果是严重的。记得10年前笔者参加苏联科学院经济研究所召开的一次有关改革的研讨会上，有位学者预言："苏联的经济改革如果实行全盘私有化，只能使那些手中有权的官吏和黑手党发财致富，广大人民决不能从中受益。"俄的现实不幸被这位学者言中，而鼓吹"休克"能让俄人民过上富裕生活的许诺却成了破灭的泡沫。私有化是对国有资产和公共财富的一场空前浩劫，是对广大俄罗斯人民的无情掠夺，是俄国历史上从未经历过的一场大灾难。

——据俄杜马听证会公布的材料，从1992年到1996年，私有化给国家造成的经济损失，按1995年价格计算，超过9500万亿卢布，相当于卫国战争期间损失的2.5倍。

——综合国力被严重削弱，生产大幅度下降，与1991年比，GDP下降56%，工农业全面下降。与美国的差距拉大，1986年国内生产总值相当于美国的一半，1999年仅为美国的1/10。

——持续的严重通货膨胀，多年恶性通货膨胀，不仅造成经济生活混乱，而且使广大民众遭到空前浩劫。改革以来，物价飞涨，卢布贬值。消费价格指数1991年比上年上升168%，1992年上升2506.8%，1993年上升844%，1994年上升214%，1995年上升131.4%，转轨5年，物价上涨了近5000倍。近几年通货膨胀略有下降，1996年为21.8%，1997年为11%，1998年为84.4%，1999年为36.5%。81%的居民已经没有储蓄存款。卢布大幅贬值：与美元比价1991年为1:59;1992年为1:222;1993年为1:933;1994年为1:2205;1995年为1:4562;1998年跃到1:6000。1998年实行币制改革,新旧卢布的比价为1:1000,新卢布与美元的比价为6:1,现在已跌到28:1。

——债台高筑。政府财政入不敷出,靠发钞票和举债度日。内债余额约200万亿卢布,外债余额约1662亿美元,政府预算1/3用于偿还债务。

——对外全面开发市场,收效甚微,不仅本国民族经济受到跨国公司挤压,而且屡遭国际金融大鳄的冲击。改革以来,俄引进外资累计仅为400多亿美元,而外逃资金1500多亿美元,国家外汇储备仅为270亿美元。1998年5月金融市场发生动荡,外商在不到两个月的时间里抽去资金约140亿美元。贸易自由化将国内市场拱手让给外国。据1997年资料,外国产品占据国内市场的份额达84%。

——人口危机已经构成经济发展的严重威胁。由于出生率下降,死亡率上升,90年代以来俄人口减少330多万人;1999年出生人口121.58万人,而死亡人口却高过214.03万人。如果照目前的出生率和死亡率的比例保持下去,到2050年俄人口将从现在的1.45亿人减到1.16亿人,劳动人口将减少一半。

——人民实际生活水平普遍大幅度下降,两极分化十分严重。1992年俄全面推行"休克疗法",导致经济瘫痪,物价飞涨,卢布贬值,居民损失了4600亿卢布储蓄,物价上涨55倍,而名义工资仅提高11倍,失业率高达15.2%。1999年,占人口10%的最富有者在全体居民总收入中的比重达45%。58%的居民生活达不到最低生活标准。拖欠工资和养老金,家庭副业和第二职业成为城市居民生活的主要来源。

——金融—工业寡头的触角已经延伸到经济、政治、文化和其他社会生活的各个领域,操纵和控制俄经济命脉,左右俄政府的政策。金融—官僚寡头崛起是俄改革引人注目、发人深省的现象。7

人集团最有权势的代表有：

别列佐夫斯基——石油集团总裁。估计个人财产30亿美元，居全球富豪第97位。曾任叶利钦政府国家安全委员会副秘书。

波诺宁——涅克辛姆银行－诺里尔斯克镍业－辛舟卡集团总裁。仅银行总资产380亿美元（相当于全俄GDP近1/6）。集团年收入超过160亿美元。曾任叶政府第一副总理。

古辛斯基——桥集团总裁（银行和媒体寡头），个人财产4亿美元，控制几家电视台报纸和电台。

据英国《金融时报》报道，别列佐夫斯基披露几大金融集团控制了50%俄经济，实际控制了银行、国家预算资金、军火和稀有金属贸易、石油以及轻工业、绝大部分传媒。金融寡头竭力左右俄政治，1996年总统选举时，他们为叶利钦竞选筹集资金7000万美元。他们控制的新闻媒体为叶上台大造舆论。

——地下经济泛滥，黑社会组织猖獗。据科学院社会学所资料，黑帮控制了50%以上经济实体。地下经济，官方统计约为GDP的40%—50%。

——经济实物化，物物交换盛行。原因是经济持续衰退，供需矛盾尖锐，企业普遍亏损，债务累累，币值不稳，支付危机，双币流通，卢布作为劣质货币遭冷遇。据估计，以物易物的实物交易量约占50%以上。这种"返祖"现象完全背离了"休克疗法"的初衷。

——企业改制后，虽然摆脱了政府的控制，拥有经营管理的自主权，但经营机制的转换却严重滞后，普遍陷入管理混乱，经营不景气，生产亏损的困境。据官方资料，大约有80%的企业身陷资金匮乏、原材料紧缺，产品销路不畅的困境。1991—1997年，投资下降92%，结构调整和开放严重受阻，企业设备普遍老化无力更新。

——政治腐败和经济犯罪愈演愈烈。西方记者认为，俄腐败已经渗透到了各个角落，上自叶利钦家族、内阁部长，下到基层政府官员、企业领导人。大量的经济官员和企业领导人都蜕变为新生的官僚资本家。有人估计，企业家每月向官员行贿的数额约5亿美元。

总之，面对严酷的事实，俄改革的后果是惨重的，代价之大是史无前例的。我们究竟应当从中吸取什么有益的教训？这是发人深省、令人深思的。

四 经济发展前景

叶利钦下台后，俄罗斯经济从此是否能走上复苏和振兴之路，是否能避免时而"休克"时而调整的恶性循环？

与我国相比，俄罗斯经济实现快速持续发展，具有得天独厚的优越的客观条件。它拥有丰富的自然资源，特别是当今世界上稀缺的战略资源，拥有高素质的人力资源，科技和教育事业发展有较厚实的基础。因此俄经济发展的潜力是巨大的。就自然资源而言，它的拥有量占世界份额，森林为40%，石油为40%，天然气为45%。70%—80%的成年人均受过中等和高等教育，9年义务教育制早已普及。俄拥有一支人数众多的居世界前列的科技队伍。在基础学科和应用学科的诸多领域中俄仍居世界领先地位。从人均拥有的自然资源和智力资源来看，世界上没有一个发达国家可与俄相比。

俄经济发展的潜在优势能否转化为现实优势，关键的因素决定于俄当权者能否合乎潮流，顺乎民心转变改革的思路，吸取"休克"的惨痛教训，调整改革的政策和路线。当前，俄经济发展正处在何去何从的重要时刻。如果继续"休克"，推行没有叶利钦的叶利钦路线，经济再度陷入衰退或危机的可能性是不能排除的。如果能从俄国情出发，寻求一条旨在实现人民共同富裕、国家强盛的改革新路，经济恢复和振兴是有希望的。普京当选总统后，从他发表的施政纲领和出台的政策措施来看，已经显示出他在政治上对叶利钦保持了很大独立性和主见。各种政治势力，除少数极右和极左势力之外，对保持社会安定和恢复发展经济已经取得共识，政府和议会关系趋向协调，这些积极因素对消除"休克"的恶果是有利的。2000年GDP增长7%，达到了90年代以来最高的速度，工业生产增长10%，投资增长20%，通货膨胀率降至20%，这表明俄经济已经出现了止跌回升的亮点。

但是，要完全消除"休克"造成的恶果，还要走很长的路程。据估计，如果每年GDP的增幅不低于5%，恢复到1990年的水平可能要10年。

五　毛泽东：以苏为戒

在社会主义发展史上，最先从理论与实际的结合上揭示了苏联社会主义建设的历史经验和教训，向苏联模式提出挑战的，是毛泽东。1956年4月25日他发表了著名的《论十大关系》讲话，指出"最近苏联方面暴露了他们在建设社会主义过程中的一些缺点和错误，他们走过的弯路，你还想走？过去我们就是鉴于他们的经验教训，少走了一些弯路，现在当然更要引以为戒。"毛泽东作为一位彻底的唯物主义者，从不相信有什么天才，从不认为人的正确思想是从人的头脑中来的。他始终坚持实践是认识真理的源泉。人的正确思想，包括理论、方针政策、路线，都来自对实践经验和教训的科学总结。他曾经对友人说："我是靠总结经验吃饭的。"

"以苏为戒"，这是当年毛泽东同志给我们提出的一个课题。现在，苏联已经解体，我国改革开放已经取得了举世瞩目的成就，深化改革的目标是完善社会主义市场经济体制，"以苏为戒"是否不合时宜，"以苏为戒"是否应当"以西为师"取而代之呢？眼下虽时过境迁，但"以苏为戒"依然是我们需要认真研究的课题。苏联解体和俄罗斯改革进一步拓展了这个课题研究的范围，增添了新的内容。在我们代表团访问期间，主人不止一次地说："你们来俄国访问，学不到什么经验，但是可以看看什么不能做，什么不该做！"有位议会官员语重心长地说："你们中国有句名言：'只有社会主义才能救中国'，现在应当加上一句：'只有中国才能救社会主义'！"

注：本文使用了马维先教授提供的部分资料，谨致谢意。

（原载《经济学动态》2001年第2期）

中国经济的内忧

"人无远虑，必有近忧"，这是一句耳熟能详的警世之言。本文主要列数当前改革与发展中存在的若干重要问题。文章侧重实证分析，较少理论剖析。写这篇文章的用意在于引起人们对我们前进道路上种种险阻的关注。

一 奢靡之风——工业化和现代化建设的又一公害

腐败现在已经是"过街老鼠"。腐败未除，时下又多了一害，这就是势头愈演愈烈的奢靡之风。奢靡是寄生性、腐朽性的表现。腐朽和腐败是一对孪生子，仅一字之差，岂可熟视无睹？

"消费社会"已经成为当代世界的一大公害，它不仅直接危及经济与生态平衡，而且威胁现代人类文明和进步。现在它正像传染病一样向发展中国家蔓延和扩散。

回过头来看看咱们中国吧！今日中国 GDP 已跃居世界第 6 位，进出口总额已雄居世界第 6 位。总而言之，中国虽说不上经济强国，但近 20 年凭着年均 9% 的增速进入了经济大国的行列。于是，在"与国际接轨"的一片叫嚷声中，奢靡之风吹遍九州大地，什么"勤俭建国""艰苦奋斗"等都被当作不合时宜的陈规陋习抛进了历史垃圾堆。

办公楼越建越豪华，南方一个中等城市的办公大楼建筑面积大到 17 万平方米，气魄之大，可与人民大会堂、故宫媲美。办公室越修越华丽，水晶吊灯、实木地板、大理石贴面、老板桌、太师椅、空调机、饮水器等，一应俱全。原本为办理公务提供便利的办公场所发生了异化，成为权势和富贵的象征。

内部招待所纷纷升级为星级宾馆，越修档次越高，住宿、餐饮、健身、娱乐设施样样齐全，甚至县城宾馆都专设豪华套间、总统套房。近4年全国星级饭店已陷入了全行业亏损困境。被称为"贵族娱乐"的高尔夫球场，遍及大中城市。仅北京就有15座，还有17座在建。一个高尔夫球场的投资能建多少座希望小学！

人工景点，景观，街心花园，城市广场兴建成风，从大城市一直到小城镇，一地赛一地，一城盖过一城。外国有的，我们要有；外国没有的，我们要创。

在招商引资的旗号下，写字楼越建越气魄，越建越高，热衷于建摩天大楼。纽约世贸大厦被毁之后，我国某市已决定耗巨资兴建世界第一高楼。不少城市在积极筹建自己的标志性大厦。

步行街、购物城、金街银街、仿古街、娱乐城、美食城、休闲街等，花样翻新，名目繁多。有的街道装修之豪华甚至连巴黎的香榭丽舍大街也自叹不如。某市花巨资兴建的步行商业街，堪称"中华第一街"，最近又计划用100亿元进行二次改造，不少中小城市大量挤占农田，耗巨资兴建大马路，有的县城马路宽达五六十米。

城市建设许多市政当局都选定了以世界名城为目标，什么"东方威尼斯""亚洲芝加哥""北方香港""东方巴黎""中国维也纳"等，几乎中国将成为世界名城的会聚地。

公款吃喝成风，送往迎来设宴，逢会必吃，美味佳肴中外名酒应有尽有。去年仅餐饮业的营业额就达4000亿元之多，还不包括内部招待所开销。法国"XO"酒在中国销量之大，令法国老板自叹："法国人太穷！"

一些外国友人在中国城市走马观花，深为这些年中国的变化惊叹不已，甚至不相信中国人均GDP仅不到800—900美元，还是一个工业化尚未实现的穷国。

然而，再看看现实中国的另一面，反差之大，令每个爱国志士无不为之忧虑。

中国 GDP 总量突破万亿美元大关，居世界第 6 位，但仅占世界 GDP 总量的 3.6%，美国占 32.6%；中国人均 GDP 不到 900 美元，不到全球人均 GDP 的 1/5。据世界经济论坛的报告，在世界 75 个国家和地区的经济增长竞争力排名中，中国居第 39 名，美国居第 2 名。

中国进出口总额达 5098 亿美元，为世界第 7 贸易大国。但在世界贸易总额中出口占 5.4%，进口占 3.2%。

中国靠占世界耕地总面积 7% 的土地养活了占世界 1/6 的人口，解决了 13 亿人民的温饱。但是，现在农村还有 3000 多万人处于绝对贫困状态。如果按照联合国的人均每天消费 1 美元的贫困标准，农村贫困人口则要多得多。在城镇，已经出现了一个相对稳定的人数众多的贫困阶层，包括 600 多万下岗职工、600 多万失业人口，还有不能按时足额领到退休金和工资的退休职工和乡村教师。

中国是五千年的文明古国，它曾以辉煌文化和科学成就在人类历史上谱写了光辉的篇章。然而，现在文化教育事业的发展状况却不能不令人担忧。我国公共教育经费支出占 GDP 的比重是世界上最低国家之一，甚至低于最不发达国家。国家虽然实行了 9 年义务教育制度，农村教育却还要靠"希望工程"支撑，政府财政用于教育事业的拨款仍未达到《教育法》规定的标准。高中毕业生的升学率仅为 50%。25 岁以上人口中，受过高等教育的人数比重仅为 2.1%，文盲高达 8507 万人。中国人力资源丰富，但劳动力的总体素质低下。

我国是农民占人口绝对多数的农业大国。农业至今没有摆脱靠天吃饭的被动局面，劳动生产率低下，我国农业劳动生产率只相当于印度的 75%，美国和法国的 5%。2/3 的劳动力困在人均 1.5 亩耕地上，由于农业现代化步履维艰，抵御自然灾害能力低，每年造成的损失达数千亿元，仅蔬菜水果因缺少保鲜设备一年就损失 800

多亿元。

现代工业的建立和发展是国家工业化水平的重要标志。经过50年建设，我国基本上已经建成了较完备的现代工业体系，工业化已进入到中期阶段。但是，工业总体的技术装备水平仍然落后。用于研究与开发的经费严重不足，占GDP的比重不到1%，日本为2.88%，美国为2.44%，韩国为2.29%。用于研究和开发的经费在GDP中所占的比重，不仅低于发达国家，而且低于新兴工业化国家。据全国工业普查资料，1180种专业生产设备达到国际水平的仅占26.2%。机械产品中达到20世纪90年代国际先进水平的不到5%，我国单位GDP的能耗高于世界平均水平3.8倍。劳动生产率低下，如煤矿全员劳动生产率仅为美国的2.8%。每年固定资产投资所需购置的设备60%—70%依靠进口。许多行业的设备如石化、数控机床、大型工程机械、轿车等都被外国占领。设备制造业丢掉了国内市场2/3的份额。我国钢产量破亿吨大关，但优质板材仍依赖进口。信息产业的关键技术和部件的研究开发相当落后。

离开灯红酒绿繁华喧嚣的街区，人们看到的是另一个中国，一个真实的中国，一个脱去华丽外衣的贫瘠瘦弱的中国。如此强烈的反差不能不引人深思、发人深省：我们究竟是追随发达国家，在"现代化潮流""国际接轨"的旗号下，仿效他们的生活方式，赶超"消费社会"，把人民的血汗投入到富丽堂皇的楼堂馆所、亭台阁楼的建设上，还是把有限的资源投入到工业化和现代化建设事业上。靠那些"形象工程""面子工程"，能够增强我们的综合国力吗？能够增强我国民族产业的竞争实力吗？能够实现民富国强、达到共同富裕的目标吗？有人说："中国已经进入休闲时代！"错了，现在依然要高唱《义勇军进行曲》。北京的颐和园这座皇家林园现在成了大众的休闲地，人们不会忘记这正是老佛爷的劣迹：兴建颐和园是以牺牲国防和近代工业为代价的！当我们在观赏颐和园秀丽景色时，千万警惕慈禧遗风的毒害！

奢靡之风大行其道，成了滋生腐败的温床。它不仅为腐败分子骄奢淫逸的生活提供了物质条件,而且成为他们侵吞公共财富、巧取豪夺人民血汗的重要途径。这正是奢靡之风愈演愈烈的重要原因。

二 失业剧增,就业压力空前严重,已经危及社会稳定和经济持续发展

"民以食为天",这是一条不可抗拒的永恒法则。当今世界各国历届政府无不把降低失业率、实现充分就业,作为施政的重要目标。因此,尽可能减少失业,为失业者提供必要的社会保障,是政府应尽的职责。

我国是拥有13亿人口的发展中国家。劳动力供大于求的矛盾,是长期制约我国社会经济发展和影响社会稳定的突出难题。据估算,农村至少有1.5亿剩余劳动力需要向城镇和非农产业转移。城镇和农村每年进入劳动年龄的人口1200多万人。安置待业人口,除了开辟就业门路,提供就业岗位之外,还需要相应的投资和配套设施的建设。

当前,我国正处在经济体制转型时期,一方面,国有企事业单位改革,将有约3000万冗员下岗进入再就业大军。近几年国企改革步伐加快,为实现三年扭亏脱困的目标,推行"减员增效",约1750万员工下岗。另一方面,随着技术革新和技术改造,产业结构提升,单位资本吸纳劳动力的数量相对下降,从而加大就业的压力。2001年年末,城镇职工为13005万人,比上年减少462.5万人。2001年初,国有企业下岗职工657.3万人,当年新增下岗职工234.3万人。年末,实有下岗职工515.4万人。城镇登记失业者为681万人,比上年末增加86万人,登记失业率为3.6%,比上年提高0.5个百分点。特别是我国"入世"后,近期由于外来竞争的冲击,今年城镇失业人口将可能增加200万人。2002年,下岗职工未再就业和失业人员,将达到1500万人。

近几年,在扩张性财政政策的推动下,实现了GDP高增长。

但经济高增长却没能带动高就业。相反地,二者比例呈下降趋势:"八五"时期为1:120;"九五"时期为1:80;"十五"前几年降为1:40。如果仅看下岗职工的再就业率,下降的趋势更严峻:从1998年到2001年,再就业率分别为50%、42%、35%、30.6%。今年3月末,下岗再就业的职工为22.2万人,再就业率仅4.3%。按常规,高增长应当带动高就业,扩张性政策通过刺激需求应取得高就业的效应。但我国近几年却出现高增长与高失业并存,目前城镇失业和不充分就业人口达到8%以上。这是应当认真对待的,就业形势的严峻还表现在农村潜在失业和流动性失业上升。首先进城打工的农民工就业难。据估算,现在进城务工的农民大体上稳定在7000多万人的规模上。农民工就业的特点,一是流动性强,稳定性低;二是失业率高;三是社会保障覆盖面极小。近几年由于城镇下岗职工大量增加,农民工就业面临严峻的挑战。有些地方政府对使用农民工作出种种限制,某些工种或行业甚至禁止雇用农民工。其次,关闭"五小工厂",整顿乡镇企业,导致农村非农产业中大量员工返回田间,处于潜在失业状态。最后,"入世"后外国农产品大量进口将可能导致农村减少1000万个就业机会。社会保障制度滞后加剧了就业形势的严峻性。完善的社会保障制度是缓解和减轻就业压力的重要支柱。但是,我国社保现状是:第一,劳动就业制度改革没有采取"先挖渠放水"的步骤,以致推行"减员增效"大量职工下岗后,社保才匆匆起步;第二,社保覆盖面过窄,主要限于城镇国有企业,除两三个省市,广大农民则被排斥在外,绝大多数农民工和部分外资企业员工均未参保;第三,社保资金缺口大。去年的缺口约400亿元。

三 扩张性财政政策遏制了经济增幅下滑的势头,却加深了潜伏的财政危机

20世纪90年代初期,我国出现了改革开放以来前所未有的经济全面"过热"。持续数年的两位数超高速增长,导致严重的通货

膨胀，物价节节攀高。为了遏制通货膨胀，给经济"降温"，政府不得不全面紧缩银根。但当时同时潜伏着由于经济"过热"酿成的财政和金融危机。"房地产热""开发区热"等，一浪高过一浪，再加上"反保守"的政治风潮，迫使银行敞开口子放贷，财政敞开国库花钱，终于酿成了苦果，政府不得不紧缩银根。尽管在执行紧缩政策过程中采取了"软着陆"措施，避免了经济衰退，但1995年以后还是出现了GDP增幅逐年下降的态势。在这一背景下，"适度从紧"的政策便被"积极财政政策"所代替，银根由紧转松。1998年开始，我国政府财政政策由紧缩政策转而实行扩张政策。所谓积极财政政策，就其基本特征而言，因为它是以增加赤字和增发国债为主要内容，所以属扩张型财政。但是，目前扩张性财政政策已经陷入了进退两难的境地。一方面，实行持续5年的扩张性财政政策，取得了遏制经济逐年下滑的效应，使GDP年增幅在7%—8%高速平台上运行。另一方面，此项政策的效应已经在递减，负面影响在扩大。近4年CDP年增幅均不低于7%的速度，但扩张性财政政策的力度不仅没有减弱，相反继续强化。此项政策出现由反周期的短期对策蜕变为长期经济政策的趋势。它在支撑经济高速增长的同时，也给财政乃至经济危机埋下了隐患。一是财政赤字成倍增长，财政收入对债务的依存度居高不下。2001年度财政赤字为1997年的4.24倍，财政对债务的依存度为31.1%，中央财政则高达50.2%。扩张性财政政策按照现在的强度继续下去，财政赤字和国债规模就可能像滚雪球一样越滚越大，最终使财政陷入借新债还旧债的困境，导致整体财政崩溃。二是近几年税收以超出GDP年增幅1倍以上的速度增长，使扩张性财政政策得以继续。但用自上而下地下达税收指标的办法强化税收征管增加中央财政收入，并不能增加财源，只不过改变了国民收入的再分配。这一政策引起征过头税，加重了企业和地方的财政负担，不是养育税源，而是竭泽而渔。这不仅使"积极财政政策"作茧自缚，而且为其日后淡出设置了障碍。在国民收入分配过分向中央政府倾斜的情况下，企业怎么能有经济实力取代中央政府充当投资主体呢？三是基层政府财力枯竭。县、乡两级政府的经济和财政近几年已陷入了入不敷出的困境，财源匮乏，赤字和债务剧增。2001年，全国534个县本级（占18.7%）、11811个乡镇（占27.1%）不能按时足额发放国家统一政策工资，拖欠65.41亿元。此外，还有拖欠地方自行出台的当年津贴、补贴65亿元。基层政府的巨额债务已经转化为财政的沉重债务负担。而这笔债务现在并未列入预算。四是随着改革深化，政府各种名目的隐性债务居高不下。许多本应由政府财政负担的项目却没有列入预算，例如，国有商业银行和国有企业的不良资产等。据世界银行估计，中国政府的隐性债务积累已经达到GDP的100%。另据国务院体改办研究所和美国安泰保险公司对我国养老保险隐性债务进行测算，在未来30年约达7.6万亿元。这些债务迟早要偿付，而且各类债务交织在一起，必然形成对政府财政的巨大支付压力，迅速提高财政的实际债务负担率，引发财政支付危机。五是国债投资的效益低。2001年与"六五"时期比，固定资产投资增长4.6倍，但每元固定资产投资创造的财政收入下降54.2%。

财政政策在不能兼顾推动经济增长和化解经济风险时，应当适时地把重点转向后者，绝不能为保暂时增长而牺牲长远发展。

当前，扩张性财政政策和货币政策已经出现边际效应递减的势头，但经济增长对它的依赖性并未减弱，经济自身的增长机制依然乏力。因而，扩张性财政政策和货币政策出现了长期化的危险。国内外的历史教训表明，一旦把扩张性政策长期化，后患无穷。防患于未然，一要防止和化解财政和金融危机，二要预防陷入"滞胀"泥潭的可能。

四 中央银行面临两难的选择：既要与财政政策相配合，实行扩张的货币政策，又要化解和防范自身的金融风险，实行适度从紧的货币政策

财政政策和货币政策是政府实施宏观调控的两个不可或缺的重要手段。二者在反周期中的作用是不可互相替代的。1998 年以来，基于遏制经济增幅下滑的需要，央行的货币政策由适度从紧转向适度放松，连续 8 次降低存贷款利息。这是改革以来前所未有的举措。但与财政政策相比，货币政策却显得力度不够。货币当局防范风险有余，刺激景气不足。以致 2002 年 1—2 月无论广义货币或者狭义货币的供应量增幅均出现下降，企业普遍反映资金供应偏紧。今年 2 月末，M2 余额同比增长 13%，增幅比年初下降 1.4 个百分点；狭义货币同比增长 10.9%，增幅同比下降 4.4 个百分点；1—2 月，金融机构贷款增加 769 亿元，同比少增加 1166 亿元。其中，国有独资银行贷款仅增加 35 亿元，同比少增加 1034 亿元。据有关部门测算，金融机构贷款在全部资金运用中的比重，由去年底的 73.2% 降为今年 2 月底的 65.5%，下降 7.7 个百分点，1—2 月金融机构的资金运用中，贷款 1.28 万亿元左右。货币供应量偏紧的趋向不利于遏制经济增长下滑，不利于刺激需求增长。实行适度宽松的货币政策，与扩张的财政政策相匹配，是当前经济发展的需要。

但是，潜伏的金融危机却限制了银根放松的空间。经过近几年的努力，银行的不良贷款率已有所下降。据央行的资料，2001 年年底国有独资商业银行的不良贷款率为 25.4%，比年初下降了 3.81 个百分点。其中，工商银行不良贷款为 25.7%。但是，如果把剥离给资产管理公司的 1.4 万亿元不良资产计算在内，银行的不良贷款率则要高得多，距离央行的 15% 目标相去甚远。我国商业银行盈利能力和水平过低，因而化解风险的能力十分弱。在这种情

况下，如果强制推行扩张的货币政策，势必火上浇油。这对货币当局来说，是两难的抉择。

我国加入WTO后，国有商业银行面临着十分严峻的挑战。在度过3-5年过渡期之后，外资银行将进入国有商业银行经营领域，国有银行的垄断地位将面对跨国银行的挑战，市场份额将逐步被吞食，高素质人才将大量流向外资金融机构，优质客户将转向外资银行，银行新业务将被外资银行垄断。

近几年我国经济增长一直受物价低迷的困扰。即使全面放松银根，投资和消费保持了高速度高增长的势头，物价水平也不为所动。真像是"死猪不怕开水烫"。去年物价刚稍有回升，今年一季度又再次回落，根据当前国际和国内经济发展状况分析，"通货紧缩"的阴影还难以摆脱。首先，市场供给相对过剩的格局依然如故。经过连续五年扩张性经济政策，过剩生产能力和存货依然过高，加工工业严重开工不足，库存商品多达3万亿元之巨，据调查，今年600种主要商品中，供过于求的商品占86.3%，供求平衡的商品占13.7%，没有供不应求的商品。其次，加入WTO后，我们承诺下调关税、取消部分商品进口限制，外国质优价低商品的竞争，必然会加大国内市场商品价格下降的压力。最后，从需求方面看，无论投资或者消费都难有更大的增长。目前，我国投资率已经偏高，消费率偏低。二者比例为38.5∶61.5，发达国家约为20∶80，发展中国家约为22∶78。当前我国就业的压力大、经济效益低，不能不维持较高的投资率，但消费率长期偏低，投资增长便失去了赖以支撑的基础，最终速度还是会掉下来。所以，目前企图通过调整投资与消费的比例，扩大最终需求，进而推动物价回升，回旋的余地很小。真可谓进退两难。

应当清醒地看到，我们在被"通货紧缩"阴影困扰的同时，还面临着潜在的通货膨胀的压力。这个压力之所以没有被释放出来，主要是由于现在出台的各项改革措施"锁住"了这只"笼中龙"。居民非自愿性的储蓄阻拦了十几万亿元购买力变现。一旦财政或金融爆发危机,人民币贬值,挤兑风潮就很难避免。

五　收入分配不公,贫富分化加剧,已经把是否合理分担改革的成本和代价、公平分享改革成果的问题尖锐地提了出来

20余年来,我国经济改革和经济高增长同步,人民生活水平普遍提高,城乡人民收入普遍增加,由平均主义分配制度造成的普遍贫困已经不复存在。1978—2001年,城镇居民人均可支配收入从316元增加到6859.6元,增长21.7倍;农村居民人均现金收入从133.6元增加到2534.7元,增长18.97倍。

但是,收入分配的差距不断扩大,贫富分化加剧。主要表现在:一是以基尼系数反映的居民收入总体差距逐年扩大,已经超过国际公认的承受线。1991年为0.282,1995年为0.388,1996年为0.424,1998年为0.456,1999年为0.457,2000年为0.458,10年上升1.62倍。1999年调查,最富有的20%家庭占全部社会收入的42%,20%的贫困家庭仅占6.5%。二是地区间差距扩大。2000年,东部地区人均收入是西部的2.26倍,最高的省与最低的省差距超过3倍。平均数掩盖了实际差距。据2000年统计,全国尚有22.8%的县未上温饱线,86%的县未达小康线,5%的贫困县与5%的富裕县人均GDP相差16.4倍。三是行业间的收入差距进一步扩大。改革进入80年代中期,行业间收入差距开始显现。由于各行业收入增幅和工资收入标准拉开档次,到90年代中期最高行业人均收入与最低行业之比为2.23∶1,2000年又上升到2.63∶1。与1990年相比,2000年房地产业收入增长470%,金融保险业收入增长542%,采掘业收入增长206%。四是出现了一个人数众多的相对稳定的贫困群体。这个群体由失业者、无保障的离退休员工(包括不能按时足额领取退休金、退休金低于温饱线)、"老少边"地区和农村未脱贫和返贫的农民、伤残者等组成。据统计,目前全

国城镇低保应保人数约 1655 万人。这个数字显然低估了城镇贫困问题的严峻形势。因为我国的现行低保标准低于联合国定的人均每天消费 1 美元的贫困人口标准。如果按照这个标准，贫困人口将成倍增加，估计不低于 3000 余万人。五是出现了一个靠发不义之财起家的暴富群体。他们利用社会转型时期的特殊环境和条件，钻体制和法律规章的空子。通过进行权钱交易，坑蒙拐骗，制贩假冒伪劣，大搞"圈地"运动，走私贩私偷税漏税，高息揽储，非法集资等手段，聚敛财富。这个暴富群体与合法经营、勤劳致富的有产者不同，具有极大的寄生性、腐朽性。他们靠改革而暴富，但他们的利益与改革方向却是根本对立的。

当前收入分配不公，贫富分化加剧，已经或正在演化成深化改革的方向和道路的问题。改革的前期，无论是公众或者政府都不需要支付多少有形的代价和成本，人人都得到了看得见的物质利益，可谓皆大欢喜。用一句经济学语言来说，实现了"怕累托改进"。但是，随着改革深入，几乎没有一项改革措施付诸实施不需要付出巨大的成本和代价。无论政府、企业和居民都需要付出。我曾经把现阶段改革称为"付费改革"。广大居民要为改革付费。因此，政府作为改革的领导者面临着一个极其尖锐的问题：如何在社会各阶层、各群体之间合理地分摊改革成本和代价，要不要在改革成果的分配上坚持公平、公正的原则，应不应当在推出改革措施、处理改革和增长关系时充分考虑广大群众的承受力。如果不妥善地处理这些问题，如果把改革的代价和成本一股脑儿都强加到广大工农群众身上，与此同时竭力维护少数既得利益者的权益，那么，改革就可能误入歧途，重蹈俄罗斯覆辙，改革就可能失去广大基本群众的支持。

经济转型时期收入分配差距拉大，实属难免。但出现收入分配不公，贫富分化，则另当别论。西方国家的政府和学界深知收入分配问题对经济发展与社会稳定的极端重要性，早已放弃了"效率优先"的原则，实行"效率和公平兼顾"，并且充分有效地利用税收杠杆调节收入再分配，重视运用转移支付手段缓解贫富差距。解决我国当前收入分配中的问题，不能就事论事，不能头痛医头、脚痛医脚，不能用"水多了掺泥，泥多了加水"的办法，而应当总结经验教训，端正指导思想，完善税法，规范分配制度。

六 农村深化改革和发展举步维艰，农民近期增收苦于无门，已成为扩大内需和实现经济持续快速发展的障碍

我国是有94000万农村人口的农民大国。"三农"状况如何，是制约社会经济全局的头等大事。20世纪80年代初，改革从农村起步，并且正确地按照生产力性质选择了家庭承包制取代人民公社，不仅避免了社会震荡，而且实现了繁荣农村经济和增加农民收入的双重效果。但是，进入90年代，农村改革陷入了举步维艰的困境，粮食供给短缺的问题虽然解决了，但农民收入徘徊不前，甚至纯农户的收入出现下降。改革和发展的目标，是为了增加农民收入，提高农民的生活水平。改革和发展应当围绕这个主题做文章。增加农民收入，不仅是解决"三农"问题的关键，而且是关系经济发展全局的首要问题。

改革初期，1978—1984年农民人均纯收入年均增长达到创纪录的17.7%水平。但后来却出现了始料不及的递减颓势。1985—1988年降为4.9%；1989—1991年又下降为1.9%；随后又出现徘徊和持续下降，1992—2000年年增幅为4.6%，1997—2000年年增幅分别比上年下降4.4个、0.3个、0.5个、1.7个百分点，从1996年的9%降为2000年的2.1%。尤其是纯农户和兼业农户的收入出现绝对数下降。前者从1998年的2034元降为2000年的1933元，后者从2031元降为1980元。2001年，全国50%的农村家庭的收入不到2000元。2001年湖南省有近半数的县市未达到小康标准。

由于农民收入徘徊不前，对农民消费增长和农业生产发展已经产生了负面影响。1997—2000年，农村人均消费支出年均递增仅为1.08%，同期城镇人均消费年递增却为6.09%。城乡消费差距从1996年的2.49∶1扩大到2000年的2.99∶1。农户的生产投入也相应地减少。1996—1999年，农民户均经营支出年均递减5.45%，2000年比上年略有增加，但仍低于1996年的水平。农村人口占64%，但农村在市场中所占的份额从"六五"的58.8%，下降到2000年的38.2%，比80年代初最高水平下降了近26个百分点。农村储蓄余额所占的比重不到1/4。农村与城镇的消费水平差距大约15年。

充分发挥农村市场的巨大潜能，是推动我国经济持续快速发展的希望所在。但是，近期增加农民收入从而扩大农村需求，却难以找到有效的办法。

——农村人口城镇化：远水不解近渴。发展小城镇，推动农村过剩人口转移，这是增加农民收入，开拓农村市场的根本出路，但是，农村人口城镇化并不是农村人口大搬家。城镇化是非农产业发展和产业结构升级的自发产物。这实际上是农村工业化和现代化的过程，不是短期就可成就的事业。而且推进这项艰巨事业需要巨额投资。农村人口降低到50%以下，需经历10余年。所以，对于农民增收和扩大农村市场来说，这一办法远水不解近渴。

——提价增收：此路不通。80年代前期，依靠农产品提价，农民收入每年以两位数的速度增长。现在，再用这个办法已经行不通了。一是农产品供不应求的短缺状态已不复存在，主要农产品的供应有的相对过剩、有的结构性过剩；二是主要农产品的价格已高于国际市场价格：小麦高25.1%，大米高17.6%，玉米高36.8%，大豆高38%。"入世"后，农产品市场面临着外国优质、廉价农产品的竞争，而且，政府对外国所作的承诺中许多条款均超过了WTO规则对发展中国家所作的特殊规定。例如，对美国关注的86项农产品的关税，到2004年我国将下降到14.5%；农产品关税平均税率由46.6%降低到1999年的21.2%。在WTO所有成员中，我国的关税降幅是最大的。又如，发达国家对出口农产品都由政府给予巨额补贴，我国政府却承诺取消农产品出口补贴。所以，农产品价格不仅不会提高，相反可能下降。这对农民无异于雪上加霜。

——优化农业生产结构：力不从心。提升农业生产结构，优化品种，发展无污染农业，拓展农产品加工深度和广度，提高农产品附加值，这是增加农民收入的必由之路，也是农业走出困境的根本出路。但是，提升农业生产结构实际上是传统农业通过技术革新和技术改造，转变为现代农业的过程，即实现农业现代化的过程。成就此项事业，必须以资本积累、增加投入为前提。在当前的条件下显然力不从心。

——进城务工：遭遇挑战。目前有一支人数7500万—8000万人的流动性农民工队伍，在各地城镇从事非农产业。近几年进城务工是农民收入的重要来源之一，大约有1/3的现金收入来自外出务工。为了增加农民收入，减少市场风险，有些地区的政府已经着手有计划地组织农民工的输出，为进城择业的农民提供从培训到安置一条龙服务，实行定点、定向派出。这项举措既有利于减少人力资源流动的盲目性，降低就业成本，又有利于社会秩序的安定。

但是，目前由于每年有上千万的下岗职工待业，而城镇就业岗位又有限。因此，农民进城务工遇到了严峻挑战和竞争。有些城市政府为了优先安置当地下岗职工，甚至对使用农民工作出种种限制。所以，眼下这条路越走越窄。

——振兴乡镇企业：陷入困境。乡镇企业是我国经济转型时期的特殊产物。80年代前期农民收入每年以两位数的速度递增，主要受益于乡镇企业的大发展。但早期乡镇企业从整体上看基本上属于手工业工厂形态，效益低下，浪费资源，污染环境。经过多年发展之后，本应普遍进行技术改造和结构调整，以提升乡镇企业层次，却陷入停滞不前状态，以致政府不得不下令强制关闭"五小"工厂，使许多地区乡镇企业遭遇"全军覆灭"，大批农工重新回到田间,农村出现了返贫群体。但是,关闭"五小"工厂并不意味着乡镇企业已完成了历史使命,应当寿终正寝。采取关闭"五小"这一极端强制措施,如同城市纺织业"限产压锭"一样,是要以此为契机加快乡镇企业产权制度改革和生产技术结构的升级。然而,当前资金和市场却成了制约乡镇企业发展的难以突破的"瓶颈"。

——减轻负担:突不破的"瓶颈"。农民负担重是个"老大难"的问题。在收入总量一定的条件下,通过调节分配和再分配,减轻农民负担,这是增加农民收入、拓展农村市场的一剂"速效救心丸"。但是目前普遍推广安徽等地农民减负的经验却十分艰难。原因在于"吃皇粮"的人过多,财政包不了,也包不起。减负遇到了减人这道迈不过去的坎。这个坎就是政治行政体制改革。

可见,近期农民增收要走出徘徊的困境,依然看不到光明的前景。

七 我国经济持续稳定发展,面临着依附性低效的外向型经济结构和加入WTO后来自跨国公司的双重挑战

实行扩大内需,是确保我国经济实现持续稳定快速发展的重要战略方针。我国是有13亿人口的发展中国家,拥有当今世界上潜力最大的消费市场。把经济工作的基点放在扩大内需上,不仅是必要的,而且是完全可行的。在对外开放的条件下,实行扩大内需的方针,有利于我们有效地利用国际市场促进我国经济稳定发展,避免或缓解来自外部的冲击。

今年以来,世界三大经济强体的经济趋暖,开始走出衰退的阴影。这对我国扩大向这些国家的出口是有利的。同时,由于我国加入WTO,我国出口遭遇的歧视和关税壁垒将减少,出口将有可能有较大的增长。因而,出口对GDP的贡献率将可能相应地提高。

但是，WTO对我国经济的发展也许是柄"双刃剑"。原因在于，首先世界市场的性质及其通行规律并不因WTO的存在而改变。"商场如战场"，国家间的经贸关系实质上是利益对立的、为争夺有限市场、追求自身利益最大化的经济主体之间的博弈关系。这里通行的是适者生存、优胜劣汰、赢家通吃的法则。WTO及其规则，不过是竞争诸方实力较量、互相妥协的产物。它没有也不可能取消或代替市场竞争规则。其次，当今世界市场的格局是几个发达国家居主导和支配地位，众多的发展中国家却是处于受欺压地位的弱者。协议形式上的平等掩盖了事实上的不平等。何况现行规则是在发达国家主导下按照有利于发达国家的原则制定的。最后，在双边和多边谈判中，我国所作出的承诺有些超出了WTO的规定。例如，关税减免，我国的农产品关税平均税率，2004年要由1999年的21.2%降到15.8%。其中，对美国86种农产品的关税下降到14.5%。在WTO所有成员中，我国关税降幅最大。又如，出口补贴，我国承诺取消农产品出口补贴，包括价格补贴，以及发展中国家可享有的对出口产品加工、仓储、运输的补贴。但几乎所有发达国家对出口大宗农产品都给予大量补贴。美国国会最近通过新农业法，规定在未来10年给农业提供1900亿美元的巨额补贴。再如，进口配额，根据WTO《农业协议》，初始的配额量为国内消费量的3%，最终配额为5%。我国承诺粮食配额占国内消费量的5.7%—8.8%，占世界粮食贸易量的比重超过了10%；棉花、糖、油料的配额数量为国内产量的20%以上。兑现这些承诺，将导致大量农产品进口直接冲击国内农产品市场，损害农民利益和农业生产。虽然所有WTO成员国都是处于同一起跑线上的竞争对手，但各国的经济技术实力却是不可同日而语的。2001年，我国大豆市场因受进口大豆冲击，东北产的大豆有七成积压在农户家中。我国"入世"后受到冲击的，绝不仅仅限于农业。

我国现行的出口结构对进一步增加出口，提高出口收益，是十分不利的。目前，我国出口贸易中加工贸易的比重超过50%，外资企业出口的比重近50%，经济增长对外贸依存度达50%。这3个50%的负面影响是不容忽视的。一是肥水流进外人田。我们所得的仅是低廉的加工费，利润都落入外商钱袋。二是无益于增强我国综合国力和国际竞争力。我们在国际市场中只不过充当打工仔角色。专为他人做嫁衣裳。三是受制于人，依附于人，不利于经济持续稳定发展。所以，这种依附型的低效外贸结构长此以往，是会损害国家和民族的根本利益、长远利益的。

八 环境污染和生态破坏，严重地威胁可持续发展

我国是发展中大国，面临着巨大的人口生存压力，已探明的资源储量贫乏，生态环境污染严重。近20年来，经济以年均9.7%的速度增长。但环境治理却未能同步。由于增长方式的转变滞后，付出了恶化生态环境的沉重代价，未能避免"先增长后治理"的弯路。

——自然资源匮乏，破坏和浪费严重。我国国土面积虽然广阔，但资源拥有量贫乏，特别是人均资源占有量更少。但资源的消耗量大，对自然资源的浪费和破坏严重。45种矿产储量中有10种已探明的储量不能满足需要。石油是重要战略物资，自1993年开始进口，现在进口量已增至6500万吨，占消费量的28%。铁矿石只能满足冶炼能力74%的需要。10种有色金属只能满足65%的需要。木材依靠进口，年进口原木已达1000多万吨。由于技术装备水平低，资源不能得到充分利用。吨钢能耗比发达国家高1—1.5倍。乙烯每吨消耗原料比世界先进水平高0.4吨。小矿山、小煤窑遍地开花，乱采、乱挖，使矿产资源遭到严重破坏。

——水资源紧缺，水质污染，浪费严重，引起了水资源危机。全国有300多座城市缺水，日缺水量达1600多万立方米；农业每年缺水量达300亿立方米；农村有6500万人口饮水困难。工业和生活废污水排放量达360亿吨，其中80%的污水未经处理直接排

入江河湖泊等水域中，造成全国1/3以上河段被污染；90%以上的城市水域污染严重；40%的水源已不能饮用；50%的地下水被污染。城乡地下水过量开采，造成地下水位持续下降，地面沉降，沿海城市海水入侵。水资源浪费十分严重。农田灌溉水利用系数仅0.4左右；工矿企业水的重复利用率约为50%，我国是贫水国，人均水资源量只有2500立方米，约为世界人均水量的1/4。水资源污染和浪费加剧了水荒，并引发水旱虫病等自然灾害。

——土壤严重退化，人均耕地面积缩减。我国耕地总面积仅占世界耕地的7%，人均耕地面积为1.5亩。随着城市化和工业化的发展，耕地面积呈现进一步缩减的趋势，而且土壤严重退化。全国有1/3的耕地受到水土流失的侵害，每年流失的土壤约50亿吨。荒漠化面积占国土面积的8%，1.7亿人口受到荒漠化的危害，2100万公顷农田受到侵袭，393万公顷草场受到威胁，严重退化的草场面积达9000多万公顷。全国受污染的农田面积达1000多万公顷。

——城镇环境质量堪忧。由于我国能源消耗以煤炭为主，城镇大气污染呈上升的趋势。大量的二氧化硫、二氧化碳和氧化物等排放到空中，导致严重的酸雨污染，受害地区遍及长江以南、四川盆地及青藏高原以东，60多个城市出现过酸雨。全国500多座城市中只有少数几座城市大气环境质量达到国家一级标准，所有城市的降尘、颗粒物和二氧化硫浓度均超标。城市生活垃圾无害化处理率极低。工业固体废物每年堆积约6亿吨，历年累计堆放的未处理量约64.4亿吨，占用土地5万多公顷。

——农畜产品污染严重，使人民健康受到直接损害。生态环境对人们生活的影响，现在已经不仅仅局限于粉尘、噪声、大气等污染，它还通过农畜禽产品污染，直接影响到人体的健康。由于大量地施用化肥、农药，使用未经处理的污水灌溉，使致癌、致畸、致突变等污染物通过蔬菜、粮食、肉、蛋、奶、水产品等大量地进入人体，成为威胁人的健康的慢性杀手。

近几年，当局采取了不少措施，加大了对环境治理的力度，开始显示出效益。但是，应当清醒地看到，按照经济自身的发展趋势，我国环境污染还有发展的可能。一是城镇化的步伐将加快，原有城镇的环境未根本改善，又面临着新城镇防污治污的任务。二是居民消费结构升级。轿车进入家庭，将造成新的污染源。三是工业化和现代化的进展，传统产业发展，经济快速增长，将进一步增加资源和能源消耗，增加废弃物的排放量。四是用于生态建设和治理环境的资金难以大量增加，使环境治理的力度赶不上污染程度的增加。可见，治理环境，将经济快速增长纳入可持续发展轨道，任重道远。

九　社会信用危机蔓延

现代市场经济是建立在以使用法规和诚信商业道德双重约束为基础的信用经济之上的。完善的行之有效的信用制度是包括法律、规章、司法、信用中介、信用信息、诚信道德等在内的完整体系。它是规范市场秩序、约束市场主体行为、降低交易成本、提高市场运作效益、防范市场经营风险必不可少的重要机制。

由计划经济向市场经济过渡，建立现代市场经济体制，包含二位一体的任务：一是制度建设，可称为硬件；二是市场环境建设，可称为软件。硬件方面的改革已经取得了突破性进展。相比之下，软件建设却严重滞后，突出的表现就是信用制度缺位，社会出现了全面的信用危机。

——政府信用下降。一些党政领导干部热衷于"政绩工程""形象工程"、虚报浮夸，报喜不报忧，弄虚作假，欺上瞒下，"暗箱操作"，改革专做表面文章。更有甚者，少数官员头戴"人民公仆"桂冠，滥用手中权力，徇私舞弊，大搞权钱交易，贪污受贿，花天酒地，欺压百姓。这些害群之马损害了政府形象，降低了政府信用。一些地方政府或主管部门为制造和贩卖假冒伪劣商品的厂商充当保护伞。

——改革造假，是我国转型时期社会失信的一大特色。在我国市场化改革过程中，政策走形、机制变味、功能异化等现象屡见不鲜、屡禁不止，致使改革也面临着信用危机。例如，企业改制新瓶装陈醋、搞翻牌公司；打着上市旗号，干的是圈钱把戏；名义上兼并重组、摘牌，实际上逃废债务；会计账目弄虚作假，欺骗股东。又如，实行招投标制，形式上公平竞争，实际上"暗箱操作"，内定中投人。

——在商品交易中，不法厂商制造和贩卖假冒伪劣商品，坑蒙拐骗，搅乱市场秩序；偷税漏税；虚开增值税发票。

——在金融领域中，"三角债"累清累欠，累结不清。借企业改制大量逃废银行债务，使银行不良资产居高不下。据人行统计，2000年年末，在四大商业银行开立户头的改制企业62656户，欠贷款本息5792亿元，其中经查证被认定逃废债的企业32140户，占51.29%，逃废贷款本息1851亿元占31.96%。财政部抽查了320户企事业单位，其中，利润不实比例在10%以上的占57%，资产不实比例在1%以上的占50%。

——中介服务机构造假。健全的信用服务机构是完善的社会信用体系的重要组成部分，它们专门从事征信、信用评级、商账追收、信用管理等中介服务。改革以来，各地这些中介服务机构建立之初，就定位不准，功能扭曲。许多中介组织不是以提供客观、公正服务为己任，而是以利润最大化为宗旨。所以，与客户串通一气编造假账、假评估报告，欺骗公众。

——伪造学历，买卖文凭，雇人代笔，骗取学位，权学交易，牟取职称。造假之风已殃及高校，祸至院所。

社会信用缺失泛滥成灾，扰乱了社会秩序，破坏了市场经济正常运行，加大了经营风险，已酿成又一社会公害。据估计，仅经济领域中信用缺失所造成的损失高达6000亿元。

十 文化沙漠正在侵蚀现代物质文明和精神文明

令人忧虑的是，在我国社会中涌动着一股暗流浊浪正在逐步地侵蚀和冲击精神文明。

——大兴土木修建庙宇，不惜重金塑造神像。

——改善企业经营，增加企业盈利，不是从加强科学管理中寻求出路，而是乞求神灵保佑。许多商店和工厂供奉神龛，香火不断。有的企业开张时举行参拜天神仪式。

——农村教育事业发展受阻，适龄学生辍学率居高不下，一是受义务教育经费不足所困，二是"读书无用论"抬头。有个经济发达的省，农村辍学率竟高达三成。至于校舍破旧，教学设备残缺不全，教师素质低，在广大农村更为普遍。农村"普九"教育落后状态已经对农村劳动力素质提高产生负面影响。我国现有文盲高达8507万人，大部分是农民。

——城市居民重物质消费，轻文化教育。现代家庭都注重装潢，各种陈设一应俱全，但不重视文化教育，不愿购置藏书。有个大城市对1300多学生家庭进行调查，没有藏书的占9.1%，10册以下的占9.7%，10—50册的占32.1%。这种状况表明，家庭的教育功能正在被淡忘。

——职业技术教育发展严重落后，技校毕业生远不能满足经济发展的需要。我国现有技工队伍素质低，高级技工仅70万人，占技工总数的5%，而发达国家高达40%。高级技工已出现大龄化趋势，人才断档。有的城市出月薪6000元高价招聘高级技工，竟难如愿。

——制造假冒伪劣产品在一些地区已经出现专业化甚至产业化的态势。例如，有以拼装旧汽车为业的汽车城，有与"一汽""二汽"齐名的所谓"第三汽车制造厂"。有些制造名牌烟酒的黑窝头，从制商标包装材料，供应原材料，加工制造，运输到销售，分工协作，形成一条龙体系。更有甚者，现在造假已经扩散到文化、教育、科技领域，有个城市竟公然出现"枪手公司"，公开营业，四处散发广告，专门代写论文，提供从写作到发表一条龙服务。

——一些地方政府，在利润动机的驱使下，打着发展旅游业的旗号，置国家法律于不顾，公然出卖历史古迹和风景名胜的经营权，有的则让私商承包经营。

以上对我国当前经济生活中存在的若干问题和矛盾进行了粗浅的分析。其中，有些问题是历史积存已久的问题，有些是基于我国国情产生的特殊问题，有些是经济转型过程中的问题，有的是当今世界外部影响下出现的问题，也有些是由于改革和发展的指导工作失误引起的。认真地剖析这些问题，采取切实的措施加以解决，实是保住改革成果、保持经济持续稳步发展的需要。

（原载《战略与管理》2002 年第 4 期）

求解难题:中国经济忧患之成因

一剂不对症的药方:反通货紧缩

对一国经济运行状态的评估,按照现代经济学的流行观点,只能在通货膨胀或通货紧缩这两种判断中作出选择,再没有其他。然而,对于正处在经济转型过程之中,市场体系尚不健全,市场秩序尚不规范,政府和市场关系尚未理顺,经济市场化程度低的国家来说,问题就不那么简单了。

这里又碰到一个老生常谈的话题:是照搬照抄洋教条呢,还是从中国当前的实际出发。通货膨胀和通货紧缩是指经济总量出现失衡的状态,针对前一状态,通常采取紧缩银根的对策,以抑制需求;针对后一状态,则采取放松银根的对策,以刺激需求。但是,这种需求管理办法的局限性是显而易见的:首先,它只管了总量,顾不上结构。如果经济失衡是由结构矛盾引起的,或者总量矛盾与结构矛盾相互交织,它便无能为力了。其次,中国是一个工业化尚未完成的发展中国家,总量矛盾的解决取决于结构升级和结构优化。结构矛盾是制约我国工业化和现代化长过程的主导矛盾。靠刺激或抑制需求总量的办法是不能有效解决结构问题的。最后,20世纪90年代中后期我国经济面临的主要问题是消化过剩生产能力,增加有效供给,改善供求结构。90年代初,由于各地各部门竞相追求超高速增长,固定资产投资急速膨胀,1993年上半年国有单位固定资产投资比上年同期增长70.7%。尽管当年中央政府实行了紧缩银根，但全年投资仍增长 50.6%，工业生产增长高达 21.1%，盲目上项目，重复建设，重复引进，形成了过剩生产能力。纺织品和服装类产品约 1/3 供过于求，家电行业生产能力过剩 1/2 到 1/3，机械行业开工率不到 50%。在这种条件下，如果无视供给结构状况，无视迅速膨胀的生产能力，把启动经济的希望都寄托在扩大总需求上，那势必事倍功半。尤其有害的是，把在盲目扩张中形成的过剩生产能力视为高速增长的潜在因素。如果按这种观点行事，我国经济恐怕难以走出"扩张—紧缩—再扩张—再紧缩……"的怪圈。

"有效需求不足"，这是"通货紧缩论"的重要论据。投资和消费是构成内需的两大要素。需求总量足与不足，不能根据人们的主观愿望来判断。经验数据例如上一周期年需求增长平均值可以参考，但应考虑当年需求生成的新因素和条件，以及经济的实际承受力。1997 年，全社会固定资产投资比上年增长 10.1%，基本建设投资增长 14.5%，社会消费品零售额增长 11.1%，居民消费水平增长 7.7%，国内生产总值增长 8.8%。这样的增长规模和速度，与历史上正常年份比，或者与其他国家同期比，都难作出"有效需求不足"的判断。20 世纪 80 年代末曾出现所谓"市场疲软"。1989 年全社会固定资产投资增长为 -7.2%，1990 年增长 2.4%，国内生产总值分别增长 4.1%、3.8%。两相比较，1997 年经济怎么能作出"需求不足"的判断呢？如果说需求增长乏力，似乎更确切些。

但是，需求总量增长并不意味着结构各部分同步增长。相反，总量增长恰恰掩盖了各组成部分增长的不平衡。自 20 世纪 80 年代后期以来，农产品的供给逐步增加，最终告别了短缺，但农民收入却徘徊不前，特别是纯农户的收入出现下降。农村人均纯收入增长，1990—1996 年分别为 1.8%、2.0%、5.9%、3.2%、5.0%、9.0%、4.6%；农村消费品零售额增长，分别为 -2.11%、7.39%、7.34%、-14.35%、4.07%、6.12%、12.1%，县和县以下在社会消费品零售总额中所占的比重由1990年的53%下降为1997年的39%。因此，真正"有效需求不足"的是占人口总数的70%的农民。究其原因，主要是农村第二步改革陷入停滞状态，农民税费负担沉重，增收致富门路拥堵。农村深化改革成为农村经济进一步发展和农民增收的瓶颈，靠放松银根是无济于事的。1989年以来实行扩张性财政政策，靠增加财政赤字和增发国债来扩大需求总量，投资每年以两位数的速度增长，但并没有改变农民收入徘徊不前的状态。1998—2001年，农村消费品零售总额增幅分别为6.3%、6.3%、8.2%、7.0%，均低于城市1—2个百分点。农民人均纯收入2001年比上年增长5%，2000年增长1.9%。而且在农民收入平均数下还掩盖着一个庞大的贫困群体，其中，除了至今仍生活在贫困线以下的3000万农民之外，还有几千万失业和半失业的农民工。农村市场是我国至今尚未充分开发潜力巨大的市场。近几年我国内需持续增长乏力的主要原因，就在于农村市场的拓展有限。

投资持续增长乏力，并不是市场主体投资需求不足，也不是找不到有利可图的投资场所。我国是发展中的大国，投资领域之广，待开发的领域之多，是世界上任何一个国家都无可比拟的。问题出在作为市场主体的企业，历史包袱沉重，不良资产比例过高，税费负担过重；加之企业改制步履维艰，改制的成本和代价巨大。在这种条件下，相当多的企业维持简单再生产都很困难，怎么有实力顾得上发展和改革？改变企业在转型时期的艰难处境，依靠扩张的财政政策和货币政策，用"输血"的办法是于事无补的。银行连续8次降息，对降低企业的利息负担是有作用的，但对激励企业投资却未起到预期的作用。用政府取代企业充当投资主体是否可行呢？显然，这是喧宾夺主，背离了改革的方向，不能长久。

价格常年下降，这是"通货紧缩论"的又一论据。近几年，我国经济发展出现反常态的走势：即经济高增长的同时，市场物价却常年处于低迷状态。在经济运行正常情况下，如果物价走势常年低迷，全面下降，这就意味着经济周期进入了衰退或危机阶段。现代经济学把衰退的原因归结为有效需求不足，而需求不足又归结为银根紧缩所致。所以，这种现象称为通货紧缩，认为它是货币现象，主张转而实行扩张的货币政策和财政政策。用流行的"通货紧缩论"能解释清楚我国当前的经济态势吗？从现象上看，除了物价低迷之外，其他方面都无法与"通货紧缩论"对上号。首先，从1997年以来经济年增幅一直保持在7%以上的速度运行，表明并不存在总需求不足的难题。历史的经验反复证明，经济年增幅保持在这个区间是恰当的。一旦达到两位数，就会超越经济和社会的承受力，引发通货膨胀，造成市场秩序混乱。按照"紧缩论"的主张，只有总需求再翻一番，速度再增加一倍，物价才能转降为升。但是，这样做的后果势必重蹈1992年经济过热的覆辙。其次，现行物价指数不能充分反映转型时期的特点，不能全面反映市场物价的动态。当前，价外价，灰色价格和黑市价格依然是市场管理中的一大突出的难题。例如，幼儿园和学校以"赞助"名义收取的高额费用，聘用家庭教师支付的报酬，保姆或小时工的工资，住宅区物业管理名目繁多的收费，医疗服务方面的灰色费用等。这些付费项目已经在居民消费中占据仅次于基本生活需要的位置，而且金额和种类还有上升与发展的趋势。反映在居民消费需求结构中，随着恩格尔系数下降，用于购买基本生活资料的支出相对下降，用于服务方面的支出却绝对上升。特别是商品房价格居高不下，超过了居民的经济承受力。一方面官方的价格指数下降，另一方面价外价和未列入统计的价格却呈现上涨的势头。所以仅仅用现行物价指数判断经济形势，是有局限性的。最后，考虑到20世纪90年代初发生的严重通货膨胀，近几年物价走势在度过全面紧缩之后正处在缓慢调整过程之中。如果用基期年1990年为基数进行比较，这几年物价依然呈缓慢上升之势。据统计局资料，消费物价指数1995年为183.3，1996年为198.6，1999年为199.6，2000年为200.4，2001年为201.8。但是，用环比方法计算的指数，却呈现下降的态势。因此，把两种指数联系起来分析，才能对物价走势作出恰当的判断。

所谓"通货紧缩"是否由于货币政策偏紧引起的呢？根据经验数据，只要广义货币增长高于经济增长1倍再加几个百分点，就能够适应经济发展的需要，不会发生偏紧或偏松的问题。自20世纪90年代后期以来，货币供应一直保持适度的增长幅。1997年比上年增长19.5%，1998年14.8%，1999年14.7%，2000年12.2%，2001年17.6%。问题不在于货币总量，而在于货币投向。农业是基础产业，但农业技术改造和农村经济的发展至今仍然为资金短缺所困。而农村金融却出现存大于贷的反常现象，农村金融机构把在农村吸收的大量存款4000亿—5000亿元上调城市。在这种情况下，不改变货币投向，即使再增加货币供应量，也不能解决农村经济发展燃眉之急。金融体制的弊端用总量政策是无济于事的。

所以，离开我国经济体制转型和产业结构升级与调整的大背景，对经济形势是难以作出恰当的判断的。

支撑速度与化解风险：孰轻孰重

20世纪90年代后期，宏观调节面临着两难抉择：即一方面要消除1993年紧缩引起的负面影响，遏制经济增幅下滑的态势，另一方面又要正视1992年非经济因素诱发经济超高速增长造成的后果，采取有效措施消除潜伏的隐患，化解风险。

1992年，全国各地各行各业掀起了一股争速度、"上台阶"的热潮，不考虑客观条件的许可，上项目铺摊子，建市场热，招商引资热，办开发区热，工业园区热，高新技术区热，房地产热，硅谷光谷热，楼堂馆所热，一浪高过一浪，形成前所未有的投资热潮。有人形容，那时期银行敞开口袋放贷，财政敞开国库花钱。货币（广义）供应量超常增长，1991年为26.5%，1992年为31.2%，1993年为37.3%，1994年为34.5%，1995年为29.4%，1996年为25.4%。货币多年超经济发行,给金融业埋下了风险隐患。当时就有人指出,按照最保守的估算,四大国有商业银行的不良贷款比例不低于24%。从理论上说,商业银行早应进入破产程序,如今完全是靠国家信誉支撑。1998年以来,实行扩张性货币政策,速度是上去了,但金融隐患也在增长,财政收支严重失衡,赤字骤增,以1990年为100,1993年上升1倍,1994年上升2.9倍。财政对债务的依存度逐年攀升,1990年为12.1%,1992年上升为17.8%,1994年为20.2%,1996年为24.7%,1997年为26.8%。这里说的是硬赤字,不包括或有债务或隐性债务。按照《预算法》的规定,编制预算要量入为出,收支平衡,中央和地方各级政府的预算都不列赤字。但是,90年代以来,财政收支的缺口却呈现逐年上升势头。而随着改革深化,或有债务上升的势头更大。

国际经济形势也向我国提出严峻挑战。1997年6月东南亚爆发金融危机,波及我周边国家和地区。国际金融大鳄几次冲击香港金融市场,企图染指我国内地经济。所幸的是我国未实行资本项目可自由兑换,这道防波堤才使我们幸免于难。否则,后果是难以设想的。然而,抵御了外患却不该无视内忧的存在。不消除潜伏的金融危机和财政危机,国际投机资本随时会伺机兴风作浪,冲击我国金融市场,搅乱我国经济。所以,防外患必须除内忧。而且开放资本市场,实行资本项目人民币自由兑换不过是时间问题。化解潜伏的金融风险是开放金融市场必不可少的前提条件。

然而,与此同时经济年增幅又出现下滑的趋势,1993年以来每年以一个百分点的速度递减,对经济持续稳定发展构成了实际的威胁。尽管年增长6%—7%的速度与其他国家比较,是很高的速度,但由于我国生产力水平低,劳动生产率不高,经济每增长一个百分点所提供的实际效益要比发达国家少得多。大体上说,我国经济增长6%—7%,也就相当于发达国家增长2%—3%。如果增长速度低于这个速度,维持必要的财政支出,安置适龄人口就业,增加城乡居民收入,适当扩大基建规模,便难以实现。在现行体制下，没有必要的速度，便没有效益；效益要靠速度拉动，速度出效益。我们喊了十多年要实现增长方式的转变，但至今没有变成现实。所以，90年代后期，宏观调控面临一项任务，就是遏制经济增幅下滑，保持必要的增长速度。

但是，在有限资源供给的约束下，既要保速度，又要化解经济风险，却存在着难以兼顾的矛盾。不但增长要增加投入，而且化解风险需要的投入更多。补足社保基金缺口，降低企业和银行不良资产比例，提高国有商业银行资本充足率等，这些都需要国家投入巨额资金。

"发展是硬道理"。经济中一切问题都要靠发展来解决，包括化解经济隐患和风险。没有发展，就不能创造出解决问题的物质前提。但是，如果无视经济风险和隐患的存在，只顾发展和增长，继续铺摊子拼速度，那么，势必付出恶化风险和隐患的沉重代价，最终将经济拖进不可持续的泥潭。历史的经验和教训一再表明，化解经济风险和隐患恰恰是持续增长和发展的前提。当二者不能完全兼顾时，应当率先抉择消除潜伏的危机，在化解并最终消除危机的前提下，使经济保持必要的增长速度。有限资源的分配，既要优先用于化解风险，同时又要使经济增幅适应发展的最低限的需要。只有在特殊情况下，例如爆发了全面危机，才有必要全力以赴克服危机，以暂时牺牲增长和发展为代价渡过难关。然而，这并不是唯一的出路。我国正处在经济转型的特殊时期。如果把着眼点放在转变增长方式和深化改革上，而不是求助于扩张性经济政策支撑速度，解决矛盾的空间是很大的，消除潜在危机和保持必要的速度是可以兼顾的。

近几年推行扩张性财政政策，虽然支撑了速度，但同时加大亦已存在的风险和隐患的代价。随着时间的推移，它的负面影响将会日益显露，深化改革的路途将更加崎岖，实现共同富裕的目标将更艰难。体制是推动经济快速、高效、稳步、持续发展的长期起作用的稳定的重要因素，而政策却是因时、因事、因地制宜的暂时起作用的因素。当前，金融风险和财政风险已经成为继续推行渐进式改革，巩固和发展改革成果的一大障碍。经济隐患不是孤立的，它是和社会矛盾交织在一起相互影响的。经济隐患是经济不稳定的根源；经济不稳定又是社会不稳定的根源。因此，从确保全局的稳定出发，在争速度和消除忧患之间作出抉择，孰轻孰重，是不难理解的。

被市场边缘化的弱者：农民

工业化和城市化随之而来的是农村经济市场化，农村被卷进市场经济大潮，农民成为市场的参与者。市场通行的是弱肉强食法则。农民是天生弱者，农业是天生的弱势产业。因此，任何国家在工业化、城市化、市场化过程中都会面临如何对待农民和农业的问题。特别是像我国这样的农民占人口绝对多数的大国。

在社会主义经济史上，无论是苏联，或中国，都曾经通过对农民征税和实行"剪刀差"政策为工业化积累资金。这个政策"把农民整得很苦"（毛泽东语），实际上是变相剥夺农民。工业化并没有给农民直接带来多少看得见的物质利益。相反，造成了普遍贫困，城乡二元结构趋向稳固化。

回过头来看市场化过程中农民的命运如何呢？近二十年推行了市场化改革。改革的目标是实现城乡经济全面市场化，建立城乡一体化的市场经济体制。但是改革的步骤却是以城乡二元结构为立足点，按城乡两大板块分别分步推进的。板块式改革模式虽可避免一体化改革带来的强震，但通过以下的分析，将可以看到它的局限性和弊端。

——农村社会保障体系缺位。中华人民共和国成立后，社会保障制度的建设，一直偏向城市，轻视农村，是名副其实的"城市"社会保障。改革开放以来，这种不公平状况并没有根本改变，甚至还在强化。近几年迫于城市失业剧增的压力，城市社保体系的建设加快了步伐。但农村社保制度至今依然缺位。虽然稳定土地使用权事实上起着社会保障的作用，但绝不能取代现代文明社会创造的社会保障体系。改革开放初期，依靠推行家庭承包责任制和中华人民共和国成立以来农田水利建设的物质基础，农业生产连年丰收，农民生活得到显著改善，贫困人口减少。但随后却出现了大量返贫现象，因疾病致贫，因灾害返贫，因经营亏损破产，因失业而返贫，因税费负担沉重而致贫等，农村出现了一个人数不少于原有贫困人口的新的返贫群体。由于政府拨付的扶贫资金有限，而农村社保体系迟迟没有就位，致使农村贫富分化加剧，社会不稳。同时，由于农村社保体系缺位，阻碍了土地资源的合理流转和优化配置。土地作为商品，按市场规则运转，是市场经济发展的必然趋势。但如果没有社保制度为前提，一旦农民失去土地，便失去了生活保障。

——土地流转中农民遭到变相剥夺。土地现在还不能作为商品自由流通，政府依法对农民承包的土地实行有偿征用制度。由于没有依法监管的规范化的统一的土地市场，由于农民不拥有土地处置的自主权，由于房地产业过度投机，普遍存在着征地补偿费过低，农民利益受损。土地补偿费与土地最终售价每亩相差十几倍到几十倍。例如，南方某市，每亩补偿费只有2万多元的地，拍卖价竟高达100多万元。通过征地"剪刀差"，改革开放以来农民被剥夺了20000多亿元。巨额暴利驱使许多地方上演了一幕幕新的"圈地运动"。按照每征一亩地就有1.4个农民离开土地，每年征用300万亩左右计算，就有400多万农民失去土地。据国土资源部的资料，2002年上半年信访部门受理的案件中，有73%涉及征地问题。现在城市化热潮正在兴起，"经营城市"的口号必将引发更大的"圈地运动"。有农民愤慨地说："别人发财用我们的命根子铺路。"

——农民就业和致富的机会不公平，甚至受到歧视，合法权益得不到保护。目前全国离乡就业的农民工已超过9400万人，务工收入约占农民纯收入的30%。但是，当前的状况是，城市化滞后于农村人口的转移，城乡统一的开放的劳动力市场的建立又滞后于农村劳动力的转移。这两个"滞后"已经产生了负面效应：户籍管理制度虽有松动，但附加了种种限制条件，绝大多数农民过着"二等公民""三等公民"的生活，许多人栖息在工棚或贫民窟，无权享受市政当局用国有资产举办的福利设施，子女不能进入公立学校或幼儿园，干的是城市居民嫌弃的苦活、重活、脏活和危险工种，不少厂矿或工地没有必要的安全保护设施，伤亡事故经常发生，受害职工合法权益得不到保护，拖欠血汗工资克扣工钱且数额巨大，一旦失业既得不到救济金又得不到再就业培训，从事个体经营要负担名目繁多的苛捐杂税。尤其令人费解的是，有些地方雇用了几百万上千万的农民工，但在计算人均国内生产总值时却剔除了农民工，不计算农民工的贡献。

——政府垄断粮食棉花等主要农产品流通的体制，束缚了农民经营自主权，窒息了市场机制作用，农民利益受到伤害。20世纪90年代后期，作为深化改革重要步骤，推出了粮棉流通新体制，实行按保护价敞开收购的办法。新政策实施的结果却产生了设计者始料不及的负面效应：喂肥了粮贩子和不法之徒，损害了农民，背上了财政补贴的包袱。它给不法分子提供了可乘之机，私商与收购员互相勾结，任意压级压价，将农民拒之门外，乘机低价收购，然后再按国家定价卖给收购站，或者收购人员按优价收购私商出售的劣质粮棉。结果，政府的保护价没有保护农民，却中饱了不法分子的私囊。现在此项政策作了改变，但粮食部门经营亏损却成了财政的沉重包袱。长期以来，国家对农业的保护政策始终没有到位，财政对农业的补贴不是直接给予农民，而是落到流通环节。目前粮食部门亏损挂账已高达4000多亿元。

——收入分配不公，农民负担沉重。目前城乡居民人均收入的比例约为3∶1。如果和城镇职工年均工资比较约为4∶1。但农民的税费负担却比城市居民高。农业税按田亩征收，类似个人所得税，但没有起征点的限制；三提五统，按产量和收入提取，包括地租和所得税；营业税，或市场管理费，按销售额缴纳。农民还承担大量的城市居民所不缴纳的名目繁多的税外费。其中，一项是农村义务教育经费。农村义务教育经费70%由乡镇财政负担。而乡镇财政连"吃饭"都保不了，不得不转嫁到农民身上。义务教育有名无实，致使农村学龄儿童辍学率居高不下。另一大项是农民要供养大量的在编和不在编的"吃皇粮"的乡村干部和其他脱产人员。仅以在编人员1200多万计算，大约75个农民供养一个脱产人员。某省每个乡镇财政供养人员平均多达448人。近两年农村税费改革艰难，有些地区出现回潮，有些地区明减暗不减，主要是因为减负未改体制，没有触动庞大的官僚体制。

——乡镇企业产权制度改革普遍实行私有化，并未取得"一私就灵"的神效。改制一是没有促进企业技术改造和结构升级，没有走出整体低效益、高消耗、高污染、粗放经营的低级阶段，以致政府不得不下令强制关闭"五小企业"。二是吸纳农业剩余劳动力的能力下降，安置就业人数绝对数减少，比1996年减少1000多万。三是产生了一个新生的权贵阶层。在改制过程中，有些原来的企业领导人或乡镇干部利用手中的权力掌握了企业产权，摇身一变成为私人企业主，廉价或无偿地将公共财产据为己有。

分析表明，"三农"本应是扩大内需的主体，推动经济持续快速发展的动力源，但是在市场化转型过程中，却被市场进一步边缘化。而扩张的财政和货币政策也没有给农民带来多少直接的物质利益。

扩大内需：一篇尚未破题的文章

扩大内需，不仅有利于近期遏制经济减速，而且能够给经济持续发展提供取之不尽的动力。这是一项必须长期坚持的方针。近几年实施这一方针是有成效的。但是做好扩大内需这篇文章却非易事。

近几年，政府实施扩张性经济政策刺激需求，并提出了把扩大内需作为长期坚持的方针。反思实施的过程和结果，有必要进一步探讨扩大什么内需，怎样扩大内需，如何处理内需和外需的关系，以及需求和供给的关系等问题，从中找出有益的经验和教训。

宏观调控政策作为反周期的相机对策，应视导致周期的原因，采取扩大需求，或者改善增加供给，或者二者并举的措施，以熨平周期。基于对我国 90 年代后期经济态势的判断，实行了旨在克服"需求不足"的扩张性经济政策。现在还要继续执行此项政策，保持政策措施的连续性。从近几年的实践来看，扩大内需这篇文章有了好的命题，但是还不能说已经破题了。

——是以产值增长速度唯此唯大，还是以扩大内需为宗旨。物质资料的生产和再生产是人类社会赖以生存和发展的基础。人们不是为生产而生产。生产是为了消费，并依赖消费。与消费需求相脱节或对立的生产，是注定要衰退的。然而，长期以来我们在经济建设的指导思想上总是片面追求产值高速增长，给经济建设造成很大损害。改革开放之初，早就明确提出转变增长方式。但时至今日经济增长和发展依然被这只无形的手所左右。提出扩张性财政政策的初衷，就是要保速度。产值增幅是第一位的，需求是第二位的，是为了保速度。虽说中央计划不再是指令，但依然是考核各级干部的重要指标。各地方，各部门竞相攀比产值增幅。不管是否能增加消费需求，只要能提高速度，什么办法都用上。近几年，上下都认为"需求不足"制约了经济增长。但读一读历年发表的统计公报，除了个别地区，没有一个省市经济增长速度等于或低于全国的增幅。经济高增长与占人口绝对多数的中低收入群体需求不足形成了强烈反差，而且随着经济发展还有进一步扩大的趋势；经济高增长与城乡贫困人口数量剧增形成对立，这些反常态的现实难道还不足以令人反思吗？

——是以公共设施建设为投资重点，还是以传统产业的技术改造和结构升级为重点。内需的一大项就是投资。投资是和最终消费需求相对而言的生产消费需求。按照资金投向和用途，可分为基本建设投资，更新改造投资，房地产投资。我国是工业化尚未完成的发展中国家。投资的空间是十分广阔的。但有轻重缓急先后之分。近几年实行扩张性财政政策，国债投资选择了公共基础设施建设为重点。现在我国交通运输状况已经有了显著改善。但是，把基础设施建设作为中长期投资重点，是否恰当，有必要进行探讨。首先，从加快工业化的要求来看，应当大力发展制造业，加快制造业的技术改造，使之成为改造和装备国民经济各行各业的主导产业。制造业在国民经济中的地位和作用，是不能超越的，是第三产业或高新技术产业所无法取代的。经过50多年的建设，我国制造业发展已有相当规模。但是，与发达国家比较，规模过小，在世界制造业生产能力中所占份额仅为0.18%；技术层次低，每年投资所需要的设备有40%—50%靠进口，机械工业产品达到国际先进水平的仅有1/10；产品附加值低，加工贸易占出口额40%以上。因此加快制造业技术改造和技术更新迫在眉睫。同时，外国的经验表明，一旦经济衰颓或不景气时，大规模的技术改造和固定资产更新，恰恰是扩大内需，启动经济的有效机制。近几年在投资方向上，历年更新改造资金在固定资产投资中所占的比重过低，平均不到15%，最低的年份不到1%。其次，近几年基础设施建设在选项和建设标准等方面，存在着超越国力和经济发展水平的问题。例如，世界上第一条商业运营的磁悬浮列车轨道的建成，高速公路通车里程已居世界第二位等，这些建设项目都明显过分超前，耗资巨大，实效低。最后，在安置就业，增加居民消费方面，基础设施建设所起的作用有限。2001年和1997年相比，固定资产投资增长了近50%，而最终消费仅增长35.2%。占国内生产总值的比重仅增长了1.6个百分点，为59.7%，依然低于发展中国家平均水平，其中居民消费的比重还降低了0.1个百分点，仅增长31.7%。可见，消费比重偏低的状况并未改变，消费对经济增长的拉动作用依然受到限制。至于投资对就业的带动作用则呈下降的趋势。投资每年都以两位数的增幅上升，国债投资对经济增长的贡献高达1.5—2个百分点，然而失业率上升的势头却得不到遏止。

——扩大内需，要不要遏制泡沫经济和经济泡沫。国外的经验表明，泡沫经济和经济泡沫是市场经济的伴生物，是无法根除的。但必须遏制和调控。否则，任其发展，必然导致灾难性后果。远的不说，近期美国所谓"新经济"的破灭，纳斯达克股指狂泻，日本 10 余年经济衰退至今不见曙光，便是例证。在我国经济市场化过程中，泡沫经济所产生的危害是不容忽视的。首先，是房地产虚热造成的经济泡沫。土地使用权作为商品进入市场以及房屋商品化，给房地产行业提供了牟取暴利和"寻租"的机遇，掀起了炒作房地产的投机热潮，致使房地产热经年不衰，即使房屋空置率骤升，烂尾楼成片，银行贷款无力偿还，房地产价格依然居高不下。以权力为依托的垄断经营，将市场调节拒之门外，这是我国市场经济一大特殊景观。2001 年与 1997 年相比，用于固定资产更新改造的投资增长了 51%，而房地产投资却增长了 109%。据有关部门统计，目前全国商品房空置总量已经达到 1.3 亿平方米左右，其中有一半的房屋已经空置了一年以上，占压资金 2500 亿元，不良资产居全国各行业之首，资金主要来自银行贷款，房地产企业的资产负债率平均高达 85%。各级政府的领导人大刮"政绩工程""形象工程"之风，给房地产业虚热起了火上加油的作用。其次，股市过度投机形成的泡沫，虽然对居民和政府增收有暂时的效应，但泡沫注定是要破灭的。一旦股市狂泻，众多中小投资者将被推入破产陷阱。我国股市发展已初具规模，股票市值 4 万多亿元，上市公司 1200 多家，投资者 6000 多万户。近两年股市低迷，股指大幅下跌，沪指从 2001 年的高点 2245 点下跌到目前的 1400 点，投资者财富缩水。但目前股市的市盈率依然是世界最高的。尽管利好的信息不断，但股市依然没有重现昔日的"繁荣"。当前，应当利用股市低迷时机，整顿和规范股市，处理好维护投资者利益和经济发展整体利益的关系，稳中求进。

——扩大内需的新难题：外需与内需的关系。明确地把扩大内需作为经济建设的长期方针,无疑,这是完全正确的选择。扩大内需与扩大开放,并不是对立的。但必须明确,开放是为了扩大内需,为了全国人民过上共同富裕的生活。因此,开放应服务于扩大内需,服从扩大内需。这个主从关系是不应也是不能颠倒的。但是,在实际工作中,如何摆正内需和外需的关系,由于受部门利益和产业结构的制约,依然没有解决。首先,在某些行业中,借进口贸易,将扩大内需转换为扩大外需,冲击了国内市场。有资料表明,内需仅在我国经济增长中占27%。目前,我国固定资产投资中,所需设备有2/3来自进口,而机械行业却严重开工不足,生产能力的利用率仅为51.86%,每年贸易逆差高达数百亿美元,投资对扩大内需的实际拉动作用大打折扣。其次,经济增长对外贸的依存度过高。目前,进出口额在国民生产总值中的比重已高达60%,为世界大国之最。美国在世界贸易额中占据32%,但美国经济对外贸的依存度不到20%。内需依然是美国经济发展的重点。我国是正在推进工业化的发展中大国,如此高的外贸依存度,眼下对维持经济增长速度有一些作用,但从长远来看弊多利少。一是不利于加快工业化和现代化。把有限的资源都消耗在附加值低、技术含量小的劳动密集型产品的生产上,以廉价的劳动成本换取外汇,得到的回报是以延缓和牺牲工业化为代价,换取出口高速增长。二是不利于增强国家经济实力和国际竞争力。目前,我国出口的大宗商品多为劳动密集型产品,即使这些商品在品牌和质量方面也缺乏竞争优势,更不用说在设备制造业、高新技术贸易方面,至今我国还没有取得与世界第六贸易大国地位相应的份额。三是加工贸易比重过大。我国的出口企业大都是处于产业链的末端,为外国跨国公司从事零部件加工或制成品组装,充当国际打工仔,出卖廉价的劳动力,高额利润为外国公司所得。四是对外依附性强,风险大。我们一方面要承受世界市场景气变幻的冲击,同时还要为跨国公司承担经营风险和研制开发风险。所以,继续把出口额作为显示外贸政绩的唯此唯大的指标,是十分有害的。"出口多元化"不是外贸走出困境的根本出路。

——"减员增效":作茧自缚之策。城乡贫困人口剧增是导致最终消费乏力的主因。近几年,我国经济出现的又一反常规现象,就是经济高速增长,而城乡贫困人口却大量增加,引起居民购买力相对萎缩,最终导致经济持续发展受阻,不得不求助于扩张性经济政策。造成这种被动局面的原因是多方面的。从主观方面来反思,不能说与制度设计和决策不当无关。早在20世纪90年代前期,就业形势就呈现日趋严峻之势。据有关专家的调查资料,1993—1996年,城镇失业职工人数年均以48.7%的增幅上升。1997年,城镇登记失业率为3.2%,失业人数约600万人,下岗职工约1400万人,不包括停产半停产的在职职工和进城务工的农民工。农村还有6000万贫困人口。如此庞大的贫困群体,对经济持续快速发展和社会稳定形成了巨大的压力。面对就业的严峻形势,宏观经济政策的重点,本应由反通货膨胀转向反高失业,一方面建立和完善社会保障体系,增加社保资金的投入,减少贫困人口;另一方面广开就业门路,实施再就业工程,降低失业率,减少企业改制的成本和代价,并使因改革而利益受损的基本群众利益得到应有的补偿。但是,政府却按照"减员增效,下岗分流"的原则加大了企业改制的力度和强度,对已经出现的下岗潮和失业潮推波助澜,以致使下岗和失业人数空前剧增。当政府实施扩张性经济政策时,面对的不仅是社会投资不足,而且还有一个导致消费需求萎缩的待救济的贫困群体。

"减员增效",这原本是企业为了解决因冗员而增加成本致使利润下降而采取的办法。它的适用对象和范围是明确的、有限的。如果政府将它确定为一项宏观经济政策,在全社会范围普遍推行,企业纷纷裁员,必然导致失业人数急剧增加,待救济的贫困人口上升,从而引起居民有购买力的需求下降,即使有完善的社会保障制度,最终也是难逃经济衰退的厄运。普遍减员,就是普遍减效。当前我国的现状就是佐证。

我国国有企业普遍存在冗员。这是个制度性问题。解决这个难症不能下猛药。欲速则不达。俄罗斯"休克"至今15个年头还没有结束"疗程",代价是巨大的,教训是深刻的。在经济转型过程中,既要解决国有企业人浮于事,又要实现经济稳步增长,防止经济衰退,这确实是个大难题。

在推行"减员增效"的同时,近几年还出台了住房商品化,废止了公费医疗制,实行非义务教育收费等多项改革。这些改革都需要大幅度增加职工的支出。但工资制度却没有相应地进行改革,依然实行的是不完全工资制。广大职工对收入预期和支出预期都不看好,这就迫使他们不得不节制消费,增加储蓄。这是导致居民消费需求增长乏力的重要原因。

分析近几年政府出台的改革步骤和政策措施,似有相互配合相互协调不当之处。一方面,用一只手扩大内需,维持经济快速增长;另一方面,用另一只手遏制消费需求,导致经济持续增长乏力。这是扩张性财政政策和货币政策迟迟不能淡化,不能收场的重要原因。

——症结:消费和积累比例失调。我国当前经济发展中问题的症结究竟何在?主流观点是"有效需求不足"。但是,"有效需求"是指投资需求还是指消费需求?从政策取向来看,是前者而不是后者。1998年以来实行扩张性财政政策,增发6500亿元国债,主要用于投资。1998—2001年,预算内基建投资分别增长77.7%、44.8%、7.78%、28%。全社会固定资产投资,分别增长13.8%、5%、10.2%、13.05%。高投资拉动了经济高增长。同期,国内生产总值分别增长7.8%、7.1%、8%、7.3%。但是,同期居民人均收入增幅既低于国内生产总值增长,更大大低于投资的增长。城镇居民人均可支配收入分别增长5.1%、7.9%、7.5%、9.2%;农民人均纯收入增长分别3.4%、2.2%、1.9%、5%。结果,导致积累与消费的比例严重失调。积累率从1997年的38%上升到2002年的42.1%;消费率从58.1%下降为57.9%。居民消费在最终消费中的比重从80%下降为77.9%；农民消费在居民消费中的比重从50%下降为44.3%。2001年，城乡居民最终消费人均每天仅为9.8元，略高于联合国的1美元作为贫困线的标准。历史的经验反复证明，重积累轻消费，高积累低消费，是导致我国经济长期不能步入稳定持续增长的久治不愈的顽症。20世纪80年代中期，经济过热，积累率高达38%—38.5%；90年代初期，经济连续4年两位数的增幅，积累率高达39.3%—43.5%，最后不得不紧缩银根。当前，有些行业和地区在利润和"政绩"的驱使下，出现了盲目上项目扩大投资的"虚"热。局部过热已经是不容争辩的事实。经济局部"虚"热引起的隐患是不能不引起足够重视的。但是，按照目前靠继续增加投资来克服"有效需求不足"拉动经济的思路，必然加剧积累率过高引起居民消费需求继续相对萎缩，从而遏制经济增长内生机制的作用，而且还会导致经济过热。

当前，我国经济中，一方面，积累率过高；另一方面，物价指数长期低迷。这是一种奇特的经济现象。原因在于，我国当前的经济情势既不同于90年代初，也不同于西方国家。首先，我国现时市场供求格局已经改变，基本消费品和主要投资品的供给告别了"短缺"，因物资供不应求引起物价上涨的历史不再重现。其次，居民消费需求受到来自积累和改革的双重压力，以致出现投资热与消费相对萎缩并存的现象，导致消费品价格长期走低。投资拉动消费的传导机制受阻。在一般情况下，投资能够直接和间接地拉动消费。但在我国当前经济转型时期，从投资到消费的传导机制却被阻隔。近几年，居民消费需求增长乏力，而居民储蓄余额却超常增长。1998—2001年，分别增长17.1%、11.6%、7.9%、14.7%。住房、医疗、就业、教育等项改革，阻碍了储蓄向消费转化，阻碍了有购买力的需求变现。最后，在对外开放的条件下，投资领域对外商实行国民待遇，外商以进口设备抵扣投资予以税收优惠，在一定程度上减缓了高积累高投资的压力，所以允许积累率短期走高。目前我国的积累率不仅高于发达国家，而且高于发展中国家的平均水平。长此以往，难以为继。

老生常谈话改革：尊重客观规律

解放思想是"求是"的前提。但解放思想如果背离了实事求是，就会陷入唯意志论的陷阱，重蹈"人有多大胆，地有多高产"的覆辙。

1. 改革要从我国生产力的现状出发，按照生产关系一定要适合生产力性质的规律的要求办事

生产关系一定要适合生产力性质的规律，是改革大业的根据和出发点。无论目标模式的选择和设计，或者实施步骤和方法，改革战略和战术的抉择，都必须按照这个规律的要求办事。经济体制本质是社会生产关系的实现形式。经济改革实质上就是社会生产关系的变革。

有人认为，西方国家搞市场经济已经有几百年的历史，既然我们要搞市场经济，就只能向西方国家学习，拜西方经济学大家为师。但是，学习不等于照搬照抄，改革不能依样画葫芦。这些年在改革的进程中，经常出现方案夭折，模式走形，功能扭曲，改革异化的现象。例如，股份公司是国有企业改制可供选择的一种形式。现在许多企业已经挂上了股份公司的招牌，但大都是名不副实的翻牌公司，企业并不按市场经济规则运作；企业经营资不抵债，实行破产制度，这原本是优化资源配置的重要机制，但在全国范围却刮起了一股企业逃废银行债务的风潮，银行蒙受巨大的损失；股票上市流通，原本是为了搞活企业，为企业和投资者开辟一个融通资金的渠道，但在我们这里却蜕化为从股民兜里圈钱，为国有企业脱困提供一条捷径；中介组织本应以公正公平服务为宗旨，不以赢利为目的，但这些年如雨后春笋建立的各种各样的中介机构却异化为以利润最大化为目标的经营性组织，以致与客户串通一气弄虚作假，坑害公众，欺骗政府，等等。改革走形，机制异化，功能扭曲，如

果仅仅是个别的偶尔出现的现象,那还可以理解。问题在于,这些现象恰恰是大量的、普遍的、反复出现的、久治不愈的顽症。这是令人深思的。提出这个问题,并不是怀疑改革的方向。我们对选择社会主义市场经济的改革方向,义无反顾。但是,必须正视这些问题,分析产生问题的原因,提出切实可行的解决办法。

按照生产力决定作用的规律的要求办事,改革必须从我国生产力现状出发,认识我国的基本国情。中国与其他经济转型国家不同之处,经济方面主要表现在:现代工业与小农经济并存;现代市场经济与非市场经济并存;人力资源数量巨大和整体素质低下并存;自然资源总量大和人均资源稀缺并存;资源公共占有和非公共占有并存;经济利益主体多元化和政治权力集权化并存,等等。

确立社会主义市场经济体制为改革的方向,实现社会主义和市场经济的对接,这是历史的必然选择。历史的经验和教训证明,新民主主义社会是不可逾越的中国社会发展必经的阶段;全面私有化,是历史的大倒退;全盘西化,此路不通。进行市场化改革必须遵循中国社会自身固有的,而不是人们强加给它的客观规律。俄罗斯的殷鉴不远,"休克"私有化,不可取;"渐进"私有化,也不可为。这是一条死路,它只能进一步激化现存的社会矛盾和经济矛盾,导致改革背离"共同富裕"的目标,失去广大工农群众的支持。

2. 要用实践来检验理论和观点

改革是前无古人的艰难事业。20多年来我们一直按照"摸着石头过河"的办法行事。但这并不意味着改革没有或不需要理论指导。作为改革的指导思想的理论基础是明确的。然而,在具体运用层次上,一些理论观点却需要经过实践检验决定取舍。例如:

——在收入分配领域,多年来把"效率优先,兼顾公平"作为指导原则。实践的结果,却是始料未及的:收入分配差距急剧扩大,贫富分化加剧,贫困人口骤增。按照实践的标准,有必要对这一原则重新认识。首先,它没有区别宏观经济分配和微观经济分配,再分配和直接分配。如果是指国民收入再分配,它是要解决初次收入分配差距过大、分配不公的问题。因此,这里应当遵循的原则,不是"效率优先",而是"公平分配"。税收和转移支付的原则就是公平、公正。如果它是指企业层面的分配,即初次分配,这里是必须讲求效率的。但必须以公平、公正为前提,实行等量劳动即等价交换的原则。分配的效率来自分配的公平公正。违背了公平公正原则,效率必然受到损害。虽然等量劳动相交换的原则是形式上的平等掩盖了实际上的不平等,但在现阶段它是唯一可行的公平公正的分配原则,恰恰正是这个原则是市场经济共有的基本规律。在这个领域,效率与公平的关系,不存在谁优谁次、谁主谁副、谁先谁后的问题。二者之间相互依存,互为前提,相互影响。其次,在社会主义阶段,实行按劳分配,体现了公平与效率的统一。公平,就是劳动的平等权利,就是等量劳动取得等量报酬的平等权利。在生产力水平低下,劳动依然是人们的谋生手段的条件下,舍此,别无选择。"效率优先,兼顾公平"是对按劳分配本意的曲解。最后,从分配在再生产过程中的功能与作用来说,分配是实现劳动力的再生产的需要,人类自身繁衍的需要。从这个意义上说,不讲效率的分配是不存在的,完全没有效率的分配是没有的。有的西方学者早就对"效率优先"的分配模式表示疑问。英国诺贝尔经济学奖得主米德说过:"以效率为依据所要求的实际工资率模式,可能会有利于极少数富裕的财产所有者","这已经成为一个值得重视的问题。"(《效率、公平和产权》)他的看法来自西方国家的长期实践,而我国经济转型时期的现状也为这一观点提供了佐证。

——"民族经济"过时论。时下,有一种论调:在经济全球化的条件下,跨国公司大量出现,民族经济,民族产业,民族企业已不存在,国家经济利益也发生了变化。随着跨国公司的进入,生产,加工,销售,投资,融资实现全球化,跨国公司的产权便国际化,跨国公司的国籍淡化,越来越深地融入东道国整体经济之中,成为东道国的公民，成为"本土企业"，给东道国缴纳税金，安置就业，促进增长，这就使国家的经济利益的含义发生了变化。这一观点可称为新"三无世界论"，即无民族国家利益、无民族经济、无民族企业。"三无论"在理论上是错误的，对实践是有害的。首先，它无视当今世界存在国家的客观事实，否定了国家主权和国家利益。世界市场一体化的趋向，并不意味着从此进入了大同世界，国家走向消亡。相反，世界市场一体化过程自起步之日起，就充满了国家间、国家集团间的矛盾和斗争，甚至战争。"二战"后，这一过程大大加快。但世界的基本矛盾并没有解决。当今世界国家间的经济关系远不是平等、公平、公正的；建立平等互利的国际经济新秩序仍然可望而不可即；这里通行的是生存竞争、优胜劣汰、弱肉强食的法则；几个经济强国居主导地位，超级大国把对外经济贸易作为其推行霸权主义的工具。世贸组织的建立并没有改变当今世界经济格局，它的现行规则又是在发达国家主导下按照有利于发达国家的原则制定的。其次，跨国公司的产生并非自今日起。随着经济实力的增强，适应世界经济和政治形势的变化，跨国公司的经营战略和策略发生了重大变化，它在世界经济中的地位和作用已今非昔比。但是，第一，跨国公司的所有权性质并未根本改变。无论股票如何分散化、国际化，股票控制权依然掌握在垄断财团或寡头手中。对于垄断资本来说，股份化意味着以少量的自有资本控制大量的他人资本，从而增强资本控制权；意味着经营风险分散化，从而将经营风险转嫁到公众身上。股权分散化与所有权社会化是两个不同的概念，不能混为一谈。第二，跨国公司的经营宗旨也未改变。它进入别国不是来扶贫济困，不是来赞助工业化和现代化，而是为了占领对方市场，利用廉价劳动力，获得稀缺资源，从而牟取垄断利润。迄今为止，世界上没有一个国家的工业化和现代化是依靠跨国公司实现的；没有一个发展中国家依靠跨国公司摆脱了贫困走向民富国强的。对跨国公司开放市场，引进一个竞争对手，是为了在与强者的博弈中发展自己壮大自己。跨国公司的本意并不是希望为自己培植一个市场上的竞争对手，但这是不以它的意志为转移的，是无奈的选择。第三，"经济全球化"并非意味着国家主权消亡，国家间利益趋同。"经济全球化"是个内涵杂乱、外延无边的概念。如果将它理解为全球市场一体化的趋势，那么，由于国家间经济上相互依存，国家间利益便有一个交汇点，这个交汇点就是国家间利益共同点。实现共同利益，达到互利，是靠等价交换的原则。而等价交换是以承认各自主权和产权的独立性不可侵犯为前提的。跨国公司进入别国从事生产和营销，成为东道国经济结构的组成部分。但它绝不会因此成为与民族企业无区别的东道国的公民，改变了产权和国籍。纳税，那是它应尽的义务，不过是取之于彼还之于彼，"羊毛出在羊身上"。安置就业，这正是它利润的来源。而且它吸纳的劳动力数量远抵不上因它参与竞争而破产失业的人数。对引进国经济增长的影响则要具体分析，当它的国家景气指数上升时，它会增加廉价的劳动密集型商品的进口，从而带动出口国经济增长；当经济衰退时，转嫁危机是它惯用的伎俩。我们曾经迷恋"以市场换技术"，但得到的回答是：市场是非要不可的，技术则要另开价。我们花大钱买来的是二、三流甚至是淘汰的技术，而无偿让出的是对跨国公司生死攸关的市场。市场在当代经济中是最稀缺的珍贵资源。"市场无价"，这是当代经济中违背市场经济规律的荒谬现象，也是如今世界经济关系不平等的重要表现。最后，在开放的条件下，跨国公司的进入是否改变了国家经济利益的内容呢？国家经济利益是否就是税收，就业，增长？东道国的利益与跨国公司的利益是否便因此融合了呢？答案是否定的。中国作为发展中的社会主义大国，对于中国的国家利益，必须分清国家根本利益和局部利益，长远利益和近期利益，本国利益和跨国公司利益，民族利益和世界发展中国家整体利益。"过时论"的潜台词是"退出论"。在他们看来，在竞争性产业领域，跨国公司的作用与本土企业是一样的，与东道国的利益已融合，那么，"民族企业"便可退出，增强国家经济实力和提高国际竞争力的希望便可寄托在跨国公司身上。这种主张的利益倾向是十分清楚的。有的人在谈论国企改革时念念不忘"产权明晰",产权改革唯此唯大,但在谈论跨国公司时却鼓吹"无国籍,无产权",令人费解。

3. 改革要从客观条件的许可出发,量力而行,不能只讲必要性紧迫性,不讲可能性和客观条件

我国经济改革选择了建立社会主义市场经济体制为目标,这是我国生产力发展趋势决定的必然选择。但是,我国市场化改革的起点,比苏联和东欧国家要低得多,物质基础要薄弱得多。先天不足是我国改革的一大弱点。我们采取恰当的改革战略和战术,可以缩短与这些国家经济上的差距,弥补我国经济上的不足。然而,我们绝对不能超越生产力和其他客观条件的许可成就改革大业,必须重视客观条件的制约作用,在条件上下功夫。

改革现在已经进入新时期新阶段。和以往的改革不同,新阶段改革具有高投入、高成本、高代价、高风险的特点。改革的对象、领域、范围、内容,涉及社会各个层面、各个阶层、各个群体,牵连到每个社会成员的切身利益。这是全社会利益大改组、大调整、大分化,重新组合的时期。因此,任何一项改革措施出台,都必须考虑各方面在经济上,心理上的实际承受力,全面分析可能产生的正面和负面效果;任何一种方案的实施,都必须遵循公平公正的原则合理地进行利益再分配,绝不能让少数人侵吞改革的成果,而将改革的成本和代价强加到广大工农群众肩上。

然而,在改革的实际工作中,有不少方面却偏离了实事求是的思想路线。例如,在劳动就业,社会福利和社会保障制度改革方面,是量力而行,稳步推进,还是"一揽子"改革,一步到位。

近几年,城市改革以前所未有的规模,数量,速度,推出一系列措施和步骤:国有大中型企业三年脱困,扭亏增盈;取消福利分房,实行住房商品化;改革公费医疗,实行医疗保险,大病统筹;减员增效,下岗分流;实行非义务教育自费;改革退休制度,建立养老保险等。改革有以下新的特点:一是出台的措施多,涵盖面

广，涉及城市各行业、各部门、各企业事业单位，直至每个家庭，每个社会成员。二是改革的深度和难度大，通过这些措施全面彻底改革就业和社会福利制度，"打碎铁饭碗"，废止原来实行的"从摇篮到坟墓"的社会保障制度，直接牵动亿万职工和居民切身利益的损益。三是改革的时间紧迫，要求在限定的时间内措施到位，完成既定目标任务。四是改革重点主要是国有企业事业单位。城市非国有企业的业主和职工的利益不仅未受影响，相反受益。

这些改革措施是市场化改革中应有之义。这里不讨论各种改革方案的优劣，仅从改革的战略战术来探讨出台的时机，步骤和改革应遵循的原则。首先，利益的分配和调整没有充分体现公平公正的原则，长期为国家建设作了重大贡献的基本群众承担了改革的成本、代价和风险。这主要表现在：一是先富者享受了改革的成果，但很多人逃避对社会的责任和应尽的义务。二是职工损益没有得到足够补偿，政府对职工的历史欠账过多。我国企业冗员数量大，是体制造成的。失业不是自愿性的，也不是结构性的，而是特殊的体制性失业，责任主要在政府。因此，解决冗员不能简单地采用裁员的办法。况且，长期以来我国实行的是低工资制，即不完全工资制。工资中本应包括用于社会保障的部分已经扣除，作为财政资金预留在政府预算之中，形成政府对职工的负债。因此，在改革劳动就业制度时，应给予职工足够的补偿。三是分配制度没有相应地进行改革，分配秩序混乱，收入差距全面扩大，贫富分化加剧。在这种情况下，劳动就业和社保制度按现行步骤改革，对缓解社会矛盾不会起到有益的作用。失业大军和贫困人口急剧增长，政府和社会不得不为此付出巨大的沉重的代价。

——国企脱困和企业改制能否超越客观条件的许可"速成"。

在我国改革史上，国企改革起步最早，措施最多，但至今没有取得实质性突破。从实行利润分成开始，我们做过种种选择和尝试，最终确定了大中型企业改革以西方现代企业制度为参照模式。本文不探讨这种企业模式是否适应我国基本制度以及是不是理想模式,仅分析建立这种企业制度所需要的条件。西方企业制度的演变经历了几百年的过程,现行模式是现代市场经济发展的产物,并不是终结的理想制度。我国改革没有必要重复这一过程,能够实现跨越式变革。但能不能做到,则取决于能否创造好必要的条件。条件成熟了,则水到渠成。其中,必不可少的条件,例如,改革政企不分、党企不分的制度,把对企业的管理纳入法治的轨道,实行依法治企。我国体制的最重要的特点,就是政治与经济合一,政治凌驾于经济之上,政企合一。企业改制不触动这一点,现代企业制度便有名无实。近几年有些改革措施不是推进政企分治,而是强化政企合一,背离了改革方向。企业改制是不能避开或跨越政治体制改革的。又如,企业改制必须卸下历史包袱,轻装上阵。如企业办社会、资产负债率过高、人浮于事,等等。解决这些难题,企业自身是无能为力的,必须由政府出资,协调财政、金融、劳动,以及其他公共服务部门,统筹安排。这不仅受政府财力的制约,而且必须有劳动就业,银行金融,教育,社会保障等行业方面的改革相配套。但这些部门却自顾不暇。再如,股份公司是股份经济中的企业形式。它是近代货币经济发展的产物,是以证券市场和资本市场的发展完善为条件的。我国在 20 世纪 90 年代初在全国范围普遍推行股份制时,证券市场还在酝酿之中,对股份公司人们还是陌生的。企业领导人对建立股份公司的热情奇高,但盲目性很大,大多是出于政治上的考虑。这个缺陷可以通过学习来弥补,但市场发育却是无法人工合成的。总之,企业改制重要的,不是改换名称,而是转变经营机制;经营机制能否转换,怎样转换,则取决于客观条件。在条件不成熟时,用行政办法或者用变相搞运动的办法人工合成现代企业制度,只能事倍功半,欲速则不达。

并非结语的话:回到"西柏坡"

党中央新一届领导上任后集体去革命圣地西柏坡学习考察。此举深得民心。

说到"西柏坡",不能不指出对经济中的隐患推波助澜的三股浊流:一是官场上和城市建设中的奢靡腐化的浊流;二是经济腐败和权力腐败合流;三是工作中的浮夸形式主义爱做表面文章报喜不报忧。这几股浊流相互推波助澜汇合成恶浪,冲击经济改革,吞食发展的成果,吮吸人民的血汗,侵蚀党和政府的机体,毒化社会风气和人的心灵。现在,我们面临着安置下岗职工,降低失业率,加快农村人口转移,减少财政赤字,弥补社保资金缺口,降低银行不良贷款比例等艰巨任务,却苦于财力不足。其实,出路和办法是有的,只要有决心,有些问题是不难解决的。譬如,只要坚决严令禁止公款宴请和公费旅游,每年就可以省下数千亿元;只要坚决刹住城市建设中的奢靡之风,禁止兴建奢华的楼堂馆所,每年就能够从固定资产投资中划拨几千亿元用于改革方面的需要。这些问题既然久治不愈,看来只能求助于立法。至于反腐败,近几年力度不能说小,但势头并未得到遏止。有人把时下反腐败比作割韭菜,割了一茬长一茬;有人说枪子敌不过票子,一不怕关,二不怕死;有人面对西方国家丑闻迭出,认为腐败是市场经济的产儿,割不断,理更乱。这些悲观论调是站不住的。按照这种观点,我们只能束手待毙,任这个毒瘤腐蚀党和政府的肌体,最终重蹈苏共的覆辙。面对反腐败的严峻形势,我们应当吸取这些年反腐败的经验和教训,从制度和体制方面消除产生腐败的土壤和条件。其中,最重要的是,切实贯彻执行"依法治国",把党的领导纳入法制和法治的轨道,对权力实行监督和制约,杜绝权力通向腐败的路径。

(原载《战略与管理》2003年第2期)

走出"不平衡、不协调、不可持续"的困境,出路何在?

党的十八大规划了我国未来经济发展的道路、目标、前景,同时指出了经济发展中存在的问题和面临的挑战。

我记得,大约九年前,政府领导人曾坦言,我国经济发展存在不平衡、不协调、不可持续的问题。后来,在审议政府工作时,这位领导人又多次重申这一总体判断。那么,人们要问:既然如此,为什么久拖不解呢?造成"三不"的原因究竟是什么?摆脱"三不"困境的出路何在?

近30年,GDP超常态高速增长,我国经济总量跃居世界第二位,外贸总额居世界第二,但同时又积累了许多矛盾和问题。其中,尤以三个"老大难"问题最为突出。三个"老大难"久拖不解,正是造成经济"三不"的缘由。

30年未破解的难题:转变发展方式

我国30年前就提出必须转变经济发展方式,把我国经济建设转移到一条速度比较扎实、效益比较高、人民能得到较多实惠的新路。但时至今日,进展甚微。30年来,"科学发展"实际上仅仅是记载在文件上的可望不可求的美好愿望。

中共十一届三中全会后,经过政治上和思想上拨乱反正,确立了经济建设的中心地位,通过恢复和调整,国民经济走上了常态化轨道。1981年,中办研究室在邓力群同志主持下,研究我国社会主义建设道路创新问题。作为此项创新工程的成果，明确提出了今后我国社会主义建设应当走一条速度比较扎实、效益比较好、人民能得到较多实惠的新路子。研究报告将这条新路具体化为十条方针、政策。这些内容写进了政府工作报告，经国家最高权力机构五届人大四次会议批准，成为全国共识，并具有约束政府行为的法律效力。"新路十条"的基本思路与主要内容，与现在讲的科学发展观是一脉相承的。科学发展观实际上是"新路十条"的继承和发展。然而，30年来靠GDP非常态增长，我国经济总量跃居世界第二位，但经济发展总体却脱离了发展新路或科学发展观的轨道。第二经济大国这项华丽桂冠，让我们付出了高昂的成本、沉重的代价：稀缺资源配置不以满足人的需要为宗旨，而以利润最大化和GDP高速增长为动力；靠高投入、高物耗、高能耗、低效益、低消费，维持长期高速增长态势；环境严重污染、生态全面恶化，陷入边增长、边污染、先增长、后治理的恶性循环；黑煤窑、黑砖窑之类血汗工厂，黄、赌、毒等非法产业，在沿海和内地许多地区死而复燃；将招商引资政绩化，代工厂遍地开花，加工贸易迅猛扩张成支柱产业，美其名曰"世界工厂"，实为"世界打工仔"，我国经济陷入了严重的对外依附的困境。现在甚至我们的后代将不得不为此付出巨大的代价。

贯彻科学发展观是永恒的、长期的任务，但转变发展方式，根治野蛮增长方式、改变粗放经营方式，却已刻不容缓、迫在眉睫。拖延越久，包袱越重，矛盾越多，欠账越沉。现在不仅耗尽祖宗积累的家产，而且已经留下了让后人偿还的巨额债务。

20年未破解的难题：分配不公，两极分化

分配不公、两极分化严重，已拖延二十多年，成为发展和稳定的严重障碍。

早在1992年12月，邓小平同志就严肃地告诫我们：中国发展

到一定的程度后，要考虑分配问题。也就是说，要考虑落后地区和发达地区的差距问题。不同地区总会有一定的差距。这种差距太小不行，太大也不行。如果仅仅是少数人富有，那就会落到资本主义去了。要研究提出分配这个问题和它的意义。到 20 世纪末就应该考虑这个问题了。我们的政策应该是既不能鼓励懒汉，又不能造成打"内仗"。

1993 年 9 月，邓小平再次指出：十二亿人口怎样实现富裕，富裕起来以后财富怎样分配，这都是大问题。题目已经出来了，解决这个问题比解决发展起来的问题还困难。分配的问题大得很。我们讲要防止两极分化，实际上两极分化自然出现。要利用各种手段、各种方法、各种方案来解决这些问题。……少部分人获得那么多财富，大多数人没有，这样发展下去总有一天会出问题。分配不公，会导致两极分化，到一定时候问题就会出来。这个问题要解决。

邓小平发出的警世之言，至今已经 20 年之久。他当年指出的问题，不仅没有解决，而且愈演愈烈。解决分配问题，拖不得，绕不开。

必须明确，邓小平讲的分配问题，并不仅仅局限于收入分配，首先是社会财富即生产资料的分配。社会财富分配和收入分配并不是互不相关的两类分配。在同一经济体制中，二者相互联系、相互制约、相互影响，社会财富分配对收入分配起决定性作用。社会财富的占有方式和数量，决定收入分配的方式和数量。收入积累到一定规模，转化为投资，变成能够给所有者带来收入的财富。

改革开放 30 年，随着所有制结构多元化，私人资本主义经济和个体私有经济得到快速发展和扩张。改革过程实际上是社会财富在社会成员之间实行分配和再分配的过程。非公有经济的原始资本积累，一是在公有经济改制和转轨过程中，通过合法和非法的途径、办法，重新分配存量资产完成的；二是靠雇用廉价劳动力，推行血汗工资制，瓜分增量资产。我国新生资本主义的原始积累，规模之大，速度之快，在近现代经济史上，是十分罕见的。

据不完全的统计资料，可以从以下几方面看社会财富的分配状况：据胡润最新统计，身价10亿美元的富豪人数，中国已超过美国，中国有212人，美国有211人。但全球最大、最优企业，中国竟没有一家。这表明，中国富豪财富积累主要不是靠生产经营。

2004年，10%最低收入家庭在全部家庭总资产中仅占1.4%，而10%最高收入家庭却占有45%。二者差距达到32倍。目前这一差距已增至40倍。在8万亿元居民储蓄存款中，15%的大额储户拥有4.345万亿元的份额。50个富豪的资产，相当于5000万农民的年纯收入。300万个富豪的资产，相当于9亿农民两年的纯收入。

据联合国资料，2012年中国大陆有13%的人每天生活费不足1.25美元。

收入分配格局还有一个重大变化：在大规模招商引资常态化，成为制约发展的要素之一，外资直接通过多种渠道、用各种方式参与分切我国"蛋糕"。在研究收入分配时，是绝不可以舍弃不计的。然而，查阅官方统计资料，却难觅踪影。针对国人对GDP情有独钟，西方商界流行一句名言：

"GDP归你，利润归我。"外商通过各种合法和非法途径进行掠夺：诸如，减免税负，廉价甚至无偿供应土地，加工贸易高价进低价出，做假账虚亏实盈，以次充优，利用垄断地位操纵价格，借口保护知识产权牟取不法利润，对员工实行血汗工资制，等等。据中国科学院国家健康研究组发表的报告，外国资本每年从我国掠夺的财富大约相当于年GDP的60%。

收入差距扩大，是改革过程难免之事；出现新生资产者，也不可怕。问题的特殊性和严重性在于，由于我国正处于体制改革的社会大变动、大改组、大分化时期。这个时期分配问题有不同于定型的常态社会的特殊性。在各个社会阶级、阶层之间，除了财富分配和收入分配之外，还多了一个公平分摊改革的成本和代价、公平分享改革的成果和收益的难题。能否妥善地处理好这个问题，直接关系到改革能否顺利推进、共同富裕的改革目标能否实现。但是，近20多年，改革在全面推进后，社会各个群体之间分摊改革成本、分享改革成果却出现了严重不公平、不公正。有的社会群体，成为改革开放的获益者，但却不承担改革的代价和成本；有的社会群体，承受了改革的巨大代价和成本，却不能充分得到相应的补偿，更不能公平享受改革的成果。这是比分配不公更严重的、更突出的社会问题。被改革边缘化的弱势群体，恰恰正是国家建设的主力军，政权的阶级基础，党的依靠力量。他们占人口的绝对多数。改革的最终目的正是要让他们首先富裕起来。但是，时下他们却沦为被改革边缘化的弱势群体。其中，包括因企业改制而下岗的职工，因企业破产倒闭而失业的大批工人，因征用土地而沦为"三无"（无地、无工作、无收入）农民，早年退休职工、转业军人。还有因改革失误而蒙受损害的生活在社会底层的广大群众。例如，房改、医改、教改，推行广泛市场化，导致压在群众肩上的新"三座大山"；价格改革，盲目推行"放开物价，一步到位"，迷信市场供求调节，导致高通货膨胀，物价轮番上涨；加入WTO，接受了美欧强加于我国的屈辱性的诸如"非市场经济国家地位"的条款，使我国蒙受了巨大的经济损失，最终落到了职工头上；农村过剩人口转移，充分验证了所谓"比较优势"理论的效应，但亿万农民工却付出了巨大代价，他们从事苦脏重活，低工资、无社保、无权享受城市居民同等待遇，不能享受天伦之乐，沦为城市"二等公民"。这类由改革引起的涉及人们物质利益分配的社会公平问题，波及面广，人数众多，是引发群体性事件的重要根源。

如果按照联合国划定的贫困线（人均日消费2.5美元），我国现时贫困人口将为两亿多。其中，多数正是被改革边缘化的城乡贫困群体。

前不久，国务院公布了对收入分配改革方案的《意见》。初步分析，这个意见书存在严重的缺陷。

10 年未解难题：自主创新

倡导"自主创新"已经十多年，现在从上到下炒得依然火热，但人们的认识并不一致，与提出这一方针的初衷相去甚远。贯彻实施"自主创新"，必须正本清源。

有人认为，创新是企业的事，市场的事，政府不要喧宾夺主，搞什么"政府主导"，否定市场的基础性作用。这种观点误导了舆论，干扰了"自主创新"方针的贯彻实施。

提出"自主创新"，其意首先在于，正确处理好对外开放和独立自主、自力更生的关系，既要坚持对外开放，又必须把立足点放在独立自主、自力更生的基础上。

首先必须明确中国在全球经济格局中的定位问题。

应当澄清一个广为流传的谎言：改革开放前，我国实行闭关锁国的对外政策。这是弥天大谎。事实是，不是我国对外闭关锁国，倒是西方国家对我国长期实行孤立、封锁、歧视、不平等政策。甚至中国加入 WTO 美欧都把本国的国内法强加于我国，迫使我国接受屈辱性的"非市场经济国"等条款。至今美国政府一而再再而三地将中国投资拒之门外。我们现在实行对外开放的基本国策，但是，我们面对的却是一个美欧主导、美元称霸的不平等的世界。我国政府再三庄严承诺永远不称霸。我们期求别国平等互利待我。但我们对西方国家绝不抱不切实际的幻想，不能指望它们会发慈悲之心，恩赐中国成现代化强国。如果期望一个在全球称王称霸一个世纪的帝国，能容忍在自己身旁站立着一个具挑战性的竞争对手，那就太天真了。

近二十多年，中国在世界经济体系中的角色发生了显著变化。其中，最显著的，莫过于西洋人送给我们的那顶"世界工厂"的桂冠。这个美名颇令一些国人陶醉。然而，这却使我们十分难堪，因为这与我国的国际地位十分不相称。我国虽是发展中国家，但我国是社会主义大国，应当对人类发展作出较大的贡献。这是我们在实施对外开放国策首先必须明确的国家位置。基于这个定位，所谓"世界工厂""世界市场"之类都是错位的。为了缓解就业压力，代工厂要建，加工贸易要做，但绝不能把它们提升为主导产业、支柱产业。

自主创新是统领全局的发展战略问题。有一种广为流行的观点，认为自主创新的主体、主角是企业，政府不应喧宾夺主。这种看法是片面的。当然，企业作为社会生产的承担者和载体，自主创新最终要落实到企业肩上，企业也必须靠创新求生存和发展。但在我国发展现阶段，自主创新首先是国家层面上经济发展战略全局性问题。

——这是抓住机遇，加快实现工业化和现代化需要。西方敌对势力亡我之心不死，但战争一时还打不起来。我们必须充分利用和平机遇，在经济和技术上赶上并超过发达国家，绝不能跟在西方国家后面爬行。

——近现代经济史表明，发展中国家利用后发优势，赶超发达国家是普遍的规律。无论先行的国家，如美国、德国，还是后起的，如日本、韩国、俄罗斯，无一例外不是利用了这一规律实现后来居上的。中国是屹立于世界民族之林的社会主义大国，拥有其他国家所不具备的优势，不仅有必要，而且完全有可能在较短时间实现新型工业化和现代化。

——现代社会化生产力，决定了实现产业结构现代化是一项复杂精细的系统工程，必须有一个社会中心统一规划，协调各方，合理配置有限资源，从而以较少投入取得较大收益。这个重任便落到国家身上，由国家来充当主导。无论单个企业，或其他社会组织，都无法取代国家承担起统揽全局的重职。

——自主创新在经济战略层面上，必须落实到建立现代化的先进的、开放型的、相对独立的、完整的经济体系。这应当是有限资源分配的出发点和落脚点。建成这个经济体系，我们才能摆脱

"世界打工仔"的尴尬角色，才能把千百万劳工从"血汗工厂"里解放出来，才能使我国摆脱对西方国家经济和政治上的依附性，才能使我国在严酷的市场竞争中立于不败之地，才能经受住世界经济危机、衰退的冲击。不要被所谓"优化资源配置"糊弄，那是个没法度量的主观随意性概念。"比较优势"要利用，但只能当配角，否则，必然落入"比较优势"陷阱。

——实施自主创新，建设独立经济体系，应当发挥市场搞活经济和有效激励的功能，但市场不能取代政府充当主导。设计这个经济体系是多学科协同创作的智慧结晶。靠市场成就这项复杂精细工程，那不过是天方夜谭的神话。如果市场能成就这个雄伟艰巨事业，那还要科学干什么？如果市场能承担此项重任，那只要一门新自由主义经济学就够了，其他学科都可刀枪入库、马放南山。实施这项工程，必须精心组织施工。市场的作用不能忽视，但也不可完全交给市场。

历史表明，世界上发达国家没有一家完全是靠市场自发调节，靠所谓"大数法则"或"丛林法则"自立于强国之列的。即使是英国这个老大帝国，也是依靠政府暴力，用血与火的事实谱写工业革命历史的。原因在于，成千上万个企业作为市场行为的主体，各自的行为都服从于利润最大化的原则，与国家的整体利益是矛盾的。很难设想，众多企业能够自发地劲往一处使，围绕同一目标，各司其职，分工协作，各展其长，互补其短，发挥整体优势。如果让"看不见的手"任意主宰，听任"丛林法则"或"大数法则"，那将会导致资源浪费，错失良机。

——有人认为，政府主导创新，就是否定市场的"基础性作用"。自从"市场对资源配置起基础性作用"这一提法出现在中央文件之后，学界对此就有不同的诠释。一种是用"市场供求决定论"来解释，认为由于资源的稀缺性，资源的配置只能由市场供求形成的价格来决定。另一种观点用马克思的劳动价值论来解释，即认为价值规律即社会必要劳动量决定商品的价值量，商品交换按价值量进行，这是商品生产和商品交换的基本规律，它调节资源配置，最终实现按需生产，达到供求均衡，供求本身只能影响价格波动，价格最终要由价值规律来决定。用供求决定论解读"市场基础性作用"，在理论上是倒退，对改革实践也是有害的。

现时的主要矛盾是什么？

上述三个"老大难"，一个拖了30年，一个拖了20年，一个拖了10余年。从时序上看，是继起的，从因果关系看，是互相关联的。根子还是出在老旧发展方式固化、停滞化。后果突出地表现在工业产能严重过剩。劳动群众有购买力的消费需求相对不足。产能严重过剩尤其以传统工业最为突出。以钢铁为例，2013年粗钢产量将达到7.5亿吨，在建项目还有5000万吨，过剩产能超过两亿吨，我国钢铁产量占世界产量的46%。全国70%的钢铁企业亏损。"产能过剩""内需不足"，这两大难题早已是公认的事实。但这只是现象，不是问题的实质。产能因有效需求不足而不能充分利用，造成设备闲置；需求因购买力不足而相对和绝对萎缩，以致形成总供给大于总需求的矛盾。总量失衡从局部发展到全局，经历了产生、发展、演变的过程，最终成为阻碍我国经济可持续发展的主要矛盾。在这个过程中，经济超高速增长几度难以为继，不得不借助外力，靠扩张的财政货币政策推动来"保增长""稳增长"。但这种宏观经济对策并不能给经济稳步发展提供持续动力。一旦药力消失，经济便重新陷入低谷。近30年，GDP年均增幅9%以上，但并没有摆脱周期性的困扰。其病源就在于这个主要矛盾。一方面是产能过剩，导致企业开工不足，资源闲置。另一方面民众的消费需求因购买力匮乏而得不到满足。我国投资率在2003年后一直保持在40%以上。2010年一度升至48.6%，创中华人民共和国成立以来最高。而消费则被大幅挤压，1978—2009年消费率从62.1%降至48%，2010年降至47.4%，远远低于全球中等收入国家平均

67%左右的水平。"产能过剩"这个附在西方资本主义机体上的毒瘤,我们并不陌生。现在的问题是,在社会主义市场经济机体上为什么也出现了它的身影呢?答案要从我国生产力和生产关系的现状及其相互关系中寻找。一方面,随着工业化现代化快速发展和总体水平提高,生产力的社会化程度进一步强化,另一方面,随着经济市场化扩展,所有制日趋多元化,市场主体日益个体化,社会利益日渐分化。由此引起,一方面在个体利益最大化的驱使和市场竞争的压力下,推动各个市场主体大力发展生产力,不顾及市场实际需求,增加市场供给,以致社会生产呈现无限扩张的趋势;但市场扩张却遇到无法逾越的障碍,一是资源和环境的制约,二是有购买力的有效需求的约束。于是,价值规律便以经济危机或衰退形式强制地用破坏生产力的方式,恢复失去的总量平衡。

传统的方法是用 GDP 年增幅来判断是否发生经济危机和危机的程度。但这个方法用来分析中国经济,人们不仅看不到潜伏的深刻矛盾,甚至作出相反的判断,认为"风景这边独好"。其实这种看法是片面的。首先,由于我国幅员辽阔,地区经济发展极不平衡,本轮危机最先在沿海珠三角地区爆发,一大批工厂开工不足,一大批工厂倒闭,大量农民工失掉饭碗。当沿海地区已经出现危机或危机先兆时,内陆地区还沉醉在 GDP 赶超热潮之中。因此,GDP 平均增长值不能反映全局真实的态势。其次,当一国经济社会化超越国界,当世界经济趋向一体化时,世界市场的供求对一国经济周期有不可忽视的影响和制约作用。中国作为一个经济大国,对世界经济的影响不是无足轻重的。这在此次世界大危机中表现得十分明显。这种影响可以是相向的,也可以是相悖的。近 30 年,在我国国民收入分配中,居民最终消费所占的比重早已呈现下降的趋势,但出口高速增长弥补、掩盖了消费的颓势。我国钢铁的产能达到近 9.5 亿吨,虽已绝对过剩,且资源枯竭,但新建项目仍在继续,国际市场铁矿石供应源源不断,钢铁行业呈现近乎无限扩张的趋势。新兴产业也出现产能过剩。近几年,光伏产业近乎疯狂扩张，形成全球最大规模的加工制造产能，2008—2012年五年中，光伏产业制造能力提升了10倍，全国有一百多个城市建设了光伏产业基地，90%以上产品依赖国外市场，内销占比不足3%，全球光伏产能超过实际需求1.5—2倍。家电行业在利润和价格的引诱下无序扩张，致使几大件的产量跃居世界前列。城市居民需求趋于饱和，农村有需求但因购买力限制了市场容量，造成全行业产能过剩。2005年发改委公布有11大行业列入产能过剩行业，2013年增至19个行业。在巨额利润的驱使下，城市住宅建设快速崛起，成为拉动经济的支柱产业，呈现广阔的发展前景。但城市住宅市场供求却极端畸形，一方面商品房大量闲置，开发商资金积压，另一方面大量居民因房价居高不下买不起房，需求得不到满足，以致出现供过于求的假象。面向国际市场的加工贸易的发展支撑了地方经济，缓解了就业压力，增加了农民工收入，但厂主用低工资、降低劳动保护标准等办法进行原始资本积累。此外，不少地区还滋生了黑煤窑、黑矿山、地下工厂，久已绝迹的血汗工资制、包身工又死而复生。这种野蛮的增长方式严重地阻碍了发展方式的转变。

30年超常高速增长在第二次世界大战后世界经济史上没有先例。说"超常"，是因为它并非完全是客观规律使然，超越了经济、自然环境、资源和民心的承受力，既透支了前人的积累，又加重了后人的负担。在GDP增长的同时，社会经济政治生活中不安定、不稳定的因素也在滋生。"超常"增长不是长期起作用因素的产物。无论从国内状况还是国际环境看，都不可持续。当务之急，是把GDP增长幅度降低到国力所能承受的限度内，把经济工作的重点放在优化产业结构上。

近二十多年，宏观调控既没有找准病症，又开错了药方，因而收效甚微。主管部门不是从我国的实际出发对症诊治，而是迷信西方教条，天真地认为，既然实行市场经济，就只能走西方的套路，熨平经济周期的波幅只能靠货币政策。在21世纪这场国际大危机中，货币当局效仿美联储实施量化宽松货币政策，开动印钞机，

2008—2012年向市场投放了60万亿元天量货币，保住了GDP，但埋下了通胀和泡沫的严重隐患。对于严重的产能过剩，宽松的货币政策成了一副助燃剂，而紧缩政策只能应对增量，存量调整成效甚微。对于像过剩数亿吨的钢铁行业，天量货币投放将大规模扩大产能实际上延误了结构调整时机。危机逼迫我们必须调整结构。只有调整结构，理顺比例关系，才能推动经济复苏，并引领经济走上可持续发展活路。

涉及经济全局的结构大调整是项艰巨的系统工程。它要通过关停并转，优胜劣汰，实现产业升级、结构优化。因此必须制定完善的总体规划，不能头痛医头、脚疼治脚；不能靠打补丁，或拾遗补阙。

结构调整必然要实行关、停、并、转。小调整只涉及企业，大调整则扩展到行业。这个过程是存量资产重新配置的过程，实质上是利益再分配的过程。在多种所有制并存的条件下，由于市场主体多元化，利益主体多元化，结构调整所引起的损益是不可能均等的。因此，调整必然会在行业内部、在企业间、政府与企业之间引起博弈，会遭遇到依附于旧结构的既得利益者的阻力。这种阻力单纯靠利率调节是克服不了的。西方国家通常是靠市场、靠经济衰退即危机强制地自发地实现的。结构调整不可再拖延，阻力必须化解，代价要尽量减小。为此，政府应当统筹全局，协调各方，利益兼顾，综合运用各种调控手段，推进调控。

有购买力的消费需求相对不足和非农产能过剩的矛盾，是阻碍经济可持续发展的主要矛盾。这个矛盾表明，市场经济制度一方面为生产力发展开辟了广阔的空间，因而是适应生产力性质的；另一方面又不利于生产力持续发展，因而与生产力发展存在矛盾。市场经济制度作为一种现实的生产关系与生产力性质既适应又矛盾的状况，这是政府必须正视并紧紧把握的主要矛盾。坚持改革开放，就是坚持按照生产关系一定要适合生产力性质的客观规律要求，适时调整生产力与生产关系的矛盾，促进生产力发展和人民生活水平的提高。

对于主要矛盾的看法，党的十八大基于我国社会主义经济制度基本建立的实际，认为落后的生产力和人民群众不断增长的物质文化需要的矛盾，已经取代阶级矛盾而成为我国社会主要矛盾。后来，"若干历史问题决议"肯定了这一观点。改革开放以来，我国社会发生了重大变化，一是实行了以公有制为主体、多种所有制并存，二是实行了社会主义市场经济体制。《决议》没有也不可能预见到这个深刻变革所引起的社会经济后果。党的十八大所讲的主要矛盾，可以看作贯穿于整个社会主义阶段的矛盾；社会生产高速增长趋势和人民群众有购买力消费需求相对不足的矛盾，则应看作是在尚未实现共同富裕的历史阶段，特别是经济体制转型时期的主要矛盾。

党的十八大把改革和发展推进到一个新阶段。30年来，我国已经基本建立了社会主义市场经济体制基本框架。这是不容否定的客观事实。我们没有理由放弃既定方针，更不应改道易帜。现在，有些顽固不化的新自由主义信徒睁着眼睛说瞎话，矢口否认近十年来改革的进展，鼓吹继续推行"自由化市场取向"改革。当前，深化改革必须以党的十八大规定的路线为指导，正视我国发展和改革的现状，抓住经济中的主要矛盾不放松。如果听任新自由主义误导改革和发展，只能加深和进一步恶化主要矛盾。本该是"解铃还须系铃人"，但时至今日，没有一个新自由主义信徒站出来作自我批评。

我国该从时下这场世界经济大危机中吸取什么教训？

进入新世纪，以华尔街为首的美欧垄断资本，把全球拖进了一场战后最严重的经济金融危机。如果从2008年次贷危机爆发为起点，迄今为止已历时五年，尚不见底，前景难料。由于受学界主流观点的影响，从政府主管部门所言所作所为来看，官方认识仍存疑惑。危机重创了我国经济。我们付出了巨大代价，交付了高昂的学费。既如此，就应当从中吸取有益的教训。

——首先是关于危机的性质。是局部的危机、短暂的衰退；还是全面的、制度性危机；出路是只需加强监管，还是根本改革经济体制。

当我国经济学界主流派一些人为西方资本主义制度大唱赞歌，散布西方资本主义制度不仅"垂而不死"，相反正"如日中天"，一场突如其来的风暴席卷全球。不仅我国经济学界主流学派毫无思想准备，西方新自由主义者也被打得措手不及，以至英国女皇责问，经济学家为什么没有预见到这场危机？华尔街金融垄断资本寡头成了众矢之的。甚至美国总统奥巴马也谴责华尔街贪婪。面对这场战后最严重的浩劫，西方国家的政府采取了惯用的应对危机对策：紧缩财政开支，削减公共福利经费；实行量化宽松货币政策，降低利率以刺激经济；开动美元印钞机，滥发纸币，转嫁危机；操纵汇率，压低本国币值以扩大出口；实行贸易保护主义，对进口贸易设置障碍；加强金融银行监管，同时用财政资金资助大银行和大工商企业免于破产，等等。

现在，大危机虽未继续恶化，但出现了演变为长期慢性综合征的趋势。一些国家复苏势头缓慢，不少国家财政入不敷出，赤字居高不下，债务不堪重负，许多国家失业人数骤增，贫困人口上升，社会矛盾加剧，有的国家一次危机尚未见底，又临二次灾难。值得关注的新动向，是经济、金融、财政、外贸等危机和社会矛盾互相交织，互相影响，甚至有人妄图从战争和经济军事化中找寻出路。

——所谓"同舟共济、共度时艰"，不过是一厢情愿的单相思和善良愿望。

自对外开放定为基本国策以来，我国经济已深深融入世界资本主义体系，成为这个体系不可分割的重要组成部分，可以说是"同舟"了。至于说是否因此做到"共济"，那并不取决于我们的主观愿望和我们单方面的行动。危机以来，我国政府信守承诺，采取了一系列措施缓解危机对西方国家的压力，尽其所能帮助它们走出困境，例如，继续增购美国国债；增加进口，减少中美贸易顺差；维持大宗商品如铁矿石等进口量，支撑出口国经济；减缓危机对西方国家低收入群体的压力，继续供应价廉物美的日用消费品；进一步拓展开放领域，为西方过剩资本和增加就业提供出路；在货币和金融政策方面，绝不乘人之危，以邻为壑，转嫁危机。我国政府所作所为，有目共睹，事实表明，我国是信守承诺的可信赖的民族。我们没有乘人之危落井下石，我们也没有因人有求于我乘机勒索。

但是，我国的善举并没有得到西方国家的善报。它们并不因此取消对华歧视性贸易条款。"非市场经济国家"成了西方国家推行贸易保护主义的一把利器，随时用来鞭笞中国。但所谓"非市场经济国家"标准，并不是国际公认的国际标准，而是美国的标准。美国把国内法凌驾于国际法之上，强加于 WTO，这完全是霸道行径。我国"入世"已经 10 年，但至今不能与美欧平等行使 WTO 赋予的权利，而且在经济上蒙受了巨大的损失。

美国是直接和间接从中国发展中获益最大的国家。但美国政府却利用美元的霸权地位，操纵汇率，开动印钞机，转嫁危机，使我国蒙受巨大损失。

西方国家所作所为表明，金融帝国的秉性注定了它们不可能与我国"同舟共济、共度艰险"。在现实的市场中，呈现在人们视野里的，却是利益相关方的严酷的博弈。

——在世界大危机中，我们能为"一枝独秀""风景这边独好"所陶醉吗？

危机爆发后，世界各国几乎无一幸免都遭到华尔街掀起的金融风暴的袭击，都或深或浅地陷入经济衰退的泥潭。唯有中国经济仍然保持高增长的态势。中国对世界经济增长率的贡献一度高达 60%。国人为此感到骄傲。有些媒体乘势鼓吹"风景这边独好""中国是世界经济领头羊"。西方企图把中国从发展中国家行列除名，要求中国承担更多的义务救援身陷危机的国家。

大危机对我国经济的冲击有目共睹。在沿海地区，成片工厂倒闭、停产或半停产，几百万工人失业。作为"三驾马车"之一的外贸，由于美欧经济衰退，导致订单剧减，出口骤降。

在世界经济陷入衰退之时，我国经济保持了正增长。但这并非内生机制的作用结果。而是由于政府步西方国家后尘，实行了超强度的量化宽松的货币政策，投放创世界纪录的天量货币，超前增加基础设施投资。实行这一以"保增长"为宗旨的短视对策，GDP增长是维持住了，但久已存在的结构矛盾却进一步加剧，为通货膨胀埋下了隐患。

——危机逼迫我们必须调整和改革产业结构。我国产业结构改革是走美国的路，还是立足于国情，走自己的路，着力发展实体经济，坚持虚拟经济服务于、依附于实体经济，防止经济虚拟化、泡沫化。

30年来，由于我国经济发展战略发生错位，铸成了扭曲的依附型产业结构，成为可持续发展的障碍。有些人主张我国结构调整和改革应以美国为参照系，大力发展金融服务业，将三产比重提高到70%。然而，他们却忘记了本轮金融经济危机的惨痛教训。华尔街在"金融创新""金融改革"的旗号下，导致金融衍生品大肆泛滥，金融业不再以服务于实体经济为宗旨，不再依附于实体经济，形成了巨大的金融泡沫，导致三产服务业恶性膨胀，GDP被注入大量水分，最终将实体经济拖入危机泥潭。我国结构改革和调整应引以为戒。

——面对危机，是消极被动应对，还是应有所作为，化危机为机遇，乘势发展自己。

自20世纪30年代以来，应对经济危机，有两种不同的思路和对策：一种是西方国家至今还在沿用的，用扩张的财政政策和货币政策，增加投资和消费，缓解总需求不足和产能过剩的矛盾；另一种则是立足于扩大内需，利用西方经济危机发展自己，引进西方闲置的资金、设备、人才，加快工业化，提高人民的物质和文化生活水平。这是斯大林时期苏联走过的路。从斯大林 1924 年接班到 1936 年，苏联实现工业化仅用了 12 年。其秘诀之一，就是斯大林紧紧抓住西方大危机时机，化危机为机遇，利用西方在经济上有求于苏联市场、资金，发展自己。这是互利双赢的平等交易，斯大林并没有乘人之危敲诈勒索或落井下石，但他对西方绝不抱任何不切实际的幻想。对比我国政府在本次危机中的所作所为，斯大林比我们高明，他为后人创造了一个化危机为机遇的成功范例。

我以为，在本次危机中，我国政府至少在以下几个方面应当有所作为：其一，讨回失去的公道。我国加入 WTO 时，迫于美欧压力，我国接受了"非市场经济国家地位"条款，承诺在 15 年内按此条款处理贸易纠纷，允许相关国家向中国商品征收高额关税。10 年来，我国厂商蒙受不白之冤，遭受巨大的经济损失。有了"非市场经济国家"这个套在中国头上的紧箍咒，美欧随心所欲对中国厂商进行惩罚。但是，此项条款并不是依据公认的国际法，而是美国根据本国法律强加给 WTO 的，是美国把国内法凌驾于国际法之上的霸道行径。何况中国经过 30 年改革，经济运行早已进入市场化轨道。现在，美欧身陷危机困境，顾不上脸面，向我国求援。我们为什么不据理力争，讨回失去的公道呢？中国的外汇储备，是亿万人民用血汗换来的。

其二，我国应不应该为建立公平、公正、平等、互利的国际经济秩序，作出自己应有的贡献；面对美国依仗霸主地位，四处伸手，到处挑衅，我国是否应当继续以韬光养晦为由，束缚自己手脚，无所作为。

当今世界经济秩序远不是公平、公正、平等的。世界虽然出现多极化的趋势，但美欧主导、美国霸权的地位并没有改变。中国是发展中的社会主义大国，已成长为世界经济大国和贸易大国。当今世界，任何重大经济问题的解决，都不能无视中国的存在。中国不称霸，也不争霸。但是，当别人侵犯我国的核心利益，当有人用武力试探中国政府的反应,如美机轰炸我驻南使馆时,中国政府能甘当缩头乌龟吗?现在,美国政府陷入内外交困,我们为什么不利用机遇对美元的霸权地位提出责疑、约束、挑战?不应当忘记,美元作为美国的主权货币取代黄金充当世界货币,并没有经过合法的国际立法程序;对美元的发行和流通,也缺少权威国际机构的监督和管理;美国享有美元世界货币的权力和利益,但并不承担相应的责任和义务。我们无意挑战美元地位,不会无视客观条件的许可盲目推行人民币国际化,也不奢望人民币取代美元。但是,在现行世界经济体制框架内,我们有权要求联合国相关机构将美元发行和流通纳入国际法律管辖和监督之中。这是约束美元霸权的必要步骤。于理于情,美政府都没有反对的理由。

新一轮改革从何着手?改革重点抓什么?

改革的根本目的,是解放和发展生产力,提高人民的物质和文化生活水平。这是改革的出发点和落脚点,也是检验改革成效的标准。人们从事物质资料生产,是为了满足消费,而不是为生产而生产。同理,改革也不是目的,不是为改革而改革,改革是实现目的的方法和途径。但是,这些年改革被某些人异化为政治标签,把改革之外的功能附加在改革身上,改革就是一切,目的是微不足道的。

我国发展现在已进入新阶段。新时期改革必须坚持实事求是的指导思想,从客观存在的矛盾出发,而不应死抱着所谓"市场化、自由化"的教条不放,让市场原教旨主义信徒把我们再次拖入新自由主义泥潭。当前,我国经济的主要矛盾,是在由计划经济体制向社会主义市场经济体制转型过程中产生的新矛盾,即生产超高速增长的趋势和劳动群众有购买力的消费需求相对不足的矛盾。只有紧紧抓住并切实解决这个矛盾,才能推动我国经济持续、平稳、协调发展。

解决这个矛盾从何下手呢？是做锦上添花，让已经富裕了的人更富裕呢，还是扶贫济困，让占人口多数的相对和绝对贫困的群众分享改革和发展的成果，应当说，这是偿还 30 年对他们欠下的债务，是补偿他们在改革开放和发展中所受到的伤害，是支付他们为改革和发展所垫支的成本和代价。这个亟待救助的弱势群体，包括进城从事重苦脏活但不能享受城里人待遇的农民工、国有企业改制下岗职工、早年退休职工、农村五保户、老少山边地区贫民等。这个弱势群体人数众多，而且曾是革命和建设的主力，是党依靠的基本群众。为他们服好务，是改革发展应有之义。没有他们的理解和支持、参与，后续的改革和发展是难以为继的。要记住恩格斯的名言：人们奋斗是为了利益。毛泽东告诫：要给群众看得见的物质利益。

13 亿人的物质和文化生活需求，是取之不竭、用之不尽的富饶"金矿"。此时不开发，更待何时？

（原载于祖尧《忧思录：社会主义市场经济从理论到实践的跨越》，中国社会科学出版社 2015 年版）

政治经济学研究 50 年

在中国思想史上，中国古人和近代人都有极其丰富的经济思想。但始终没能创立中国自己的政治经济学。作为社会科学领域中一门独立的学科，政治经济学是自西方引进中国的"西洋品种"。为了使这门学科本土化，和中国的实际相结合，近代中国经济学家进行了艰难的探索，甚至付出了高昂的代价。新中国成立后，特别是近 20 年，政治经济学研究取得了令世人瞩目的进展。回顾过去是为了开拓未来。中国特色的政治经济学研究和学科建设，任重道远。

一 新中国政治经济学研究的历程和历史背景

与社会科学中其他学科一样，政治经济学研究具有深刻的时代烙印。政治经济学是一门有强烈阶级性的学科。分析半个世纪来政治经济学在我国的传播和发展，必须把握我国的特殊国情和历史背景。

新中国成立后，政治经济学的地位有极大地提高，马克思主义政治经济学在社会主义建设中的指导作用不断加强。

政治经济学作为一门独立学科，始创于 18 世纪资本主义制度发源地英国。19 世纪末英国古典政治经济学开始传入中国。20 世纪初，在俄国十月革命胜利后，中文版的马克思主义政治经济学经典《资本论》在中国问世。新中国成立前，由于国民党政府实行法西斯统治，在国民党统治区马克思主义政治经济学著作被列为禁书，高等学校经济学专业均以西方资产阶级古典经济学和现代经济学著作为教材。只有在中国共产党领导的革命根据地，马克思主义政治经济学才享有合法地位。各种军政干部学校、党校一般都开设政治经济学或社会发展史课程。后来把苏联出版的列昂节夫撰写的《政治经济学》列入"干部必读书目"。党培养了一批有较高理论水平又有实际工作经验的经济理论工作者，这些人成为新中国成立后从事政治经济学研究、教学的骨干。

新中国成立后，以马克思主义作为指导思想的中国共产党取得了执政党的地位。马克思主义政治经济学的地位和作用显著提高，成为党和政府制定路线、政策和法规的重要理论根据之一。党和政府十分重视对政治经济学研究和教学的领导与管理。

50 年代前期奠基时期：

——在各类学校普遍开设了政治经济学课程，对广大干部和群众进行马克思主义政治经济学基本原理的教育。高校将政治经济学列为必修课；中学开设社会发展史和社会主义建设常识；党校将政治经济学列入干部培训重要内容。中央电台举办了政治经济学系列讲座。这些措施为在亿万人民中普及政治经济学知识做了有益的贡献。

——在中央和省市党校、高校文科和综合大学开设政治经济专业，培养从事政治经济学研究、教学的人才；中国科学院哲学社会科学部成立经济研究所，作为专门从事经济理论研究的机构。

——除综合性社会科学期刊外，还创办了《经济研究》《中国经济问题》等专业学术刊物，为从事经济学研究和教学人员提供了发表成果的园地，推动了经济科学的繁荣和发展。

——陆续翻译出版了《马克思恩格斯全集》《列宁全集》《斯大林全集》以及苏联《政治经济学教科书》等著作，同时，还翻译出版了威廉·配第、亚当·斯密、李嘉图、马歇尔、凯恩斯、熊彼特等西方经济学代表人物的名作。

——提出了"百家争鸣、百花齐放"的指导方针。1956 年，根据毛泽东同志的倡议，党中央把"百家争鸣、百花齐放"作为党领导科学事业和文化艺术事业的根本方针。"双百"方针是完全符合科学、文化、艺术事业自身发展规律的。它有利于创造自由研究、相互切磋、平等争辩的学术氛围，有利于充分调动学者发展科学事业的积极性，促进科学事业的繁荣和发展。这是科学事业管理体制的一大创举。在这一方针的鼓舞下，50 年代前期我国经济学界呈现一片繁荣景象。孙冶方的新价值论、马寅初的新人口论等，才得以问世。经济学界就"社会主义制度下商品生产和价值规律的作用""有计划按比例发展规律""按劳分配"等问题，展开了广泛的讨论。

50 年代中期到 60 年代前期：

——中宣部和高教部组织编写《政治经济学教科书》，以取代苏联的教材。于光远、苏星等编写的《政治经济学（资本主义部分）》、徐禾等编写的《政治经济学概论》先后出版。这两本教材均以《资本论》为蓝本，对《资本论》所阐明的马克思主义政治经济学基本原理作了通俗、简明的介绍。前一教本包括帝国主义部分，以高校理工科和文科学生为对象；后一教本适用于经济学专业学生。

——毛泽东同志的《论十大关系》《关于正确处理人民内部问题》发表，提出了"以苏联为戒"，中国工业化道路等问题，为政治经济学社会主义部分学科建设指出了方向。高校和党校编写了一批《政治经济学（社会主义部分）》教材。这些教科书的特点，主要是突出中国的实际，阐明中国社会主义改造和工业化的道路、政策、路线的理论根据，但它的基本范畴、原理和体系结构并未突破苏联的政治经济学教科书。这一时期还出版了一些从理论上总结中国社会主义改造的历史经验的经济理论著作，如薛暮桥、苏星等撰写的《中国国民经济的社会主义改造》、中国科学院经济研究所编著的《中国资本主义工商业的社会主义改造》等。

——通过总结 50 年代后期经济工作"左"的错误的经验教

训，60 年代初在毛泽东同志倡议和带领下，全党全国兴起了读书热潮，重新学习斯大林的《苏联社会主义经济问题》、苏联《政治经济学教科书（第三版）》。毛泽东同志在《扩大的中央工作会议上的讲话》中正确地指出，最近几年我们干了许多蠢事；对于社会主义时期的革命和建设的认识还有很大的盲目性，还有一个很大的未被认识的必然王国；要按客观经济规律办事。这一时期经济工作提出了"调整、巩固、充实、提高"的方针。根据这一方针，中央组织专家和实际工作者起草了各行业管理体制的条例，其中有《农村人民公社工作条例》《国营工业企业工作条例》等。这些经济法规是在肯定"三面红旗"和"反右倾"的前提下制定的，在理论上也没有完全摆脱传统的社会主义经济理论的束缚。但它们却标志着我们对中国社会主义建设规律的认识向前跨进了一步，对纠正经济工作中"左"的影响起了有益的作用。

——由于对国内和国际阶级关系的变化作出错误判断，党的"八大"确定的以社会主义建设为中心的方针逐步被"以阶级斗争为纲"的方针所取代，60 年代中期在理论战线上开展了批判修正主义运动，经济界和经济学界深受其害。孙冶方等一些有创见的学者被列为经济学界修正主义的代表人物受到批判。以《人民日报》编辑部和《红旗》杂志编辑部名义连续发表了九篇评论文章，系统地批判了以赫鲁晓夫为首的苏共中央的"修正主义"路线和理论。其中，一些涉及经济学常识性问题的是非均被搅乱，例如，所谓"利润挂帅"、物质鼓励等。政治经济学社会主义部分的教科书按照《九评》的论点进行了修改。这样，"左"的经济政策、路线便逐步系统化、理论化。

"文化大革命"时期：

1966 年发动的"文化大革命"，是 50 年代中期以来不断进行的政治运动的继续和恶性发展。政治经济学研究工作经历了长达 10 年之久的空前灾难。

——毛泽东的"以阶级斗争为纲"的观点进一步发展为"无

产阶级专政下继续革命的理论",成为这一时期各项工作的指导思想。根据这一错误理论,"四人帮"组织编写了《社会主义政治经济学》(上海版)。这本书肆意歪曲、篡改马克思主义,把"左"的经济政策理论化、系统化,集极"左"经济观点之大成。该书发行 16 万多册。

——由于林彪、"四人帮"肆意摧残和迫害,政治经济学研究、教学队伍被打乱,大批理论工作者沦为"全面专政"的对象,被迫放弃专业,下放劳动;研究机构有的被解散,有的停止工作;《经济研究》等学术刊物停刊;正常的研究工作完全停止。

粉碎"四人帮"后,政治经济学研究进入空前活跃、发展的新时期:

——理论上拨乱反正,全面批判林彪、"四人帮"极"左"的反动经济观点。粉碎"四人帮"后,经济研究机构和学术刊物陆续恢复。广大经济理论工作者率先投入批判林彪、江青反革命集团的斗争,从经济学理论方面拨乱反正、正本清源,把被林彪、江青反革命集团搅乱了的是非颠倒过来。围绕着"按劳分配理论""生产力决定论""社会主义商品生产和价值规律""政治与经济关系"等重大问题,召开了一系列讨论会,并发表了许多系统批判林彪、江青反革命集团的反动观点的论著。其中影响较大的,有中国社会科学院经济研究所编写的《"四人帮"对马克思主义政治经济学的篡改》,国务院财贸小组理论小组写的《驳斥"四人帮"诋毁社会主义商品生产的反动谬论》,有林等撰写的《批判"四人帮"对"唯生产力论"的批判》等。

——加强了学科建设的基础性工作,经济学辞书出版填补了空白。许涤新主持编写了新中国成立后第一部大型《政治经济学辞典》《中国大百科全书经济学卷》。高校系统编写了多种版本的政治经济学教科书。中国经济史研究取得了重大成果,为政治经济学本土化提供了丰富的素材。许涤新、吴承明主编的多卷本《中国资本主义发展》,受到学术界广泛好评。中国经济思想史研究取得了丰硕的成果,例如王珏主编的《中国社会主义政治经济学四十年》,顾龙生主编的《中国共产党经济思想发展史》等。同时,重新校译出版了《资本论》《马克思恩格斯选集》《列宁选集》等。

——理论研究的环境和条件显著改善。中共十一届三中全会重新确立了"解放思想,实事求是"的思想路线,明确了全党全国工作重点转向以经济建设为中心,探索有中国特色的社会主义建设新路。这就为广大经济理论研究工作者施展自己的才智提供了广阔的天地,为研究工作创造了前所未有的良好的外部环境。同时,经济理论受到了普遍关注和重视。各部门、各地方、综合性大学甚至企业纷纷建立了经济研究机构,学术刊物如雨后春笋,全国经济类报刊多达几百种。各地还成立了经济学会,作为开展学术活动的群众团体。所以,理论研究的物质条件比过去大大改善。

——广泛开展对外学术交流,为吸收外国经济学发展的科学成果开通了渠道。改革开放以来,经济学研究改变了长期以来对现代西方资产阶级经济学全盘否定的非科学的态度,打破了封闭、僵化的研究体制,广泛开展与国外的多种形式的学术交流,拓宽了研究思路,吸收了外国经济学研究的新成果,为创立社会主义市场经济理论和经济学分支学科提供了素材。值得注意的是形成了一股西方经济学热,出现了对现代西方经济学盲目崇拜的思潮。对于如何科学地对待现代西方经济学诸流派,有些研究者撰写了一些有影响的论著,如陈岱孙的《正确对待西方经济学》、高鸿业主编的《西方经济学与我国经济体制改革》等。

——改革开放的实践是一所伟大的学校。改革开放的经验为创建有中国特色的社会主义政治经济学提供了极其丰富的理论素材,改革开放20年初步正确地解决了什么是社会主义以及怎样建设社会主义这两大难题。政治经济学研究在这一时期所取得的最重要的成果,就是初创了有中国特色的社会主义经济理论。

二 50年来政治经济学研究所取得的主要学术成就

50年来，我国经济学者经过异常艰辛的努力，克服种种障碍，排除种种干扰，坚持马克思主义经济学基本原理与中国实际相结合，突破了被实践证明是错误的传统观念，发展了马克思主义经济学，特别是在创立有中国特色的社会主义经济理论中作出了巨大贡献。有中国特色的社会主义经济理论是我国经济学者集体智慧的结晶。这一理论是马克思主义基本原理与当代中国社会主义建设实践相结合的产物。它科学地总结了我国社会主义建设和社会主义改造正反两方面的经验和教训，并吸收了现代西方经济学的科学成分。称它是当代经济学发展的最新成果，是当之无愧的。

以下，就半个世纪来我国经济学的发展和我国经济学者的理论创新的若干主要问题，作概要的介绍和评述。

（一）在创立中国的广义政治经济学方面取得了突破性进展

广义政治经济学是以研究人类社会各种生产方式中支配物质生活资料的生产和交换的规律的科学。恩格斯指出："人们在生产和交换时所处的条件，各个国家各不相同，而在每个国家里，各个世代又各不相同。因此，政治经济学不可能对一切国家和一切历史时代都是一样的。……政治经济学本质上是一门历史的科学。"① 政治经济学传入中国后，中国经济学者面临的首要任务就是实现这门学科中国化，研究中国社会发展各个阶段上支配物质资料生产和交换的特有规律，创立中国的广义政治经济学。

1949年新中国诞生，标志着我国社会由半殖民地半封建社会进入到新民主主义社会。我国马克思主义经济学家以历史唯物主义为指导，观察中国社会及其历史，对近代中国社会性质作出了科学判断，创立了新民主主义社会经济形态学说。新民主主义社会经济

---

① 《马克思恩格斯选集》第三卷，人民出版社1972年版，第186页。

形态理论是马克思主义关于社会生产方式学说的重大创新和发展，也是马克思和列宁关于走向社会主义的过渡时期理论的创新和发展，丰富和扩展了广义政治经济学研究的范围。在我国现代经济学说史上，谱写了这一重要篇章的有影响的学者及其论著有：许涤新的《新民主主义经济》，沈志远的《新民主主义经济概论》，王亚南的《中国经济原论》，马寅初的《新民主主义的经济》，薛暮桥的《新中国的经济结构》，王学文的《论新民主主义的经济形式》等。近年来，社会主义初级阶段理论研究兴起之后，对新民主主义理论的研究又重新受到关注。

新民主主义社会经济形态理论是基于对旧中国社会性质的准确判断。自周秦以来，中国封建社会延续了几千年。帝国主义入侵中国，中断了中国社会自身发展的进程，中国逐步沦为半殖民地半封建社会。这个社会形态经济上具有以下主要特点：（1）自给自足的自然经济开始解体，但商品经济不发达；（2）民族资本主义有所发展，但居统治地位的是封建主义土地所有制、官僚买办资本主义和外国垄断资本主义；（3）近代工业开始起步，但农业占绝对优势，手工劳动和手工业依然居统治地位；（4）中国人民深受帝国主义、封建主义和官僚买办资本主义的三重残酷压迫和剥削，是世界所少见的；（5）近代中国半殖民地半封建的社会性质，决定了近代中国社会的主要矛盾不是资产阶级和无产阶级的矛盾，而是帝国主义、封建主义、官僚买办资本主义与人民大众的矛盾。

半殖民地半封建社会不可能走上独立发展资本主义的道路。中国要实现民富国强，必须走社会主义道路。只有社会主义，才能救中国。但是，中国又不具备立即实行社会主义的经济和政治条件。为此，首先要推翻封建、官僚、买办资本的反动统治，完成民族民主革命，为实现社会主义创造必要的政治条件。然后，依靠人民政权经过新民主主义社会，为过渡到社会主义创造必不可少的物质条件和经济条件。半殖民地半封建社会可以超越资本主义阶段，走向社会主义，但绝不能越过新民主主义社会，直接过渡到社会主义。

新民主主义社会形态基本经济特征是多种所有制长期并存、共同发展。其中，社会主义国有经济居主导地位，但在国民经济中的比重并不占优势；民族资本主义工商业及各种形式的国家资本主义是新民主主义社会经济结构的重要组成部分，按照有利于国计民生的方向继续长期存在和发展；以农民土地私有制为基础的家庭经营是农业生产的主要经营形式。各种所有制经济分工协作、各展其长、各得其所，由此形成的合力是促进生产力发展的重要动力。因此，稳定多种所有制长期并存的结构，才有利于生产力发展。

新民主主义社会具有长期性。这个社会之所以必要，就是为将来过渡到社会主义创造必要的条件。新民主主义时期的基本任务就是发展生产力，实现国民经济工业化和现代化。社会主义改造的任务只能适应生产力发展的需要逐步进行。

新民主主义社会形态理论创造性地运用和发展了马克思、列宁从资本主义到社会主义的过渡时期学说。这两者有共同点又有区别。就社会的过渡性和发展前景而言，两者是相同的。区别之一在于，马克思讲的过渡时期脱胎于工业化和现代化已完成的发达的资本主义社会，即实现社会主义所必需的物质条件和经济条件已经完全成熟的社会。新民主主义社会是创造社会主义所必不可少的经济、物质条件的社会。区别之二，从资本主义到社会主义的过渡时期，主要矛盾是资本主义和社会主义、资产阶级和无产阶级的矛盾。而新民主主义则不同，由于社会主义国有经济居主导地位，由于民族资本主义工商业是作为利于国计民生的经济成分存在，且比重不大，由于多种经济成分长期并存是发展生产力的需要，因此，这一时期社会的主要矛盾不能简单地归结为资本主义与社会主义、资产阶级与无产阶级的矛盾。

在创立中国的广义政治经济学方面，经济史学家做出了重要贡献。许涤新、吴承明主编的《中国资本主义发展史》、汪敬虞主编的《近代中国经济史》等，为研究中国封建社会、半封建半殖民地社会的政治经济学提供了极其珍贵的资料和素材。

（二）马克思主义政治经济学基本理论研究

马克思的《资本论》是马克思主义政治经济学的经典之作。《资本论》所阐明的政治经济学基本原理，并不因一百多年来时代变迁而过时。新中国成立以来，我国经济学界十分重视对《资本论》的研究和应用。

首先，为《资本论》的普及作通俗讲解和注释。陈征的《〈资本论〉解说》，宋涛主编的《〈资本论〉辞典》，孟氧的《〈资本论〉典故注释》等，成为初学者必备的参考读物。

其次，对《资本论》中重要论点的研究与探讨。学术界曾就以下问题反复进行了广泛的讨论：要素在价值形成过程中的作用；两种社会必要劳动的含义及相互关系；生产劳动和非生产劳动的划分；"重建个人所有制"和社会主义公有化；无产阶级的绝对贫困化和相对贫困化；管理二重性和管理劳动的性质；劳动价值论和生产价格的形成（即所谓《资本论》第1卷与第3卷的矛盾）；内涵扩大再生产和外延扩大再生产的区别和相互关系；超额剩余价值和超额利润的来源与性质等。通过讨论，对准确、全面地把握《资本论》的丰富内容，对提高经济学界的整体学术水平，起了有益的作用。

再次，在研究《资本论》的结构、体系、方法等方面，取得了新成果。例如，《〈资本论〉创作史》、《〈资本论〉的逻辑》，等等。

最后，广泛开展了对《资本论》在政治经济学社会主义部分学科建设中的应用研究。在"文革"前，主要偏重研究如何借鉴《资本论》的方法、结构、逻辑、范畴来构造政治经济学社会主义部分；改革开放后，研究重点转向，一是探讨如何运用《资本论》原理研究现代市场经济和社会主义市场经济，二是讨论如何运用《资本论》提出的论点指导改革。例如，马家驹的《〈资本论〉和政治经济学社会主义部分研究》、宋涛的《运用〈资本论〉的方法研究政治经济学社会主义部分的结构和体系》、李成勋的《〈资本论〉和社会主义商品经济》。此外，学术界围绕着要素参与分配和劳动价值论问题、马克思关于股份制的论述和我国国有企业改革，"重建个人所有制"和社会主义公有制等问题，进行了热烈的争论。尽管对这些问题学术界颇有争议，但讨论却为研究马克思主义经典著作拓宽了思路和领域，开辟了理论联系实际的途径，摆脱了经院式的教条主义束缚。学术界许多学者认为，《资本论》是一部理论精辟、逻辑严谨的研究资本主义市场经济制度和运行机制的典范之作。其中也揭示了商品—市场经济的一般规律，对我们正在进行的市场化改革是有指导意义的。但有的学者却持否定态度，认为《资本论》已经过时。在一些高等学校经济院系甚至停开了《资本论》课程。

（三）社会主义经济思想史的研究，为政治经济学社会主义部分学科建设提供了丰富的理论素材

50年来，为创立中国特色的社会主义政治经济学，我国经济学者作了不懈努力。一方面全面总结十月革命以来社会主义建设的实践经验和教训，从中找出社会主义建设的规律性；另一方面批判地吸收前人研究的思想成果。马克思主义政治经济学原本就不是一个自我封闭的僵化的思想体系。无论是在它的初创时期，或者在它的发展时期，都是靠不断地吸收世人研究的科学成果来充实、丰富、发展自己的。但是，长期以来，由于受"左"的思想路线的支配，在全盘照抄照搬苏联教条的同时，对其他研究成果一概采取了全盘否定的态度。尽管早在50年代中期毛泽东同志就提出了"以苏联为戒"，但社会主义政治经济学研究始终没有取得突破性进展。

近20年，社会主义经济思想史研究所取得的成果，主要有以下几个方面：

在马克思和恩格斯关于科学社会主义理论的发展方面，结合经济改革的实践，重新学习马恩著作，从中得到许多新的启示。首先是马克思关于东方社会各民族"跨越卡夫丁峡谷"的设想。19世纪70年代以后,马克思在研究俄国等东方国家公社土地制度后,提出东方国家社会发展可以跨越资本主义"卡夫丁峡谷"的著名论断,指出资本主义发展的历史必然性分析只限于西欧各国。不能将他的理论看成是"一般的历史哲学"。马克思这一论点揭示了各民族走向社会主义道路的多样性和东方国家社会形态发展的特殊性。随着我国经济市场化过程的深入,经济学界再次对马克思的这一论点进行了讨论。尽管学者们对马克思关于东方社会理论的理解尚有争议,但在将马克思这一论点运用于社会主义政治经济学中取得了若干共识:西欧资本主义制度并非一切国家和民族必经阶段;经济文化不发达国家可以跨越资本主义"卡夫丁峡谷",但需要一定的条件;资本主义作为一种占统治地位的生产方式可以超越,但商品-市场经济发展却无法超越,包括资本主义经济成分在内的多种经济成分长期并存不可避免;生产力高度发达是实现社会主义必不可少的物质前提;在当代国际国内环境下,中国走独立发展资本主义的道路是行不不通的。其次是关于恩格斯晚年提出资本主义"再不是无计划性"的论点。经济学传统观念把计划和市场作为区别社会主义与资本主义的重要标志之一。其实,这一论点既不符合资本主义后期发展的实际,也非马克思主义创始人一贯坚持的看法。恩格斯晚年根据资本主义垄断发展的客观趋势,提出随着托拉斯支配和垄断整个产业部门,在那里"再不是无计划性"[①]。社会主义有市场,资本主义有计划,这是现代社会化生产力发展的必然趋势。无疑,我国经济改革的取向是符合社会化生产力性质的。再次,关于共产主义第一阶段所有制结构。和传统观念不同,马克思、恩格斯虽然提出了"剥夺剥夺者"和实现生产资料占有平等的目标,但是,他们强调:"当我们掌握了国家权力的时候,我们绝不会用暴力去剥夺小农(不论有无报偿都是一样),……我们对于小农的任务,首先是把他们的私人生产和私人占有变为合作社的

---

① 恩格斯:《爱尔福特纲领草案批判》,人民出版社1957年版,第6页。

生产和占有，但不是采用暴力，而是通过示范和为此提供社会帮助。""我们不会违反他们的意志而用强力干预他们的经济关系。"①用"强力干预"小农的财产关系实际上无异于对小农的剥夺。即使在当今资本主义农业发达的国家，小农经济也未绝迹。因此，在社会主义制度下，多种经济成分长期并存，从而商品交换发展，是不以人的意志为转移的普遍规律。通过重新学习马恩著作，不少学者认为，对马克思主义创始人关于社会主义的论述应当完整地、全面地、准确地理解。

在列宁的社会主义经济思想研究方面，新经济政策及其理论是学术界关注的重点问题。长期以来，由于受《联共（布）党史简明教程》和斯大林看法的影响，我国经济学界对列宁的新经济政策并未给予特别的关注。中共十一届三中全会后，为了探寻经济体制改革的道路。有的求教于《比较经济学》，有的在重温社会主义经济史时从列宁晚年的经济思想中得到了启迪。围绕着"列宁新经济政策的理论与实践和我国经济改革"这一题目，学术界发表了不少论著。有些学者认为，对新经济政策的评价不能就事论事，应当把它放在列宁晚年的社会主义经济思想发展之中，联系《论合作制》等著作以及苏共中央的相关决议，才能作出切合实际的判断。他们认为，从战时共产主义政策转向新经济政策，实质上是列宁和苏共党依据俄国国情重新选择社会主义经济模式的尝试；新经济政策的内容远非局限于"粮食税"，而是包括生产、分配、交换等方面一系列经济政策和管理体制带有根本性的变革；促成这个变革的理论上的动因，是列宁对无产阶级专政条件下商品货币关系的作用和命运的认识的转变，是列宁对俄国国情的再认识，是列宁"根据经验，重新认识社会主义"作出的必要抉择。他们认为，如果按照列宁的新经济政策的思路发展，最终形成计划与市场相结合的经济体制是可能的。列宁逝世后，苏共内部出现了两种对立的思

---

① 《列宁全集》第二十八卷，人民出版社 1956 年版，第 183 页。

潮：一派以布哈林为代表，继承并且进一步发展了列宁的新经济政策理论，主张发展商品经济，利用市场机制，实现民富国强。但布哈林的观点不仅没有被采纳，相反地，被当作右倾机会主义加以批判。另一派以斯大林为首，把新经济政策视为对资本主义的暂时让步，是策略上的退却，主张放弃新经济政策，转入进攻。所以，新经济政策不久便夭折。

持不同观点的学者则认为，列宁的新经济政策及其理论是列宁关于在俄国这类不发达国家建设社会主义的理论的重要组成部分。对我国经济改革是有一定启迪作用的。但不能把我国正在进行的经济改革与当年俄国实行的新经济政策等量齐观。列宁对无产阶级专政条件下商品货币的作用的看法虽有变化，但他并不认为社会主义经济本质上也是一种市场经济，在整个社会主义阶段应当大力发展商品生产和商品交换。他认为新经济政策是过渡时期内苏维埃政权对小农的让步；一旦经济形势好转，他即主张立即转入进攻，用工农业之间的直接产品交换取代商品交换。所以，对新经济政策的评价应当实事求是。

重新评价西方经济学界研究社会主义经济的学术思想成果。俄国十月革命打破了资本主义一统天下的局面，形成了两种社会制度长期并存的战略格局。从此，社会主义经济也成为西方经济学界研究的一个热点。但是，长期以来，由于对现代西方经济学采取全盘否定的态度，这一领域一直视为社会主义经济思想史研究的禁区，深深地打着"官方学"烙印的苏联教科书一统天下。事实上，近一个世纪以来，现代西方经济学界在社会主义经济理论研究方面所取得的成果，其中不乏可供我们比较、借鉴、吸收的科学成分。例如，20年代和30年代，西方经济学界曾就计划与市场问题开展过热烈的争论。他们从经济运行的层面上比较了市场和计划在实现优化资源配置方面的利弊，形成了不同学派和观点。有赞扬市场否定计划的，如米塞斯；有肯定计划，但主张计划模拟市场的，如奥斯卡·兰格；也有主张计划与市场相结合，实现优势互补的。这个争论后来又孕育了一门新学科《比较经济学》的诞生。中共十一届三中全会之前，我国社会主义经济学研究长期处于自我封闭的状态，对外部世界知之甚少。直到改革开放后，禁区才被打破，西方经济学界的研究成果才被介绍给广大学者。《经济学译丛》杂志曾经在这方面作出过重大贡献。实践证明，只要采取科学的批判态度，去伪存真为我所用，关注现代西方经济学关于社会主义研究成果，对社会主义政治经济学学科建设是十分必要的。

（四）有中国特色的社会主义经济理论初步创立，是社会主义政治经济学科建设所取得的最大的突破性进展

鉴于历史的教训，社会主义政治经济学学科建设，首先，必须端正指导思想，坚持实事求是、从中国实际出发的原则。半个世纪以来，为了创立社会主义政治经济学这门新兴学科，学术界几代人做了艰难的探索。起初是使用苏联官方指定的教本，20世纪50年代后期开始尝试创立中国自己的社会主义政治经济学。经济学界围绕着社会主义政治经济学的主线、基本范畴、结构、体系、逻辑起点等问题，进行了反复研究，并出版了多种版本的教科书。但是，由于在理论上没有突破苏联教科书的框架，在政治上受"左"的错误指导思想的束缚，这些教本具有很强的时事政策性，跟着党和政府政策的变化不断修改。因而，学科建设走了不少弯路。总结历史的经验和教训，学术界普遍认为，搞好学科建设的思想前提首先必须确定实事求是、一切从中国实际出发的指导方针。

社会主义政治经济学研究与《资本论》创作不同，它具有前瞻性、预测性。如果说《资本论》创作是在资本主义经历了三百多年趋于成熟的时候才得以问世，那么，社会主义政治经济学相对于社会主义生产方式而言，却是不成熟的早产儿。多年来，经济学界不能正视客观条件的限制，一直企图创建一门结构完善、逻辑严谨、理论科学的社会主义政治经济学，因而往往流于空想。恩格斯在谈到空想社会主义时深刻地指出："不成熟的理论，是和不成熟的资本主义生产状况、不成熟的阶级状况相适应的。解决社会问题的办法还隐藏在不发达的经济关系中，所以，只能从头脑中产生出来。……它愈是制定得详尽周密，就愈是要陷入纯粹的幻想。""空想主义者之所以是空想主义者，正是因为在资本主义生产还很不发达的时代，他们只能是这样。他们不得不从头脑中构思出新社会的要素，因为这些要素在旧社会本身中还没有普遍地表现出来。"① 中国社会主义制度脱胎于远非发达的资本主义，而是一个半封建半殖民地社会。人们所能成就的，只能是经济发展业已成熟的任务。

其次，社会主义政治经济学学科建设不能走修修补补的老路，必须立足于全面创新。

对于苏联版本的社会主义政治经济学如何评价，经济学界至今尚有争议。有的人认为，传统社会主义政治经济学已经陷入危机，即所谓"苏联范式危机"，应当全盘否定；有些学者则认为，对苏联传统的社会主义政治经济学的批判，应当采取有分析的科学态度，简单地全盘否定不利于政治经济学学科建设。正确的态度应当是去其糟粕，取其精华，有扬弃有吸收，有批评有继承。近20年来对苏联版社会主义政治经济学的评论，有以下几点在多数学者中取得了共识：第一，所谓"苏联范式危机"并不是马克思主义政治经济学基本原理的危机。苏联传统政治经济学除了存在对经典作家的教条主义之外，还存在着对马克思主义原理不正确的解释，甚至把某些非马克思主义的观点强加给马克思主义。第二，斯大林强调经济规律的客观性，特别强调必须尊重生产关系一定要适合生产力性质规律的作用，批评了"改造"客观规律和"苏维埃政权万能论"等唯意志论。但斯大林并未将这一唯物主义观点坚持到底，例如，他主张对社会主义制度下商品生产和价值规律加以"限制"。第三，斯大林肯定社会主义制度必须发展商品生产和商品交换，必须利用价值规律，肯定它们能够为社会主义服务，不会导致资本主义。斯大林还批判主张取消商品生产的错误观点。这些观点

---

① 《马克思恩格斯选集》第三卷，人民出版社1995年版，第616页。

突破了"商品消亡论"、社会主义与商品生产"对立论"。但是，斯大林和苏联经济学界始终不承认社会主义经济本质上是商品经济，否认价值规律和市场机制对资源配置具有调节作用。第四，教科书把苏联社会主义模式和发展模式普遍化、绝对化，不承认社会主义模式和发展道路的多样性。第五，强调国民经济有计划按比例发展的必要性，指出了计划化和有计划按比例发展规律的区别，但把计划和价值规律对立起来，把计划化说成是社会主义制度区别于资本主义制度的本质特征和优越性的表现。第六，在所有制形式和结构方面，不承认公有制形式多样性和多种所有制长期并存的必要性，把国有制看成最优也是最高级的公有制形式，主张集体农庄所有制通过联合和产品交换过渡到国有制。第七，把公有化绝对化，降低了社会主义标准，在农村集体化实现后立即宣布建成了社会主义，并开始向共产主义过渡。第八，教科书把苏联经济政策理论化，并将其提升为社会主义经济学，成为社会主义各国建设的指导思想。第九，教科书研究和叙述的方法是形而上学的。它不是通过对实际经济运行过程的描述来揭示经济自身的规律性，而是从概念、定理出发，作出推理和判断，列数社会主义经济诸多规律。

苏联主流经济学的上述观点和方法，对中国经济学界乃至党的领导人的影响是极其深刻的。苏联《政治经济学教科书》和斯大林著作《苏联社会主义经济问题》翻译出版以后，中国经济学界陆续编写了多种中国版本的教材；1960年，毛泽东同志又亲自领头边读边议这两本书。但从总体上说，都没有突破苏联主流派的经济观点。直到改革开放后，经济学界才广泛地对它进行反思和批判。所以，社会主义政治经济学学科建设，必须在坚持马克思主义政治经济学基本原理的前提下，走整体创新的道路。

最后，社会主义政治经济学学科建设，必须立足于中国实际，走自己的路。

历史表明，中国经济学者只要端正学风，坚持马克思主义与中国实际相结合，准确地把握中国国情，在政治经济学这个领域内是能够有所作为的。例如，在广义政治经济学方面，我们就突破了五种社会形态学说，创立了半封建半殖民地社会形态和新民主主义社会形态的理论。再如，关于向社会主义过渡的学说，我们对资本主义工商业实行"利用、限制、改造"的政策，通过各种形式的国家资本主义，使公有经济融入私人资本主义经济，最终实现公有化。对个体农民经济，按照自愿互利原则，通过各种形式的互助组和合作社，把农民家庭经营和集体经营、按要素分配和按劳分配恰当地结合起来，协调个体经济与社会化生产的矛盾。这些创举都多方面地丰富了社会主义政治经济学的内容。

基于历史的经验和教训，社会主义政治经济学整体创新必须立足于现实，从总结我国经济改革的实践经验着手，首先创立经济转要时期的社会主义政治级经济学，进而探索社会主义初级阶段的政治经济学。这两大项目是社会主义政治经济学的奠基工程。把这两大工程做好了，后人建造社会主义政治经济学大厦就有了稳固的基础。但这绝不意味着当代人对未来社会主义不必进行前瞻性的探索。

中共十一届三中全会之后，随着我国经济体制改革深入，经济改革成了经济学界研究的重点。学术界的视线由政治经济学一般理论研究转向体制转型研究。一门以研究由计划经济体制向社会主义市场经济体制转型的学科随之出现，并取得了初步成果。对于这门新学科的称谓，学术界说法不一，有过渡经济学，改革经济学，转轨经济学、经济转型经济学等几种名称。但研究的内容都具有共同性；即通过探讨改革的目标模式，改革性质和任务，改革战略和实施步骤，转型过程中的矛盾、难点和对策，经济改革与政治体制改革关系等，进一步分析经济体制转型的历史过程中生产、交换、分配关系的变化及其规律性。转型时期经济学立足于经济制度模式多样性和可选择性。它将基本经济制度和其实现形式区别开来，同一制度可以有不同模式；同一模式在不同时期又会有不同形式。一成不变的永恒模式是没有生命力的；普遍适用的模式也是不存在的。

对于转型期经济学研究,有两个不同的思路:一是从中国国情出发,以邓小平的改革理论为指导,借鉴外国的成功经验,探索我国改革的特殊道路①;另一个思路基本上是运用科尔奈-科斯-萨克斯理论分析、指导中国改革。后一研究思路是,基于软预算约束是国有经济主要弊端的判断,改革应以硬化预算约束为目标,以明晰产权为中心,从将国有资产量化到个人着手,用一揽子、一步到位的办法完成制度变迁。

中国的改革是继新中国成立之后的又一次深刻的前无古人、今无先例的革命。改革是在缺乏理论准备的条件下起步的。我们一直把"摸着石头过河"作为指导改革的原则。对于改革的目标模式抉择和改革步骤的实施,是通过不断的实践逐步明确的。然而,直到今天还不能断言:我们对经济转型的规律性的认识完全摆脱了盲目性,已经由必然王国进到自由王国。对改革的真理性认识是在不断的实践中求得的。20年来,改革指导思想的变化和发展经历了几个不同阶段:中共十二届三中全会通过的《关于经济体制改革的决定》提出社会主义经济是"有计划的商品经济";十三大报告明确指出市场调节和计划调节同样覆盖全社会,肯定了我国现处在社会主义初级阶段;十四大报告宣布:我国经济体制改革的目标是建立社会主义市场经济体制。上述作为指导改革的文件所阐明的观点,表明人们对改革的认识是随着改革实践的发展逐步提高的。我们不能用改革初期的观点束缚自己的手脚,也不能用今天的认识苛求前人。现在距离改革的目标模式还要走相当长的路,深化改革面临着许多新情况、新问题尚待解决。

中国的经济改革是社会主义制度的自我完善。毛泽东曾经指出:生产力与生产关系的矛盾、上层建筑与经济基础的矛盾依然是社会主义社会的基本矛盾。正是这些矛盾推动着社会主义社会的发

---

① 刘国光:《中国社会主义经济体制改革目标模式研究》,中国社会科学出版社1986年版。

展。基于这个认识，他提出要改革我国的财政经济管理体制。邓小平的改革观是毛泽东的改革观的继续与发展。两者的共同点在于他们都认为改革是社会主义社会发展过程中的自我完善，是在坚持社会主义基本制度前提下改革管理体制；两者的区别在于，毛泽东的改革是从社会发展一般规律意义上讲的，邓小平的改革论不仅要根本转换经济体制模式，而且要根据中国国情重新实践社会主义制度的模式，重新选择社会主义建设模式。因此，从后种意义上说，邓小平倡导的改革具有制度变迁的性质，比纯粹经济运行的内涵要更丰富。正因为如此，这条改革之路摒弃把改革局限于对原有体制的修补和完善。

80年代以来，原先实行计划经济体制的国家陆续走上了市场化改革的道路。但改革的思路却大相径庭。一些国家按照现代西方经济学新自由主义学派鼓吹的所谓"休克疗法"方案进行改革。"休克疗法"亦称为"大爆炸"改革理论。它的要义是：实行全面私有化和经济自由化；实施一揽子改革，同时起步，一步到位。"休克疗法"受到国际货币基金组织和世界银行的支持，把它作为提供贷款的条件。它的鼓吹者也曾向中国领导人推销过。80年代中期，著名的诺贝尔经济学奖得主弗里德曼就曾经对中国政府领导人说过："价格改革要一步到位，比如你要砍狗尾巴，一刀砍下去，狗可能会痊愈，如果一刀一刀分段砍，则可能把狗折磨死。"然而，俄罗斯实行"休克疗法"的结果，给俄罗斯人民带来的却是一场超过二次大战的灾难。中国改革过程中，也有人为"休克疗法"唱赞歌。所幸的是，中国改革在总体上坚持走自己的路。鉴于历史上照搬照抄苏联模式的教训，邓小平强调，照抄照搬别国经验、别国模式，从来不能得到成功。这方面我们有过不少教训。把马克思主义的普遍真理同我国的具体实际结合起来，走自己的道路，建设有中国特色的社会主义，这就是我们总结长期历史经验得出的基本结论。

所谓中国实际，就是中国的基本国情。这是决定中国经济改革的目标、道路、战略步骤的首要因素。中国社会主义制度脱胎于半封建半殖民地社会，这个基本国情决定了中国改革面临着三位一体的任务：在实现由计划经济体制向社会主义市场经济体制转型的同时，大力推进工业化和现代化，消除二元经济结构；加快半自给自足的自然经济最终解体，实现经济市场化。这三项任务互相联系、互相制约、互相促进，必须大体上保持同步。改革的步伐只能适应生产力发展的逐步推进，绝不能超越生产力的许可搞"一步到位"。中国改革实行渐进式战略，摒弃"休克疗法"，这是根据生产关系必须适应生产力性质规律的要求作出的正确抉择。推行渐进式改革，不仅要注意各项改革措施出台的关联性、整体性，而且必须协调改革、发展与稳定的关系，处理好各个社会阶层之间利益再分配的关系，使各阶层、各群体在改革中各得其所，统筹兼顾，平稳地完成体制转型。

经济改革的目标面临着三种不同的抉择。第一条是以完善旧计划经济体制为目标，走修修补补的改良之路。从 20 世纪 50 年代中期以来，我们早就察觉出苏联模式的弊端，提出了"以苏为戒"的警告，实行过不少的改进办法，但由于始终没能突破旧体制的框架，经济长期陷入"一放就乱，一乱就统，一统就死"的不良循环。不改革就没有出路，改革的趋势是改变不了的。第二条是在推进市场化的同时，实行全面私有化，建立以私有制为基础的自由放任的市场经济。这条路是西方国家走过的老路，但在中国行不通。在中国条件下，全面私有化必然会滋生出新的官僚买办垄断资本。这种扭曲的资本形态具有极大的腐朽性、寄生性。靠它既不可能实现现代化，也不可能建立规范化的市场经济体制。全面私有化的市场经济之路是以牺牲大众利益为代价的邪路，违背了历史潮流，是不可取的。唯一的出路只能是建立以实现共同富裕为目的的社会主义市场经济体制。西方经济学总有一种偏见：要么实行市场经济，要么放弃社会主义；两者决不可兼容。但是中国社会的发展并没有因为西方人怀有这种偏见而改变自己的规律。社会主义和市场经济在中国这块东方沃土上却注定了必须兼容，而且能够兼容。社会主义与自然经济是对立的，但与商品-市场经济却是相通的。

实现市场化改革目标，经济运行必然要经历由单一的计划机制调节经过多元机制并行，逐步过渡到有宏观调控的规范化的市场调节。在多元机制并行的过渡期，由于运行规则多元化，市场呈现无序化，由此加剧各种利益关系的矛盾和冲突，是难以完全避免的。为了缓解过渡期多轨运行产生的矛盾，首先，要正确处理好破与立的关系，坚持先立后破，边破边立，避免经济运行出现真空和缝隙。其次，要正确处理好开放市场和规范市场的关系。社会主义市场经济是规范化的有序的市场经济，只有规范才能出效益。那种主张先开放市场，待市场体系发育成熟之后，再通过立法来规范市场主体的行为和市场秩序，是十分有害的。我们应当根据我国国情，借鉴外国的成熟经验，把改革纳入法治、法制化的轨道，由简到繁逐步建立起完善的有中国特色的经济法律体系。最后，要处理好"看得见的手"和"看不见的手"的关系。在体制转型期，市场的基础性调节功能不仅取决于市场体系的发育是否成熟，而且受外部环境和条件的制约。市场功能的有效发挥是需要经历一个过程的。在这个过程中，不仅需要政府去弥补市场功能的缺陷，而且必须借助于政府这只"手"加快市场体系的发育，促进市场功能完善。

过渡经济学要重视研究转型时期利益关系的变化。改革过程是人们之间利益关系的再分配。但在改革过程中人们之间利益的分配却不可能均衡。有的群体受益多，有的则少；有的在某一方面获益多，在另一方面则受损多。由于实行多种所有制长期并存，不仅分配关系发生变化，而且占有关系也发生了变化。虽然改革的最终目标是实现共同富裕，让全体社会成员过上富裕生活，但如果让市场法则自发调节，则不可避免地发生两极分化，使多数人陷入贫困境地。尤其要强调的是，由于经济运行多轨制，还会滋生出一个特殊的暴富群体，混杂在部分先富起来的人群之中。这个群体具有极大的腐朽性、寄生性和破坏性。它们的利益与改革是根本对立的。任其发展，它就会成长为新生的官僚买办垄断资产阶级，侵吞改革的果实。中国改革要"以俄为戒"。因此，要坚持改革的社会主义道路。要实现体制平稳过渡，一要重视利益再分配过程中不能让多数人利益受损，要让广大民众从改革中得到实惠；二要重视利益关系格局的变化，消除滋生暴富群体的温床。

过渡经济学要研究改革与发展的关系，探讨如何以发展支持和推进改革，以改革促进发展。改革与发展的关系从根本上说是一致的。改革的目的是促进发展，为经济快速、高效、持续发展创造稳固的基础。体制是制约经济发展的长期起作用的因素。但改革也需要发展的支持，因为只有在发展中改革，才能为改革创造必要的宽松环境，改革才能得到必不可少的财力和物力的支持。

政治体制改革如何与经济体制改革同步推行，这是过渡经济学必须研究的难题。社会主义市场经济作为社会的经济基础，要求建立与之相适应的上层建筑。在全面开放市场之后，货币在经济生活乃至整个社会生活中的地位和作用将大大强化。如果不加快政治体制改革，如果不全力推进政企职责分开，政治权力作为稀缺资源便会进入市场，直接成为交易对象，腐败便会像瘟疫一样迅速蔓延，经济改革的成果便成为少数权势者的猎物，改革最终会被引上歧路。经济改革与政治改革是互相依存、互相促进的。要实现体制平稳过渡，必须协调好两者之间的关系。

改革是场史无前例的深刻变革，从书本上找不到现成的答案。只有在实践中通过不断地总结正反两方面的经验，升华为理论，才有可能创立经得起历史检验的"转型时期的社会主义政治经济学"。至于这门新学科的结构和基本范畴还有待探讨。

关于我国社会主义初级阶段理论框架的创立，是社会主义政治经济学学科建设的重要里程碑。

科学社会主义的创始人马克思和恩格斯对于未来社会的发展阶段划分问题，曾经提出过一个设想：即未来的社会（共产主义社会）分为"第一阶段"和"高级阶段"。他们认为："在资本主义社会和共产主义社会之间，有一个从前者变为后者的革命转变时期。"

俄国十月革命胜利后，根据俄国资本主义发展滞后的现状，列宁认识到社会主义社会向共产主义社会过渡要划分若干阶段问题，曾提出过"初级形式的社会主义""发达的社会主义社会"以及"完全的社会主义"等概念，并在苏联实行过新经济政策，对现实的社会主义做了有益的探索。但列宁去世后不久，这些认识就被否定了。

新中国建立以后，我们党一开始就寻求一条符合国情的社会主义道路。从新中国成立到社会主义改造基本完成，是属于新民主主义社会阶段。由于对社会主义社会发展阶段认识上的偏差以及受苏联的影响，在1956年完成三大改造之后，便发动"大跃进""人民公社"等，并宣称"共产主义社会不是遥远的将来"，违背了社会主义社会发展的客观规律，造成了严重失误。直至1978年改革前，中国社会主义建设始终未能突破传统社会主义模式的基本框架。

建设社会主义社会，首先必须正确认识社会主义本质。邓小平同志指出，社会主义的本质，是解放生产力，发展生产力，消灭剥削，消除两极分化，最终达到共同富裕。这一新概括是对"一大二公"的传统观念的否定。它既讲明了社会主义的本质和目标，又指出了实现这一目标的途径，强调了实现目标的物质条件。

党的十三大报告以邓小平理论为指导，明确提出了我国处在社会主义初级阶段以及党在初级阶段的基本路线。指出："我国社会主义的初级阶段……，是特指我国在生产力落后、商品经济不发达条件下建设社会主义必然要经历的特定阶段。……这个阶段，既不同于社会主义经济基础尚未奠定的过渡时期，又不同于已经实现社会主义现代化的阶段。"[①]

[①] 《中国共产党第十三次全国代表大会文件汇编》，人民出版社1987年版，第12页。

我国社会主义初级阶段的基本经济特征,概括来说是:物质生产力不发达和社会主义生产关系的不完善、不成熟。生产力不发达是中国社会主义初级阶段最重要的特征。它从根本上决定着社会主义初级阶段的时间跨度和其他一切特征。社会主义生产关系的不完善、不成熟,其突出表现:一是生产资料的社会主义公有制还不成熟,存在着以社会主义生产资料公有制为主体的多种经济成分并存的局面,非社会主义经济成分还有其存在的客观条件。二是商品交换关系不发达,生产的专业化、社会化、商品化程度还比较低,自然经济和半自然经济占相当比重;从而形成了自然经济、半自然经济与商品经济并存的格局。三是实行不完全的按劳分配,即以按劳分配方式和按要素分配方式并存。

我国社会主义初级阶段所具有的基本特征,决定了整个初级阶段的主要矛盾,是人民群众日益增长的物质文化需要同落后的社会生产力之间的矛盾。为了解决这个主要矛盾,就必须集中力量发展社会生产力。

(五)创立了社会主义市场经济理论,在现代经济学诸多流派中确立了中国学派的独特地位

关于商品、市场在社会主义制度下的命运和前途问题,是涉及社会主义经济性质和社会主义生产关系性质,涉及社会主义经济学的核心、体系的基本理论问题。

半个世纪来,我国经济学界围绕着社会主义和商品这个基本理论问题反复进行了广泛的讨论。在新民主主义时期,学术界基于多种经济成分并存,肯定了商品生产和商品交换存在的必要性、普遍性、多样性。有些学者还提出了一些有创新意义的观点:国有经济内部存在商品关系,是因为国有经济内部存在社会分工和国营企业在资产上的独立性;货币工资是贯彻按劳取酬的最适当的形式,按劳取酬以等价交换原则为前提;国家计划可能而且必须利用价值法则去确定社会劳动和社会产品的生产和分配;经济核算要以价值法则为基础。① 但是，在苏联《政治经济学教科书》出版后，我国学术界没能坚持从我国国情出发，继续探索我国经济发展固有的规律性，苏联经济学主流派观点在我国经济学界取得了支配地位。如认为在我国商品生产总的趋势不是大发展，而是"逐步缩小范围"。② 这一判断直到改革开放前几乎是学术界的共识。

恢复时期结束之后，随着社会主义改造的完成，讨论围绕着社会主义公有经济与商品生产的关系进一步展开。主要探讨全民所有制内部交换性质，公有经济与商品经济是否兼容，社会主义制度下商品的趋势等。这一时期的讨论，概括地说，主要有以下特点：第一，由于经济工作"左"的指导思想，对社会主义社会的主要矛盾作出了错误判断，长期执行"以阶级斗争为纲"的方针，在经济学理论方面把苏联主流经济学的偏见发展到极端，一再否定商品生产和商品交换，直到鼓吹"八级工资制，按劳分配，货币交换，这些跟旧社会没有多少差别"，是"滋生资本主义和资产阶级分子的温床"，主张对之"实行无产阶级全面专政"。第二，在计划与市场关系上，始终没有突破传统观念，把计划调节与价值规律调节对立起来，认为两者的关系是相互对立、此消彼长的关系，"计划经济是受社会主义经济规律支配的，它不受价值规律支配，相反地还要约束价值规律"，价值规律只是被利用来作为计划的补充，只起辅助作用。③ 第三，少数经济学家表现出极大的理论勇气，向传统经济观点提出挑战。卓炯认为，社会分工决定商品，到了共产主义阶段不会消灭社会分工，共产主义也是商品经济。④ 骆耕漠认为，社会必要劳动范畴是永存的。⑤ 孙冶方认为，价值概念在共产

---

① 许涤新：《论人民经济的价值法则》，《新建设》第3卷第4期。
② 薛暮桥：《价值法则在中国经济中的作用》，《社会主义经济理论问题》，人民出版社1970年版，第18页。
③ 薛暮桥：《再论计划经济与价值规律》，《计划经济》1957年第2期。
④ 于凤村（卓炯笔名）：《论商品经济》，《经济研究》1962年第10期。
⑤ 骆耕漠：《论商品和价值》，《经济研究》1959年第10期。

主义仍然存在。① 他提出把计划和统计放在价值规律的基础之上。② 应成旺认为,社会主义生产和资本主义生产有共通的一面,都把价值规律作为生产调节者,所谓有计划发展规律有生产调节者的职能是可以怀疑的;价值规律的作用会受到限制、排斥、消失等说法值得商榷。③ 顾准认为,要使价格成为调节生产的主要工具;计划是某种预见,应有弹性,要减少计划对企业经济活动的具体规定;企图用计划来规定一切会阻碍社会经济的发展。④ 上述观点在当时不仅没有发展为主流观点,相反地,被当作异端邪说加以批判。

中共十一届三中全会后,关于真理标准的大讨论解除了长期紧箍在人们思想上的枷锁,冲破"两个凡是"设下的禁区;确立了以经济建设为中心的方针,把人们的注意力吸引到经济工作上。随着对"四人帮"批判的深入,进一步触及经济工作上"左"的错误指导思想,探讨如何从体制上清除祸根。经济学界的讨论进入到一个空前活跃的新阶段。伴随着改革实践的发展,初步形成了社会主义市场经济基本理论,是这一时期经济学研究最重要的成果。

早在1979年3月,就有一些学者撰文明确提出了"社会主义市场经济"范畴,主张按照社会主义市场经济性质改革经济体制。⑤ 经济学界取得这个共识,决策层接受它作为改革的理论基础,是经历了曲折的过程的。其间,迈了三大步。第一步,1979年提出以计划经济为主,市场调节为辅,计划经济与市场调节相结合。这一步是对传统理论和旧体制的一个重大突破。第二步,1984年党中央通过《关于经济体制改革的决定》,提出社会主义计划经济即有计划的商品经济;改革的目标就是建立和社会主义商品经济

---

① 孙冶方:《论价值》,《经济研究》1959年第9期。
② 孙冶方:《把计划和统计放在价值规律的基础上》,《经济研究》1956年第6期。
③ 应成旺:《试论社会生产按比例发展规律的特点和要求》,《新建设》1957年第10期。
④ 顾准:《试论社会主义制度下的商品生产和价值规律》,《经济研究》1957年第3期。
⑤ 于祖尧:《试论社会主义市场经济》,《经济研究参考资料》1979年第3期。

相适应的新体制。这一步明确了商品经济是人类社会发展不可逾越的阶段；承认商品货币关系覆盖社会主义经济整体；价值规律作为基本规律调节社会劳动的分配。这个认识否定了"社会主义产品经济论"。第三步，最终确立经济改革的目标是建立社会主义市场经济体制。"社会主义市场经济"并不是主观臆造的范畴，而是对社会主义实践经验和教训的科学总结。如果没有计划经济的长期实践，如果没有正反两方面经验的比较，如果没有理论界反复的探索，要实现经济学理论的这一重大突破，是不可能的。

何谓市场和市场经济？学术界的看法大致有两种。一是从经济运行机制的角度来分析，把市场看作一种资源配置或社会劳动分配的方式。另一种看法是把市场看作交换关系的总和，即是社会生产关系。恩格斯把生产和交换的关系比作"经济曲线的横座"。在社会分工和资源属于不同所有者的条件下，人们只有通过市场来互相交换劳动，建立互相依存的关系。经济学和市场营销学不同，它不是单纯地把市场看作交换的场所，而是把市场看作社会分工体系中生产者之间互相交换劳动的关系的总和。所谓市场经济，是与自给自足的自然经济相对而言的经济形式。当近代机器大工业取代了手工劳动，简单商品经济便进一步发展成为发达的商品经济。这时，价值规律的作用便扩展到社会生产和再生产的全过程，覆盖全社会各个经济领域，充当社会劳动分配的基本调节者。这种发达的商品经济也就是经济学所谓的市场经济。

市场经济与资本主义在经济史上有不解之缘。马克思主义创始人根据对资本主义发展历史趋势的分析，曾预言随着资本主义灭亡，商品生产也将随之消亡，取而代之的是对社会生产实行有计划的调节。但是，俄国十月革命以来社会主义的实践表明，与马克思的预言相反，在社会主义制度下，商品不仅不会消亡，还趋向进一步发展和繁荣，价值规律的调节者作用也不会被计划所取代。原因何在？对这个问题的答案，有两种不同的研究思路。一种观点是通过对计划与市场两种经济运行机制的优劣比较分析，作出市场机制在优化资源配置中的作用优于计划，必须实行市场经济的结论。另一种观点是从生产力决定生产关系的规律出发，依据商品经济自身发展的历史逻辑和理论逻辑，作出市场经济不会随着资本主义消灭而消亡，社会主义与市场经济互相融为一体的结论。其论据是，消灭资本主义，解决了社会化生产与私人占有制的矛盾，但不能同时消除社会劳动与个别劳动的矛盾，而这一矛盾正是制约商品生产赖以存在和发展的商品—市场经济共有的基本矛盾。这是其一。其二，中国可以越过资本主义阶段，但不能逾越商品-市场经济。社会主义与自然经济是对立的，与商品—市场经济却是兼容的。既然社会主义必须实行市场经济，那么，价值规律必然充当资源配置的基本调节者。经济市场化和市场现代化是社会化生产力发展的必然趋势。

我国改革所要建立的市场经济，不是自由竞争的市场经济，而是有调节的规范化的市场经济，必须协调好"看不见的手"与"看得见的手"，即市场调节与政府调节之间的关系，才能优化资源配置。流行的看法是因为存在着"市场失灵"和"政府失灵"，市场和政府具有互补性。既然"市场失灵"，那么，这就意味着靠市场本身并不能自发地实现资源配置优化。原因何在？第一，市场经济存在着利益主体多元化和生产社会化的矛盾、个别劳动和社会劳动的矛盾。只有"两只手"协同动作，才能有效地协调这些矛盾，减缓由此引起的负面效应。第二，市场的自发调节会导致贫富两极分化，加剧社会不公平，引发社会矛盾。所以，有宏观调控的市场经济取代自由竞争的市场经济，是现代社会化生产力发展的必然趋势。

商品生产和商品交换是古老的生产和交换形式。它在长达数千年的历史中曾经为不同的社会经济制度服务过。历史表明，市场和市场机制能够适应不同性质、不同水平、不同层次的社会生产力，因而在社会制度的变迁中具有相对独立性、普遍适应性、长期性、积极革命性的特点。正因为如此，在社会主义制度下它依然保持着顽强的生命力，作为优化资源配置和促进生产力发展的重要因素继续发挥作用。然而，在明确了社会主义也必须实行市场经济之后，还应当区别市场经济的共性和它在不同经济制度下作用的特殊性，区别作为资源配置方式的市场经济和作为生产与交换关系（即社会生产关系）的市场经济。中国实行的市场经济是社会主义市场经济，它要通过公有经济和市场经济接轨，最终达到全体社会成员共同富裕、国家强盛。

三 汲取历史的经验和教训，拓展经济学发展的道路

回顾 50 年来我国政治经济学研究走过的历程，有令世人瞩目的重大成就，更有令人遗憾的种种失误。由于在领导工作中"左"的错误长期占支配地位，学术研究领域深受其害，经济学界尤其严重，可以说是重灾区。我国经济学界的先驱者们曾经为此付出了巨大的代价。值得反思的是，党取得了政权之后，对于学术研究制定了诸如"百家争鸣、百花齐放"、区分两类不同性质矛盾等正确的方针，然而这些指导科学事业的正确方针在相当长的时期并没有得到贯彻。相反地，搞"一言堂"，压制不同观点的争论，混淆学术真伪和政治是非的界限，甚至人身攻击、政治陷害。这种"左"的影响至今还不能说已经完全消除。总结历史，既要肯定成功的经验，更要重视汲取失误的教训，"不要掩饰，不要回避"。总结历史，不要着眼于个人功过，而是为了开辟未来。过去的成功是我们的财富，过去的错误也是我们的财富。这是我们总结历史应采取的科学态度。我们想结合经济学研究方面的情况，就如何贯彻"双百"方针，推动经济学研究，谈点看法。

（一）为切实贯彻宪法规定的"实行依法治国，建设社会主义法治国家"，应当在科学事业方面制定相关法规，实行"以法治学"

"依法治国"，是保证国家长治久安和建设事业发展的根本方

略。中华人民共和国成立以来，民主和法制建设虽取得了一定的成绩，但由于重人治轻法治，甚至权大于法，也发生过重大挫折。究竟是实行法治还是人治，这是一个在理论和实践上都没有完全解决的重要问题。邓小平指出，我们过去发生的各种错误，固然与某些领导人的思想、作用有关，但是组织制度、工作制度方面的问题更重要。这些方面的制度好可以使坏人无法任意横行，制度不好可以使好人无法充分做好事，甚至会走向反面。即使像毛泽东同志这样伟大的人物，也受到一些不好的制度的严重影响，以致对党对国家对他个人都造成了很大的不幸。我们今天再不健全社会主义制度，人们就会说，为什么资本主义制度所能解决的一些问题，社会主义制度反而不能解决呢？……斯大林严重破坏社会主义法制，毛泽东同志就说过，这样的事件在英、法、美这样的西方国家不可能发生。他虽然认识到这一点，但是由于没有在实际上解决领导体制问题以及其他一些问题，仍然导致了"文化大革命"的十年浩劫。这个教训是极其深刻的。不能说个人没有责任，而是说领导制度、组织制度问题更带有根本性、全局性、稳定性和长期性。

长期以来，在"左"的错误思想指导下，党对社会科学事业的领导，政府对社会科学事业的管理，同其他方面一样，重人治轻法治，以言代法，权大于法，即使有限的法规也形同虚设；学者的合法权利得不到保护，甚至被剥夺，任意扣政治帽子，判处"政治死刑"；学术观点的是非不是通过争鸣、实践来检验，而是由个别领导人裁判，或以掌权者的观点作为分辨学术真伪的依据。如此种种，造成了学术界万马齐喑，窒息了科学事业的生机，挫伤了广大学者的积极性，损坏了学术队伍的建设，阻碍了社会科学事业的发展。

鉴于历史的教训，应当实行"依法治学"，把社会科学和社会科学队伍的领导和管理纳入法治和法制的轨道。国家要依据宪法建立和健全相关法律，坚持法治的平等原则，保护和尊重学者的合法权利，严格界定领导部门和学者各自的权责利，既要保护各自合法权利，又要防止权力被滥用。实行"依法治学"，对学者的行为，凡是触犯法律的，应当依法惩罚；凡是违反党纪政纪的，应按纪律处分。长期以来，学术界流行扣帽子的恶习，诸如"右派""右倾机会主义""修正主义""保守派"等。这种没有法律根据的"政治刑律"，一旦用到某位学者身上，其后果并不亚于刑事处罚。尽管在形式上还享有宪法赋予的公民权利，但是他的人格人身权利会因此受到损害。显然，这种不成文的"政治刑律"与"依法治国""实行法治国家"的治国方略是根本对立的。历史证明，"双百"方针如果没有法律保证，是不可能贯彻执行的。

（二）切实地贯彻"在真理面前人人平等"的原则

所谓"在真理面前人人平等"，就是真理对人们一视同仁；人们都有认识世界、发现真理、修正错误的平等权利和义务；而检验真伪的标准，只能是社会实践。

"在真理面前人人平等"，是由科学自身的特性决定的。科学是对客观世界规律的真理性认识。科学只相信真理，不迷信权威，不承认任何特权。在真理面前学者没有高低贵贱之分，每个学者都是权利和地位平等的自主探求者，不存在统治与被统治、领导与被领导的关系。只有真理才是最高的权威。每个学者都只相信真理、服从真理。

"在真理面前人人平等"，是科学事业繁荣和发展的需要。只有按这个原则办事，才能充分调动每个学者探求真理、发展科学事业的积极性，才能尊重和保障每个学者从事学术研究的平等权利。学术研究是十分艰辛的劳动，它要求人们在掌握前人科学成果的基础上，深入实际调查研究，详细地占有资料，去粗取精、去伪存真、由表及里、由此及彼，从中找出事物自身固有的规律。但人们对客观事物的真理性认识到此并未完结。每一个真理性认识的终点同时又是下一个认识过程的起点。如此循环往复，使人们逐步由必然王国达到自由王国。为这项造福于人类的高尚事业而献身的科学家和他们的劳动成果，是应当受到社会尊重和保护的。

"在真理面前人人平等",是贯彻"百家争鸣、百花齐放"方针的需要。只有"百家"在真理面前一律平等,才谈得上真正争鸣,才能通过争鸣发现真理、发展真理。科研劳动虽有个体性,但科学事业却是科学家们的群体事业。任何一项重大的发现或创造都依赖于众多学者的集体劳动。在学术研究中,相互切磋,相互争辩,恰恰是发现真理、发展真理的重要途径。而检验真伪、是非的标准,只能是社会实践,绝不是权力和地位。

贯彻"在真理面前人人平等",必须创造民主的政治氛围。学术研究不能实行"学术民主",不能照搬政治生活中通行的少数服从多数、下级服从上级的原则,必须提倡学术自由,尊重学者的自主权,为学术研究创造宽松和谐的民主环境。学术自由对于学者本人来说是相对的。他的自由仅限于按照客观世界的本来面貌去认识世界,绝不能把自己的意志强加给世界为所欲为。学术自由并不排除政府对科学事业的管理。政府的支持、扶植是科学事业发展的必不可少的重要条件。但是,政府的管理权限于为科学事业提供服务。管理就是服务。如果超出这个界限,政府充当裁判和法官直接干预科研活动,人为地为科研设置禁区,或剥夺学者的自主权,或者压制不同观点的争论等,这些违反科学事业自身规律的越权行为都会阻碍科学事业的发展。但是,正如恩格斯所说,任何政治权力如果违背经济发展规律起作用,它照例总是在经济发展的压力下陷于崩溃,经济发展总是毫无例外地和无情地为自己开辟道路。

我国封建社会延续数千年之久,清王朝被推翻已近一个世纪,但封建主义的传统和习惯势力至今仍阴魂不散。封建主义的影响是贯彻"在真理面前人人平等"的严重障碍。在学术领域中,封建主义影响的突出表现,就是"官本位"。科学只尊重真理的权威,不相信权贵。如果说在科学界有"学术权威"的话,这种地位并不是靠权势取得的,也不是人为树立起来的,而是靠学者的艰辛劳动所获得的学术成就自发形成的。"官本位"则反其道而行之。其主要表现:一是把领导人的言论视为"圣旨",捧为"最高最活"

的绝对真理；只有他们才拥有发现"真理"的特权。学者只能俯首称臣，其使命仅限于背诵、注解领导人言论。二是学术研究中真伪、是非之争，不是由社会实践来判别，而是由领导人或者他们的言论来裁定。"官本位"严重地阻碍了科学事业的发展，窒息了科学界的生机和活力，而且助长了学术界不正之风。邓小平指出，要继续批判和反对封建主义在党内外思想政治方面的种种残余影响，我们今天所反对的特权，就是政治上经济上在法律和制度之外的权利。搞特权，这是封建主义残余的影响尚未肃清的表现。旧中国留给我们的，封建专制传统比较多，民主法制传统比较少。这种状况造成了思想僵化。思想一僵化，条条框框就多起来，随风倒的现象就多起来，不从实际出发的本本主义也就严重起来。书上没有的，文件上没有的，领导人没有讲过的，就不敢多说一句话，多做一件事，一切照抄照搬照转。……一个党，一个国家，一个民族，如果一切从本本出发，思想僵化，迷信盛行，那它就不能前进，它的生机就停止了，就要亡党亡国。

贯彻"在真理面前人人平等"，必须以科学的态度开展学术批评和学术评论。为此，一要禁止以权势压人，不准乱扣帽子、打棍子。二要准许被批评者行使答辩的平等权利，进行反批评。

（三）科学研究要保持对政府政策的相对独立性

科学与政策是相通的，但又有区别。科学原理是政策的根据，政策是科学原理的实际应用。政策的可行性首先决定于其科学性。因此，科学高于政策、重于政策。当我们提倡理论要为实际服务、为政治服务的时候，如果看不到这一点，如果自觉或不自觉地把科学贬为政策的奴仆，只能为现行政策唱赞歌，那么，受损害的不仅是科学，而且政策决策的科学化也就无从谈起。任何政策在它策划时都需要科学的支持，但这仅仅是第一步。政策是否可行，还有待实践的检验。错了的，必须纠正；不完善的，必须充实；缺门的，必须补充。邓小平指出，党的路线同党的一切决议一样，总是要在实践中受检验的，这是毛泽东同志讲过多次的道理，不能说一种提法一经党的代表大会通过，就不能对它的正确性作任何讨论，否则下次代表大会怎么会提出新的提法呢？因此，政策执行的全过程都必须依靠科学的支持。要做到这一点，科学研究就必须保持对政策的相对独立性，对政策执行进行跟踪研究，把政策当作分析和批评的对象。这是学者对社会应尽的职责和义务，也是理应受到政府保护的权力。当然，政策实践所积累的经验教训，也会为科学的发展提供丰富的素材。多年来，我们经常为划清学术观点和政治观点的界限、处理好学术研究与为政治服务的关系所困惑，其原因就在于没有摆正科学与政策的位置。不过，我们讲保持科学研究的相对独立性，并不是说科学工作者可以我行我素。政策一旦变成具有法律效用的行为规范，作为社会成员的科学工作者同其他公民一样，也得遵守。任何一个学者，只要他的社会行为没有触犯国家法规，就应当尊重和保护他从事科研的权利，允许他对现行政策说三道四，倾听他的批评和建议。

长期以来，要求政治经济学研究紧跟政策，围着政策转，产生了极其有害的负面影响：政治经济学被异化为"政策经济学"，教科书理应分析社会主义经济一般规律，却变成对政策的注释；由于政策多变，理论也跟着变，损害了理论的科学性，败坏了经济学的声誉；滋生学术界不良学风，诸如"奏折经济学""风派"等。邓小平同志指出，思想一僵化，随风倒的现象就多起来了。不讲党性，不讲原则，说话做事看来头、看风向，满以为这样不会犯错误，其实随风倒本身就是一个违反共产党员党性的大错误。独立思考，敢想、敢说、敢做，固然也难免犯错误，但那是错在明处，容易纠正。

（四）端正学风，树立良好的职业道德，遏制腐败之风在学术界蔓延的势头

我国经济科学事业的发展，决定于两方面的建设：一是理论建设，二是队伍建设。建立和壮大一支高素质高水平的老中青相结合的科研队伍，培养一大批品学兼优的科研骨干，这是一项百年大

计。50年来，我国经济学队伍由少到多、由小到大，已经变成了一个人数众多、学科门类齐全、多层次梯队的庞大群体。这支队伍经历了风风雨雨的锻炼和考验，从总体上说，主流是健康向上的。他们中的多数出于为大多数人利益服务的公心，献身于科学事业，为经济学的发展和国家现代化建设作出了重大贡献，涌现出了像以孙冶方等为代表的一批堪称表率的学者。

但是，毋庸讳言，经济学者队伍良莠不齐。无论在"左"的错误思想长期居主导的时期，或者改革开放迎来了市场经济大潮冲击时期，都不能把经济学领域这块"风水宝地"视为净土，称为"世外桃源"。

——在"十年动乱"时期，追随"四人帮"和林彪反革命集团，充当御用文人和打手，把极"左"路线系统化为理论，打击和迫害正直有良知的学者和群众。

——在学术领域，竭力推行"以阶级斗争为纲"，混淆两类不同性质的矛盾，在政治运动中浑水摸鱼；对持不同学术观点的人抓辫子、扣帽子、打棍子，上纲上线；在学术争论中，以势压人，"只许州官放火，不许百姓点灯"。此类"左"的流毒至今还在毒化着学术氛围。

——在市场经济大潮的冲击下，不择手段地猎取个人名利，以文谋私。有的傍大款，为捞取高额酬金，招摇过市，欺骗舆论，搅乱市场；有的弄虚作假，代写文稿，买卖文凭和学位、职称；有的剽窃他人劳动成果，抄袭他人文稿；有的追求知名度，互相炒作，互相吹捧；有的急功近利，"剪刀加糨糊"，东拼西凑，糊弄读者。

——学风不正。有的因循守旧，不研究新情况、新问题，思想僵化；有的热衷于照搬照抄洋教条，借洋人之名抬高自己身价，故弄玄虚，装腔作势，以权威自居；有的以实用主义态度对待马列著作，任意歪曲篡改。

凡此种种，虽不是经济学界的主流，但这些不正之风却不容忽见，且有蔓延之势，对我们这支队伍产生了严重的腐蚀作用。邓小平指出,我们向科学技术现代化进军,要有一支浩浩荡荡的工人阶级的又红又专的科学技术大军,要有一大批世界第一流的科学家、工程技术专家。造就这样的队伍,是摆在我们面前的一个严重任务。

四 走自己的路,创立有中国特色的广义政治经济学

在新中国成立之时,毛泽东同志向世界宣告,随着经济建设的高潮的到来,不可避免地将要出现一个文化建设的高潮。中国人被人认为不文明的时代已经过去了,我们将以一个具有高度文化的民族出现于世界。展望未来,我们的前程似锦。在即将到来的21世纪的前半期,我们将把一个高效运行的新型社会主义经济模式呈现给世人,我国将在经济上赶上中等发达国家的水平,就经济总量和综合国力而言,我国将步入世界强国之列。未来半个世纪是我国经济学者大有作为的时机。我们面临着机遇,也面临着挑战。

在即将到来的新世纪,我国经济学界面临的首要任务是什么呢?这就是着重加强经济学基础理论研究,承担起创立中国的广义政治经济学,特别是丰富和发展有中国特色的社会主义经济学的历史重任。

创立中国自己的广义政治经济学,首先必须加强对中国历代社会经济史的研究。

政治经济学传到中国已有百余年的历史。然而,至今还没有可以称得上中国自己的政治经济学问世。中国经济学界还没有完全走出照搬照抄外国经济学的歧途。过去是抄东方的教条,现在则是迷信西方的本本。理论经济学与经济史学成为互不相关的两张皮。从事政治经济学研究的,或埋头于现成本本,或热衷于对策分析,而经济史研究则受到冷落。因而,所做出的结论,或是根据某个定理进行纯粹的演绎推理,或根据洋教条简单地搞对号入座。恩格斯指出,人们在生产和交换时所处的条件,各个国家各不相同,而在每

一个国家里，各个时代又各不相同。因此，政治经济学不可能对一切国家和一切历史时代都是一样的。……火地岛的大发展没有达到进行大规模生产和世界贸易的程度，也没有达到出现票据投机或交易所破产的程度。谁要想把火地岛的政治经济学和现代英国的政治经济学置于同一规律之下，那么，除了最陈腐的老生常谈以外，他显然不能揭示出任何东西。因此，政治经济学本质上是一门研究历史的科学。它所涉及的是历史性的即经常变化的材料：它首先研究生产和交换的每一个发展阶段的特殊规律。我国经济学研究所经历的曲折过程，证明了恩格斯的论断是十分正确的。如果不能摆正理论研究与历史研究的关系，不能把现实经济问题研究与经济史研究密切结合起来，理论研究就成了无本之木、无源之水。只有深入地研究中国古代、近代和现代经济史，详细地占有经济史料，去粗取精，由表及里，从中找出中国社会发展固有的规律，才有可能创立完整的中国的广义政治经济学。

确立"社会主义市场经济"范畴，这是我国改革所取得的重要的精神产品。它将全面地改写社会主义政治经济学，在马克思主义经济学说史上掀起一场革命。实践是理论创新的源泉，恩格斯说过，原则不是研究的出发点，而是最终结果；这些原则不是被应用于自然界和人类历史，而是从它们中抽象出来的；不是自然界和人类适应原则，而是原则只有适应于自然界的历史的情况下才是正确的。这是对事物唯物主义的唯一观点。由于社会主义市场经济正处在发育时期，远未达到成熟的阶段，这一不可逾越的客观条件决定了我们现时还不可能创立成熟的社会主义经济理论。然而，这并不妨碍我们进行探索。为此，必须重视对于社会主义经济史的研究。这是一项奠基工程，忽视不得，马虎不得。企图走捷径，搬用西方经济学的原理和范畴，"穿鞋戴帽"，那不叫科学研究，充其量只不过充当了学术交流的媒介而已。马克思不认真地研究资本主义发展史，不详尽占有浩如烟海的实际材料，《资本论》这部经典之作能问世吗？回想一下自 20 年代以来，社会主义政治经济学教科书版本可能无法计算,但究竟有几本能称得上传世之作呢?

有中国特色的社会主义经济理论,初步科学地回答了什么是社会主义、怎样建设社会主义这两个核心问题,围绕着社会主义基本制度、经济运行以及经济发展三个层面,揭示了我国社会主义生产、分配、交换诸方面的规律性,构成了较完整的理论体系。中国特色的社会主义经济学初创成功,正是摒弃了照抄照搬外国洋教条,从中国实际出发,准确地把握了中国国情的结果。回顾历史,理论和政策的失误,主要是对国情作出了错误判断,无视中外国情的差异,忽略了中国社会主义脱胎于半封建半殖民地社会这一基本事实。

有中国特色的社会主义经济理论,全面地总结了实践社会主义的历史经验和教训,通过比较成就和失误、胜利和挫折,作出了认识上的巨大飞跃。对社会主义的认识,特别是对在中国如何建设社会主义,同对其他任何事物的认识一样,是不可能一次就取得真理性认识的,必须经过反复实践—认识—再实践—再认识,循环往复,才能实现由必然王国进入自由王国的飞跃。马克思创立了科学社会主义理论,但他并没有实践社会主义的经历。客观条件不允许他用实践来检验自己的理论。列宁在新的历史条件下创立了"社会主义一国胜利"的学说,但列宁只走出了第一步,即武装夺取政权。他没有来得及走第二步解决如何建设社会主义的问题,即离开了人间。毛泽东总结了民主革命时期两次胜利、两次失败的历史教训,开创了在半殖民地半封建的中国以农村包围城市、武装夺取政权的新路,提出了新民主主义社会形态学说,实现了第一次历史性飞跃。到社会主义时期,毛泽东虽然也曾经对建设工作中的失误做过反思,但由于他对国情判断有误,没能按照实事求是原则总结经验教训,所以什么是社会主义、如何建设社会主义,毛泽东始终没能破题。在党的十一届三中全会后,重新恢复了实事求是的思想路线,邓小平从历史的曲折中,经过比较、总结、思考,集中广大理论工作者的智慧,终于实现了历史性的飞跃,提出了有中国特色的社会主义经济理论。

有中国特色的社会主义经济理论是对马克思主义经济学的继承和发展，同时它还吸收了现代西方经济学的科学成果。现代西方经济学关于市场经济下市场在优化配置中的基础性作用，关于政府间接调节的方式等理论，为社会主义市场经济理论的创立提供了有用的素材。但是，有特色的社会主义经济理论却高于现代西方经济学。它提出并初步解决了现代西方经济学没能解决的一些世界性的世纪难题。例如，关于社会主义经济制度与市场经济是否兼容的问题，现代西方经济学诸多流派均断言不能兼容。他们认为，要实行市场经济就必须放弃社会主义，要坚持社会主义就不能实行市场经济；只有西方资本主义制度才与市场兼容。然而，我们不仅从理论上科学地论证了两者的兼容性，而且用改革的成就从实践上验证了两者是能够兼容的。再如，占当代世界人口 4/5 的不发达国家和民族如何摆脱贫困、实现民富国强，发展经济学始终苦于找不到根治良方。然而，中国改革开放 20 年使 2 亿人口摆脱了绝对贫困，10 亿人口在解决了温饱之后正在奔小康，国家已经进入经济大国之列。中国为不发达国家开辟了一条实现国家强盛、人民共同富裕的新路。

中国 20 年改革开放取得了举世瞩目的巨大成就，事实胜于雄辩。即使是那些对社会主义怀有敌意，对中国怀有偏见的人，现在也不能不正视现实，不得不承认中国人所选择的道路令世人瞩目。中国的经济学家已经对世界经济科学事业的发展作出了自己的贡献。我们以中国特色的社会主义经济理论在当代世界经济学宝库中增加了一份极其珍贵的精神财富。实践证明中国经济学家是能够有所作为的，是能够对人类社会发展作出较大贡献的。邓小平指出，我们的原则是把马克思主义同中国的实践相结合，走中国自己的路，我们叫建设有中国特色的社会主义。我们的现代化建设，必须从中国的实际出发。无论是革命还是建设，都要注意学习和借鉴外国经验。但是，照抄照搬别国经验、别国模式，从来不能得到成功。这方面我们有过不少教训。把马克思主义的普遍真理同我国的具体实际结合起来，走自己的道路，建设有中国特色的社会主义，这就是我国总结长期历史经验得出的基本结论。

值得注意的是，现在经济学界有一种令人忧虑的倾向，就是有些人盲目推崇西方经济学，自觉或不自觉地贬低甚至否认中国特色的社会主义经济理论的学术价值，抹杀中国特色的社会主义经济理论在现代经济学中的重要地位。过去史学界因"欧洲中心论"深受其害；现在，经济学界"美欧中心论"又沉渣泛起。一些人无视中国特色的社会主义经济理论在中国改革和发展中所取得的实际效应，按照他们的主张，中国经济学家永远只能跟在西方经济学家后面爬行，永远只能扮演二道贩子的可悲角色。

当然，我们必须清醒地看到，有中国特色的社会主义经济理论还处在初创阶段，必须随着深化改革的实践进一步充实、丰富、完善和发展。实现改革的目标还有一段相当艰难的路要走，深化改革还有许多难题需要解决，经济学研究任重道远。

中国经济改革是一所伟大的学校。这所大学校必将造就出一大批优秀的经济学家，中国经济学界在为中国人民造福的同时，也将会对人类作出伟大的贡献。

（原载中国社会科学院科研局编《新中国社会科学50年》，中国社会科学出版社2000年版）

理论经济学在中国改革中的命运

党的十六大报告指出："必须坚持按照客观规律和科学规律办事"。人类社会和自然界都是按自身固有的规律发展的。规律是不以人的意志为转移的，它具有客观性、必然性、强制性。在动物界，唯有人能够能动地改造世界，而不是消极地适应世界。但是，"自由是被认识的必然性"（黑格尔语）。在客观世界面前，人们只有承认客观世界有自身固有的、不以人的意志为转移的规律，只有认识了客观规律，并在行动中自觉地按照客观规律的要求办事，才有自由。任何人，为所欲为，倒行逆施，必然会受到客观规律的惩罚。古今中外，无一例外。

坚持按客观规律办事，就是坚持实事求是。这是指导各项工作的思想路线。把这一原则提高到党的指导思想的高度，是总结了长期的历史经验和教训，甚至是付出了巨大的血的代价，才明确的。

经济改革的实质，并不是现代西方经济学所说的仅仅是经济运行机制的改革，而是社会生产关系和社会经济制度的变革；改革的缘由，也不能仅仅归结为资源配置方式的优劣，而是中国社会发展规律所决定的。人们是不能按照自己的意志自由地选择生产和交换方式的。生产力决定生产关系。有什么性质的生产力，就有什么样的生产关系。生产力是一种既得力量，不是人们自由选择的结果。改革所能够成就的事业，就是按照生产关系必须适合生产力性质的规律的要求，一方面大力发展社会生产力，坚持以经济建设为中心；另一方面，从生产力的现状出发，根据生产力的性质，改革和调整不适应生产力发展的生产关系。中国社会主义制度脱胎于半封建半殖民地社会。这个基本国情决定了中国要实现民富国强,必须经历工业化、现代化、商品化、市场化的过程。这个历史阶段是不可逾越的。改革不可逆规律而动,但也不能揠苗助长。中国改革要取得预期的成效,必须按经济规律的要求办事。这不仅要求我们尊重经济规律的客观性质,承认经济规律的作用是不以人的意志为转移的,而且必须重视经济规律借以发生作用的环境和条件,认识经济规律在中国条件下作用的特殊性。邓小平同志告诫我们:"我们的现代化建设,必须从中国的实际出发。无论是革命还是建设,都要注意学习和借鉴外国经验。但是,照抄照搬别国经验、别国模式,从来不能取得成功。这方面我们有过不少教训。把马克思主义的普遍真理同我国的具体实际结合起来,走自己的道路,建设有中国特色的社会主义,这就是我们总结长期历史经验得出的基本结论。"(《中国共产党第十二次代表大会开幕词》)回顾我国改革的艰难历程,反思苏联改革的沉痛教训,重温邓小平这段教诲,是何等真切!

这些年在人们的意识中之所以淡忘了"按照客观规律办事",事出有因。经济学界某些知名人士一再声称:经济学是研究稀缺资源配置的科学;传统观念把经济学研究对象定义为研究生产和分配、交换规律,这是苏联范式的教条主义观点。现在,这种看法似乎已经成为许多人的不容争辩的共识。然而,有些学者却对这个观点提出疑义。首先,这个定义混淆了经济学与其他专门研究资源配置的学科的区别。各门学科之所以相互区别,就因为各自都有自己特有的研究对象。研究对象不同,学科的功能和任务也就不一样。资源配置是生产力配置这一大类学科研究的领域。它的分支学科包括经济地理学、生产力经济学、产业结构学、可持续发展学等。它们从不同的角度研究如何经济合理地利用资源。这些学科共同的特点是反映人与自然之间的关系。而经济学的研究对象则不同,它是研究物质资料生产、分配、交换过程中人们之间相互关系的科学,它要揭示支配生产、分配、交换的规律。恩格斯将经济学又称为政治经济学、理论经济学。他给这门独立学科下了一个精确的定义："政治经济学,从最广的意义上说,是研究人类社会中支配物质资料的生产和交换的规律的科学。"把经济学研究对象定义为资源配置,实际上就是用生产力组织学取代经济学,从而取消经济学这门独立的学科。其次,上述定义否认了人类社会的生产、分配、交换存在着自身固有的、不以人的意志为转移的客观规律,这些规律主宰和支配着人们的行为和意志,调节人们之间的利益关系。经济学的研究并非与资源配置毫无关系,只是它并不直接把资源配置本身作为研究对象。它是研究人们相互之间的利益关系,研究这种关系对资源配置所产生的间接影响。恩格斯指出,经济学所研究的不是物,而是人和人之间的关系,这些关系是同物结合,并被物所掩盖;马克思第一次揭示出它对于整个经济学的意义。经济规律直接作用的对象和领域并不是自然界,而是人与人之间的关系即社会生产关系。否认经济规律的客观性质,必然误导人们的行为,把人们引向唯心主义和形而上学。这正是现代西方经济学的一大缺陷。上述观点抹杀了经济学规律的历史性质。经济学规律与自然规律不同,它们具有因地因事因时而异的特点。恩格斯指出:"人们在生产和交换时所处的各个国家各不相同,而在每个国家里,各个世代又各不相同。因此,政治经济学不可能对一切国家和一切历史时代都是一样的。""政治经济学本质上是一门历史科学。它所涉及的是历史的即经常变化的材料"(《反杜林论》)。最后,上述定义并不是理论创新,而是倒退,不过是重复了原本就有争议的又一个洋教条。《资本论》和《〈政治经济学批判〉序言》出版,是近代经济思想史上的深刻革命。这个革命的标志,就是马克思和恩格斯将唯物主义历史观运用于研究经济学,明确提出了经济学研究的对象是社会生产关系。恩格斯指出:"当德国的资产阶级、学者和官僚把英法经济学的初步原理当作不可侵犯的教条拼命死记,力求多少有些了解的时候,德国无产阶级的政党出现了。它的全部理论内容是从研究政治经济学产生的,它一出现,科学的、独立的、德国的经济学也就产生了。这种德国的经济学本质上是建立在唯物主义历史观的基础上的"。"在这里我们立即得到一个贯穿着整个经济学并在资产阶级经济学家头脑中引起过可怕混乱的特殊事实的例子，这个事实就是：经济学研究的不是物，而是人和人之间的关系，归根结底是阶级和阶级之间的关系；可是这些关系总是同物结合着，并且作为物出现；诚然，这个或那个经济学家在个别场合也曾觉察到这种联系，而马克思第一次揭示出它对整个经济学的意义"。古典经济学在理论上没能实现这一突破，是因为他们没能摆脱唯心史观的羁绊。"在他们看来，新的科学不是他们那个时代的关系和需要的表现，而是永恒的理性的表现，新的科学所发现的生产和交换的规律，不是历史地规定的经济活动形式的规律，而是永恒的自然规律，它们是从人的本性中引申出来的。"（《反杜林论》）19世纪70年代，新古典经济学的一位代表人物杰文斯明确地把经济学研究的对象和领域界定为"资源配置"。之后，这一观点在资产阶级经济学界逐步发展为居主导地位的观点。英国经济学家罗宾斯曾经做过一个经典的表述："经济学是一门研究作为目的和具有不同用途的稀缺手段之间关系的人类行为的科学。"但是，即使在西方，罗宾斯的观点也没有成为经济学界一致的共识。不少学者对它提出质疑和批判。布坎南尖锐地批评罗宾斯的定义"不是推动而是阻碍科学进步"，认为资源配置理论"不应当在经济学家的思考过程中占主导地位"。

时下，在西方经济学界早已遭到质疑和批评的陈旧观点，在我们这里却当作时髦传播，甚至被吹捧为指导我国改革的理论，实在令人困惑。苏联经济学教科书的作者把社会主义经济规律简单化、条条化，这是不可取的。但不能因此走到另一个极端，否认经济规律的存在，否认经济学应当把经济规律作为研究对象。

世界上没有生而知之的圣贤。人们对客观世界规律的真理性认识来自实践，社会实践是认识的第一源泉，而且任何一个真理性认识都必须经历反复的实践才能取得。即使如此，人们只能逐步接近真理，而不能穷尽真理。如果从创建第一个革命根据地算起，我们党领导经济建设迄今已有 70 余年。这 70 余年是我们党对中国国情和中国经济规律不断探索、认识逐步深入的过程。对历史理应采取分析的态度，既不能全盘否定过去，也不能割断历史。近代中国的先哲为了寻求强国富民之道，提出过种种救国方略，进行过种种有益的探索和试验。这些都是我们宝贵的精神财富，是新时期理论创新不可弃之不用的素材。这里，不妨举几个事例。例一，关于新民主主义经济形态的理论和实践。中国共产党成立之后，在党纲和党章中规定了党的指导思想的理论基础是马克思主义，党的奋斗目标是在中国实现社会主义和共产主义。"走俄国人的路"，在党内虽然取得了共识，但是，我们没有照抄俄国的理论，也没有照搬俄国的经济模式，而是基于对中国国情的深刻认识，以马克思主义历史唯物主义为指导，创造性地提出了新民主主义社会形态的学说，实行了新民主主义的经济纲领和经济政策。在战争年代，在极端艰难的条件下，根据地的经济建设与敌占区的经济衰退、物价飞涨、苛捐杂税、民不聊生形成鲜明的对比，经济发展支援了前线，又保障了人民温饱。中华人民共和国成立时，百废待兴，但仅用了 3 年时间就将国民经济恢复到战前水平，遏制了恶性通货膨胀，消除了失业，城乡经济呈现一片繁荣。从新民主主义理论和政策的实践过程中，我们可以得到以下启示：新民主主义经济学是经过实践检验的、可行的、科学的经济理论，是揭示了中国经济规律的、独特的、不同于外国主流经济学的、中国版本的经济学，是在新时期创造性运用历史唯物主义和马克思经济学原理研究中国实际的、发展了的马克思主义经济学。1956 年以后，由于指导思想"左"的错误，经济发展经历了曲折的道路，这一教训从反面证实了新民主主义经济学的科学性。同样，从中共十一届三中全会以来所实行的社会主义初级阶段的政策来看，也不难看出初级阶段理论与新民主主义理论之间历史的和逻辑的联系，理论渊源。例二，从 20 世纪 50 年代中期到 60 年代初，在理论上和体制方面曾经做过一些有益的探索，在我国经济史和经济思想史上都留下了不可抹掉的重要篇章。例如，关于以经济建设为中心，保护和发展生产力的方针；关于社会主义市场及其结构的思想；关于以苏联为戒，从社会主义社会利益多元化的现状出发，按照平等互利、统筹兼顾的原则，正确处理各种经济关系的论述；关于价值规律是一个伟大的学校，必须大力发展商品生产和商品交换，实行等价交换的理论，等等。在当时的历史条件下，这些主张在理论上和体制上都向苏联的传统理论和传统体制提出了挑战，在历史上留下了闪光的一页。如果历史沿着这条路子发展，中国的面貌将大大改观。改革不能走改良主义道路，但也不是否定一切；改革包含肯定和继承，甚至对历史上的失误也应采取分析的态度，从中找出引以为戒的教训。

改革是一个伟大的实践学校，是我们在改革的实践中认识中国的经济规律的大课堂，也是在改革的实践中学习改革最好的教科书。我国改革是社会主义制度的自我完善，目标是要实现人民共同富裕，国力强盛。这是前无古人，今无先例的艰巨事业。外国的成功经验，应当学习借鉴，但外国的经济模式不能照搬；外国经济学的科学原理，应当吸取，但改革的指导思想绝不能让位给西方经济学，这是两个原则。无视这两个原则，改革就可能被引入歧途，俄罗斯"休克疗法"的悲剧就可能在我国重演，西方国家资本原始积累就可能在我国再现，这绝不是危言耸听。

说到我国经济学界对我国市场化改革取向的认识过程，不能不回顾一段历史。中共十一届三中全会后，经济学界在实事求是、解放思想的路线的鼓舞下，一方面批判"四人帮"的极左理论；另一方面积极探索经济体制改革。中国社会科学院经济研究所发起，邀集经济学界人士，连续召开了几十次"双周座谈会"，就经济改革问题进行了热烈的讨论。1979年3月，经济所在无锡市召开了一次全国性学术讨论会，题目是《社会主义制度下价值规律的作用》，参加会议的有来自各地各界从事经济学研究和教学的人士，讨论的主题是我国经济体制改革。与会者在要不要改革这一点上都作出了肯定的回答，但对是否实行市场经济体制，主流观点则持否定和批判的态度。但是，倒是有几位无名之辈明确主张实行"社会主义市场经济"。他们向会议提交的论文题目就是《试论社会主义市场经济》《社会主义市场经济简析》等。他们认为，商品经济是比自然经济优越的生产和交换方式，是社会发展不可逾越的阶段，它能够适应不同层次的生产力，兼容不同性质的生产关系；商品经济就是市场经济，价值规律是生产、交换、分配的基本调节者；我国不能走资本主义道路，但绝不能越过市场经济；既然有社会主义商品生产、商品交换、市场范畴，那么，就应当承认社会主义市场经济范畴。这几篇文章收集在会议文集之中，有据可查。把我国社会主义市场经济改革和理论探索的成绩都记在新自由主义和制度学派的功劳簿上，是不符合事实的，也是不公正的。

当前，我国改革和发展正处在重要时刻。经济和社会生活中各种深层次的新旧矛盾都已显露。这些矛盾相互交织、相互影响，给我国社会发展埋下了深刻的隐患。在这个事关国家和民族前途和命运的问题上，需要的不只是应急的对策，更重要的是冷静思考，敢于正视矛盾，实事求是地分析矛盾产生的原因，寻求治本之策。

（原载《经济学动态》2004年第2期）

西方市场原教旨主义的衰败和中国信徒的堕落

来　信

《中华魂》编辑部的老师们：

　　贵刊的《忘年交书简》栏目是我每期必读的，因为它能帮助我解答疑难。现在我又提出一个问题，希望能够得到你们的回复。

　　我是学习经济学的，我们经常接触的一个问题是如何看待西方经济学中的新自由主义派别。自从20世纪70年代以来，在西方世界，新自由主义取代凯恩斯主义成为主导美欧意识形态和经济对策的主流经济学派，它对于世界经济，包括中国经济的影响值得重视。在中国经济学界，有些人奉新自由主义为圭臬，一切以新自由主义经济学的是非为是非。这使我深感困惑。难道我们联系中国实际认真学习的马克思主义经济学已经过时了吗？实在不可思议。贵刊如能在百忙中邀请对此有研究的专家学者来信给我们谈谈这个问题，为我们指点迷津，当不胜感激。

　　专此顺祝

　　编安！

青年学生　郝秋贞谨上

复 信

郝秋贞同学：

　　来信已由《中华魂》编辑部转来。我试着对这个问题谈谈自己的一些看法。

　　确如来信所说，自20世纪70年代以来，在西方世界，新自由主义取代凯恩斯主义成为主导美欧意识形态和经济对策的主流经济学派。更有甚者，新自由主义进一步蜕变为美国政府对外推行霸权主义，对社会主义国家实行和平演变，对发展中国家推行新殖民主义的工具。在近代经济思想史上，没有哪一个资产阶级经济学派曾经像新自由主义一样在世界政治、经济生活中起过如此巨大的作用和影响。但是，曾几何时，2008年9月一场席卷全球的经济风暴扫尽了它的威风。这场世界性金融、经济危机宣告了新自由主义的破产。

　　面对这场给全人类带来深重灾难的危机，全世界从学界、政界乃至平民百姓都在纷纷反思，用危机来检验新自由主义理论及政策已经成为世界潮流。然而，在当今，中国却是另一番景象：那些在改革开放中狂热贩卖新自由主义的二道贩子们，却固执己见，我行我素，继续鼓噪市场原教旨主义。这不能不引起人们的关注和思考。

一　这是一场资本主义制度的全面危机，是美国华尔街金融寡头和美国政府战后对全人类的空前严重的浩劫

　　危机起始于银行信贷资金断裂，但很快波及实体经济，美国首当其冲。在危机最严重时，美国有14万家企业倒闭，工业生产下降46.2%，倒闭银行140家。西方世界工业生产下降37.2%。

危机重创了西方国家经济，泡沫经济破灭，股市崩盘，造成资产普遍大量缩水。2009年3月9日亚洲开发银行报告，仅2008年全球金融资产缩水超过50万亿美元，相当于全球一年的产出。5年来，美国家庭净资产缩水36%，从10.29万美元下降到6.68万美元。大约有1100万宗住宅抵押贷款（占美国住房贷款总额23%）已经资不抵债，即贷款余额大于房价。① 另据美联储数据，衰退吞噬了美国人近20年的财富。中位数家庭净资产仅在3年中就缩水了39%。从2007年的1264600美元下降到2010年的77300美元。财富如此大幅缩水，导致美国人的生活水平倒退到1992年的水平。②失业人数剧增。据国际劳工组织报告，2008年危机以来，全球约有5000万个工作岗位消失，2011年年底，全球有1.96亿人失业，预计2012年将上升到2.02亿人，失业率达6.1%。发达国家的就业要到2016年年末才可能恢复到2008年危机前的水平。美国失业率一度升至近10%，随后一直在8%左右摆动。欧盟2012年一季度失业人口达2470万人，比上季度增加19.3万人，比2011年同期增加210万人。欧盟为应对衰退所采取的紧缩政策，向民众开刀，进一步加剧了欧洲就业形势的恶化，大量失业人口流入庞大的贫困队伍。

危机加剧了贫富两极分化，原本富裕的社会呈现贫困化的颓势。由于经济泡沫破裂，居民资产严重缩水，中产阶层处境艰难。有媒体认为，中产阶层正在消失。中低收入群体受害最为严重。据墨西哥《宇宙报》网站2012年1月24日报道，美国最新人口普查统计显示，经济衰退已使4600万美国人生活在贫困之中，创近52年来最高纪录。列入"极端贫困"的人口数和比例达到了1975年以来最高水平。有近2100万人每人年收入只有5272美元。据联合国大学世界经济发展研究院2006年12月发布的报告，全球最富有

---

① 美国《基督教科学箴言报》网站，2012年6月18日。
② 美国《华盛顿邮报》网站，2012年6月12日。

的10%人群占有全球85%的财富,世界底层的半数人口仅拥有世界财富的1%。世界最富国家和最穷国家人均收入差距,1973年为44:1,到2000年扩大为227:1,即扩大了15.5倍。据联合国农粮组织2009年6月19日资料,全球饥饿人口已达到10.2亿,预计全年可能增加到20亿。危机爆发后,美欧国家运用经济、行政手段转嫁危机,加害于发展中国家,使它们蒙受双重灾难。

危机已5年。当各国政府相继出手救市,有人急不可待宣称:"世界进入危机后时代",或叫嚣"世界进入后危机时代"。但事实给了这些"鹦鹉"一记响亮耳光。经济未见全面复苏,失业居高不下,财政入不敷出,债务危机深重,救市举措饮鸩止渴,社会矛盾加剧,"占领华尔街"运动预示民众觉醒,经济危机又添政治动乱,前景暗淡,前途难料。用句时髦的流行语说,整个西方世界充满了"不确定性"!

二 反思经济危机,批判新自由主义和《华盛顿共识》,挑战美国经济霸权,抨击金融垄断资本主义,已经发展成为西方世界不可逆转的群众性思潮。危机是人们重新认识世界的大学校

——2011年9月17日在西方心脏美国爆发的"占领华尔街"示威,标志着西方大国广大下层民众对标榜所谓自由民主人权的资本主义制度和政府政策的强烈不满,已经从单纯言论发展到群体性有组织的政治行动。社会正在觉醒。这个运动提出,我们"是占总人99%的普通大众。对于仅占总数1%的人的贪婪和腐败,我们再也无法忍受。"这个运动的重要特点之一,就是具有极其鲜明的政治色彩,矛头直指华尔街金融寡头、美国政府及其所推行的新自由主义经济政策;其二,参加者具有广泛的群众性,遍及各个社会阶层和左中右各党派、群众团体;其三,运动扩展到全美国大中城市、深入到学校、企业;其四,影响到社会稳定,以致美国政府出

动警力加以镇压，造成人员伤亡。运动蔓延到 71 个国家 700 多座城市。

"占领华尔街"运动目前虽无严密组织，没有政治纲领，但绝不会到此为止画上句号。导致这个政治运动的资本主义固有矛盾一个也没有解决。危机还看不到尽头。

——在西方信奉新自由主义的营垒里，许多学者、官员、政治家直面危机，正视现实，深刻反思，重新审视，转而批判新自由主义。

日本有位知名的兼官学于一身的经济学教授中谷岩。他写了本新作《资本主义为什么自我毁灭？》，在日本国内外引起强烈反响。这倒不是因为在学术上有重大创新，而是因为他对新自由主义的反叛。作者早年留学美国，1973 年获哈佛大学经济学博士学位。回国后，曾在多所大学任教，并在几届内阁中受聘担任首相智囊团成员。他撰写的《宏观经济学入门》被许多大学列为教材。世界经济危机爆发后，他对自己所学所讲所用的经济学进行了认真反思。《资本主义为什么自我毁灭？》可以说是这位新自由主义者的自白书。他说："我坦率地反省，自己迄今的主张是错误的"，"对自己主张的错误抱悔恨之念"，"迫于世界情势的紧迫，我不能再沉默"。他说自己曾经"过于天真地相信资本主义全球化和市场至上主义的价值"；他曾宣扬"如果日本也能像美国那样进行自由经济活动，转变成市场机制发挥机能的社会，就能变得像美国人那样富裕、幸福"。他在参与政府决策时，曾力主把美国的经济体制、政策、结构引进到日本。危机使他的幻想破灭，他终于清醒地认识到"仅仅依靠美国经济学的合理逻辑来决定日本的国策，是错误的"。他进而尖锐地指出，把美国式经济学奉为人类的普遍真理，是因为它是资本主义用以掩饰其贪婪欲望的工具。"资本主义是以资本增殖为目的的贪婪的利益追求者的意识形态"，美国社会的特质是贪得无厌的扩张和对个人主义的绝对容忍。"美国式资本主义已经开始自灭"。他疾呼："有必要大声反对追随美国那种抛弃弱者型的结构改革。"

美联储前主席格林斯潘号称四朝元老，在四届政府执掌金融大权，竭力推行新自由主义货币政策，是造成危机的罪魁祸首之一。他于2008年10月23日在国会作证时坦承，在执掌美联储期间对金融业疏于监管，助长了金融自由化是个"错误"，现代风险管理范式已经"走偏"，他对放松监管这一政策的信念已经"动摇"。

国际金融大鳄索罗兹对于市场原教旨主义的批判可谓一针见血。他指出，"眼下发生的事令人难以置信！这是我所说的市场原教旨主义这一放任市场和让其自动调节理论作用的结果。危机并非因为一些外来因素，也不是自然灾害造成的，是体制给自己造成了损失。它发生了内破裂。"

——从批判新自由主义思潮，进而扩展到批判现行资本主义制度，这是近几年西方意识形态领域的重要变化。20 世纪 80—90 年代，西方媒体在国际舆论界崇尚资本主义制度，丑化诋毁社会主义制度。但新世纪初，美国这位帝国老大自己不争气，一场金融经济风暴撕掉了披在它身上的"皇帝新装"。

本轮危机是深重的。但并不意味着资本主义作为一种社会制度行将就木。然而，关于资本主义的种种神话，已经被它自己制造的危机无情地戳穿。令精英人士崇拜的"美国模式"已经丢尽颜面，信誉扫地。西班牙《第三信息》网站曾发表一篇文章：《资本主义的十二个神话》。文章对流传甚广的，诸如自由、民主、平等、共同富裕、全民福利、无可替代等神话，逐一进行了剖析。今年年初，英国《金融时报》推出了以《危机中的资本主义》为题的系列文章。专栏开篇文章的作者是美国本届政府的要人萨默斯。他的文章标题是《资本主义哪里出了毛病》，文中列数了如失业率上升、分配不公、社会流动性急剧下降等，认为如不重视，问题不可能自我纠正。

国际工会联盟秘书长沙兰·伯罗认为，20 世纪的资本主义已经过时，不再适应 21 世纪。资本主义没能带来安全的饭碗，也没能平均分配财富。①

达沃斯论坛主席克劳斯·施瓦布提出避免"制度腐败变质"问题。他认为,"人们绝对可以说,当前形式的资本主义制度不再适合当今世界"②。

经济危机还暴露了西方政治制度的腐败性、虚伪性。西方所谓"民主",名为"票主",实为"钱主"。美国经济学家罗伯特·赖克支持"占领华尔街"运动,要求建立一个免受金钱腐蚀的干净的民主制度。他认为,当收入和财富如此集中于少数人手中时,极少数富人有足够的金钱主宰民主,会不可避免地破坏民主。③

——世界经济危机这场由美国金融寡头、政客、文人合谋酿成的大灾难,彻底戳穿了他们编造和散布的关于美国社会、制度、体制、模式、道路的种种神话、迷信。在事实面前,谎言重复千遍万遍也变不成真理。西方国家一些友人政治家、学者对我们提出了忠告。

英国报人戴维·皮林(《金融时报》亚洲版主编)认为,陷入危机的资本主义同时也是亚洲通向繁荣的危险道路。④

曾任德国总理的斯密特老人,是中国人民的老朋友。他是"社会市场经济"的倡导者和践行者。就在美国佬佐利克之流抛出旨在最终瓦解我国社会主义国有经济、实现全盘私有化的所谓"顶层设计"改革方案的时候,斯密特发出令国人深省之语:"国有企业是中国人民的命根子。应当否决私有化。"他认为,如果对国有企业实行私有化,未必有利于竞争、使人民获利。私有企业是不关心社会整体利益的。

——西方学界不仅直接挑战新自由主义,而且名校学生群起,造了新自由主义学派大师的反。

---

① 德国《世界报》网站,2012年1月25日。
② 德国《金融时报》,2012年1月25日。
③ 英国《金融时报》网站,2012年2月1日。
④ 英国《金融时报》网站,2012年1月16日。

2011年11月2日，在美国哈佛大学发生了一起震惊美国乃至世界学界的学生罢课事件。被学生罢课的，是哈佛"明星教授"新自由主义经济学大师曼昆。他撰写的《经济学原理》被译成20多种语言，在世界发行100多万册。他曾任小布什总统经济顾问委员会主席。罢课学生说，他们属于美国社会中"99%的人民"，抗议另"1%人的贪婪和腐败"。罢课是为了表达他们"对于这门导引性经济学课程中根深蒂固的偏见的不满。"罢课学生响应"占领华尔街"运动，当天走出校园加入了"占领波士顿"的游行示威队伍。游行队伍也走进哈佛，支援罢课学生，打出红色标语："我们希望大学为99%的人服务！"

罢课学生发表了一封致曼昆的公开信："我们离开《经济学十讲》课堂，为了表达我们对于这门导引性的经济学课程中根深蒂固的偏见的不满。我们深切地担忧这些偏见将影响到我们的同学、我们的大学，以及我们身处的整个社会。我们发现这门课程，对于我们认为已经问题重重且对不平等束手无策的经济，持一种特殊而且有限的看法。"公开信认为，真正合理的经济学研究必须同时包含对各种经济学的优点和缺点的批判性探讨。但在曼昆课程中我们几乎无法接触其他可供选择的路径来研究经济学。认为亚当·斯密的经济学原理比其他任何理论更重要、更基本，这是毫无道理的。"如果哈佛不能使学生们具备关于经济学的更广博与更具批判性的思考，他们的行为将会危及全球金融体系。近5年来的经济动乱已经充分证明了这一点。""今天，我们将加入波士顿的游行队伍，抗议高等教育的公司化，声援全球的'占领运动'。由于'经济学十讲'中不公正的本质不仅是美国经济不平等的象征，甚至应当为这一严重社会后果负责。我们今天走出课堂，不仅是反对您对于有偏见的经济学理论的讨论不够充分，而且我们还将投身整个运动，去改变美国关于传统经济学的所有不公正话语。曼昆教授，我们希望您会认真对待我们的想法和今天的罢课行为。"

哈佛学生的罢课行动提出了许多问题，很值得我们认真思考。

——世界经济大危机爆发，导致新自由主义衰败，引发了西方国家意识形态的危机。在这个背景下，马克思及其著作、理论在经历了一段政治寒潮之后，在西方世界重新受到重视，出现了不容小觑的"马克思热"。新自由主义衰败和马克思热，形成了强烈对比，构成当今西方政治生态的重要特点。

在西方世界，苏联解体后，出现过一股反马克思主义思潮。马克思主义遭到诋毁、批判、冷待。当时，美国有位福山教授断言，苏东国家蜕变是历史的终结，即人类社会已经达到了最佳状态，资本主义已无可替代。"自由民主与资本主义取得胜利的今天，历史已经终结。"但是，面对此番大危机爆发的严酷现实，他不得不说，这场危机"凸显了资本主义制度内在的不稳定性。美国式资本主义已经从神坛上跌落下来。""这场危机是美国在全球事务中占据经济主导地位的终结。""尤其是美国不再被看作有社会政策创新思维的唯一中心。"[1]

西方出现的"马克思热"有以下特点：一是发生在仍在延续的世界性大危机的背景下。20世纪30年代大危机，各国应对之策可分为两类：一类是社会主义国家苏联采取的以国家工业化现代化和提高人民物质文化生活水平为主旨，以扩大内需为主，同时充分利用西方经济危机提供的机遇，引进先进设备和技术、人才，发展自己；另一条路是，西方国家按照凯恩斯主义，实行扩张的财政货币政策，靠经济军事化扩张军备和罗斯福新政，使经济走出险境。到20世纪70年代，由于经济陷入滞胀泥潭，凯恩斯主义的主流地位被新自由主义取代。但好景不长，进入新世纪，一场金融风暴紧接着一场经济台风横扫全球，扫尽了新自由主义的颜面。正是在这种困境中，一些有识之士和公众把目光投向"世纪伟人"马克思。据《光明日报》2008年12月15日报道，《汉堡晚报》说马克思的魅力无穷，就连德国财长施泰因布吕克也在阅读《资本论》。这位

---

[1] 美国《外交》双月刊2011年3/4月号。

财长说,"我们必须承认马克思主义一些观点是正确的。""马克思热"的另一特点是,波及的面广,从欧洲到美洲、亚洲,从金融帝国到发展中国家;涉及的人群众多,从学者到政治家、从企业家到经管人员、从青年学生到普通劳动者,从神职人员到平民百姓,几乎遍及各行各业、各类群体。据《光明日报》记者2008年11月10日自柏林报道,德国《明镜周刊》在线发表了一篇文章,说"一个幽灵正在德国大学里徘徊"。德国许多大学里正在开展"重新发现马克思"活动。从本学期开始,在德国31所大学里组织学习小组,用召开研讨会等方式开展学习《资本论》的活动,参加活动的有2000多名学生。迪茨出版社总经理说:"马克思《资本论》重新热起来,反映了我们社会当前面临的状况,社会遭遇到的问题越多,就会有越来越多的人试图从马克思的著作中寻找答案。"随着"马克思热"兴起,马克思著作的出版量和销售量迅速增加。德国迪茨出版社出版的《资本论》2008年的销售量比上年增长了3倍。

"马克思热"的出现完全是自发的,而不是有组织的。在苏联解体之后,在意识形态领域,马克思主义被边缘化。如果没有世界经济大危机,没有新自由主义衰败,西方"马克思热"是不可能如此迅速出现的。这股思潮反映了世界历史发展的客观的必然的趋势。但是,必须清醒地看到,"马克思热"的出现,并不意味着新自由主义及其领军者从此"放下屠刀,立地成佛"。斗争将是长期的、曲折的。

三 中国贩卖新自由主义的旗手,面对世界经济大危机,执迷不悟,拒绝反思,一意孤行,继续鼓吹私有化、自由化、殖民化,逆世界大潮而行,反亿万人民的根本利益而动

20世纪70—80年代,社会主义世界出现了一股经济体制改革

潮流。我国与苏联东欧国家不同，我国改革从起步时，就明确以建立社会主义市场经济体制为目标。这种抉择是不以人的意志为转移的，是我国国情和民心决定的，也是当代国际大环境背景使然。

20世纪50年代，时任美国国务卿杜勒斯抛出了对社会主义国家实行"和平演变"的战略设想。但一直无从下手。到70—80年代，社会主义国家掀起了改革浪潮。美国政府抓住这个战略机遇，加紧推行"和平演变"。在经济方面，大搞军备竞赛，把苏联捆在战车上，拖垮苏联经济；利用美元霸主地位和美国在世界银行等国际经济组织中的主导权，主宰国际经济秩序；在所谓"经济全球化"的旗号下，大搞资本输出，通过投资控制行业和地区经济，发展加工贸易，把苏联和东欧国家全面拉入美国控制的世界经济体系，使之依附于美国；在文化教育和意识形态方面，敞开学校大门，培养和扶植代理人、代言人；通过学术交流和文化交流，大搞文化输出，资助非政府组织，插手改革和发展，大肆推销新自由主义，并直接或间接参与整体或局部有关改革和发展方案设计，左右媒体、引导舆论、掌握话语权，等等，不计工本，无所不用其极。最终，美"不战而胜"，实现独霸世界的梦想。

苏联解体了，俄罗斯走上了全盘西化的道路，美国并没有因此善罢甘休。相反，继续对社会主义世界推行"和平演变"战略。中国改革开放30年来，美国政府换了几届，但对华实行"西化、分化、遏制、殖民化"的战略始终如一。美国视中国为"主要战略对手"，实行"战略重点东移"。这并非对华善举善行。现在，环视我国周边态势，美国对华战略弧型包围圈已经形成，美国一手制造和挑唆的矛头指向中国的事端不断。更有甚者，美国政府正在增强在亚太地区的军力部署。美国政府的智库竟然鼓噪发动对华战争。

长期以来，政界、学界争论"左"与右谁为主要危险。有一种极端观点，认为在改革开放过程中"左"始终是主要危险，反"左"是主要任务。这种观点把邓小平在特定时期针对特定对象讲的话普遍化、绝对化，是对邓小平言论的实用主义诠释。这种观点对美国政府利用新自由主义争霸世界、在改革和经济全球化的旗号下，对我国实行"遏制、利用、西化、分化、殖民化"的战略图谋，装聋作哑、视而不见。美国政府对华战略究竟是左还是右？30年改革历程中，中国新自由主义谋士们，在美国对华推行全盘西化的战略图谋中充当了斗士还是别动队？我们必须把国内的左右纷争置于国际大环境，大背景中分析，才能作出切合实际的而不是主观臆想的公式化的结论。以反"左"为名，转移人们对西方"和平演变"战略挑战的视线，是别有用心的。

让我们来看看某些中国新自由主义的忠实教徒们，在世界大危机中的所作所为、所言。

——念念不忘市场原教旨主义，继续兜售私有化、自由化、市场化。

世界大危机爆发延续至今，我国的改革和发展走到了重要路口：是坚持以和中国国情相结合的马克思主义为指导，坚持走中国特色的社会主义道路，坚持党的社会主义初级阶段基本路线，还是让新自由主义继续肆意误导中国改革和发展，使我国重蹈苏联和苏共的覆辙？这绝非危言耸听，而是现实迫切要求我们作出的抉择。

2012年"两会"前夕，《中国经营报》2012年2月27日发表了一篇文章《改革不容拖延》。文章认为，"经济危机在整个资本主义世界的蔓延，使人们对自由市场的未来命运产生了怀疑。然而，中国的故事并不能成为反对自由市场制度的理由。"中国现在必须"继续朝着建设自由市场体制的方向推进改革。这是一项未竟的使命。"作者认为，他所谓的自由市场制度是"人类迄今尚未找到更好的选择"。

作者关于自由市场制度的观点，并无任何新意。它贩自美国流行的经济学教材，早在20世纪80年代后期就摆上了地摊。所不同的是，（1）他强调自由市场制度的地位和作用，绝不会因大危机而改变；（2）他的观点为参与所谓"顶层设计者"鼓吹的"坚持市场化改革不动摇",作了明确的注解。30 年后与 30 年前,念的是同一本经。

——颠倒黑白,混淆是非,为贯彻声名狼藉的"华盛顿共识"制造舆论。

《东方早报–上海书评专刊》2011 年 11 月 20 日刊登了一篇题为《深化市场经济改革难在哪里?》的文章。作者说,"仔细回想一下,我们改革的成就离不开'华盛顿共识',改革中许多问题正是偏离了其中的一些要点,或者贯彻得不彻底。"作者给改革"过大关"指明的出路,就是贯彻"华盛顿共识"。

美国政府炮制的"华盛顿共识",早已在国际上声名狼藉。它是美国政府假手世界银行等国际经贸组织,对外推行经济霸权主义、实行殖民扩张、瓦解社会主义国家经济根基的重要政策工具。其主要内容是,以新自由主义为理论指导,在紧缩银根的条件下,开放市场,全面实行私有化、自由化、市场化。新自由主义及"华盛顿共识"已经给当代世界发展造成了灾难性后果。

我国 30 年改革和发展,在取得显著成效的同时,也面临亟待解决的诸多矛盾和问题。究其原因,从领导层面分析,主要是没能全面认识和处理好市场经济与社会主义既相适应又相矛盾的两面性;从贯彻实施过程分析,主要是来自内外新自由主义的干扰、障碍。举例来说,中央提出建立和健全社会主义市场体系,但在实际执行中却被异化为泛市场化,以致造成"新三座大山",加剧贫富两极分化。又如,国有企业改革,中央提出"抓大放小",但在实施过程中"放小"被歪曲为"一卖了之",全部化公为私,中饱私囊,一些人借改革之机靠掠夺公产实现了一夜暴富。"改革"成了新生资产者实现原始资本积累的遮羞布。如此等等,还可以举出很多。不过,那时候还需要遮遮掩掩,搞"合法斗争"。现在他们则自己扯下了遮羞布,公开打出了"华盛顿共识",露出了庐山真面目。这是公开向党和人民挑战。北京大学不是有位明星教授公开宣称改革下一步就是私有化吗?2012 年 3 月 18 日他在"中国发展高层论坛2012"年会上说：国有企业已成未来中国成长的最主要的障碍之一。未来几年，中国在经济领域要做三件事：一是国有企业私有化，二是土地私有化，三是金融自由化。

——诋毁、阻挠和破坏学界对新自由主义及其"华盛顿共识"的批判。

在学界，首先识破新自由主义危害，率先举起批判新自由主义义举的，是中国社会科学院。社会科学院贯彻中央指示态度坚决、行动迅速、措施具体、成果卓著，受到各界好评和中央的肯定。也出了一个打白旗的。此人对经济学一知半解，但胆大妄为、信口开河。他断言："批判新自由主义完全是伪命题"，"借批判新自由主义之名，批判中国社会主义改革开放！""借批'主流经济学家'之名，批判邓小平和党中央！""误导干部群众，制造社会混乱"。

——伙同世界银行掌权的美国佬，炮制旨在最终瓦解我国社会主义制度根基和柱石的长期规划。

2012年2月27日，世界银行网站公布了世界银行和中国国务院发展研究中心联合撰写的关于中国未来改革方案：《2030年中国：建设现代、和谐，有创造力的高收入社会》。

早在这份报告问世之前，就有人在媒体上大造舆论，说中国市场化改革还没有过大关，当前社会中出现的问题，是由于市场化改革不彻底、改革不到位；改革需要"顶层设计"。世行报告出笼，终于揭开了谜底。原来，这个报告就是所谓"顶层设计"。这伙人便是报告起草的参与者。

何谓"顶层设计"？难道胡锦涛同志不算"顶层"吗？他强调的在所有制结构改革中必须坚持"两个毫不动摇"，难道不是"顶层设计"必须遵循的原则吗？还有，中央编制的《十二五规划（草案）》，不也是"顶层设计"吗？再有，针对20世纪90年代以来教育、医疗、住房等方面改革泛市场化、过度商业化造成的后果，中央在这些领域分别出台了带有纠偏性质的深化改革的方案，这些难道也不属于"顶层设计"吗？世行及其中国的同伙熟视无睹，究竟是何缘由？原来他们是企图给世行报告戴上"顶层设计"的桂冠，夺得改革的领导权、话语权。这个"顶层设计"葫芦里装的是什么药呢？在洋洋大观的字里行间隐藏着什么样的真实战略意图呢？《报告》的要害，就是以"进入高收入社会"为诱饵，用20年时间把国有经济的比重降低到10%，而且应当保证国有企业按照商业化规则运营，不得为了实现政治目的；要打破垄断，降低私有企业进入门槛，准许私有企业进入社会保障事业，开放资本项目，依靠市场力量对国有经济进行整合，企图分步骤地用渐进办法最终摧垮我国社会主义制度、人民民主专政、共产党执政的根基和经济基础，把中国全面纳入美国主导的世界经济体系，继续充当西方国家的打工仔、提款机。熟知近30年苏联、中国等改革和发展的历史过程，了解世界银行底细的人们，对这个报告并不会感到陌生。它不过是老调重弹，用中国人能接受的（实为蒙骗）话语来推销陈词滥调。

必须指出，世行和我国政府机构合作的这篇报告，事关我国发展大局，事前未经我国最高立法机关授权，事后又未经立法机关审核批准，是完全违反宪法的。

——肆意编造、恶意曲解马列著作，鼓噪社会民主主义思潮，与新自由主义合流，以挽救其颓势。

说中国新自由主义信徒只是"二道贩子"的角色，这似乎小看了他们。他们好歹读过一些马列著作，现在总算派上了用场。美国师爷说，计划经济是种行政命令经济体制。他们便推出列宁，说列宁在《国家与革命》这本书中就把社会主义经济比拟为一家"国家辛迪加"，"即一家由政府垄断经营的大公司"。作者断言，"军事共产主义"是"苏联建国初期的社会主义经济模式"，"世界上第一个计划经济体制"。这是对列宁原意的蓄意篡改和对历史的恶意歪曲。对于计划经济，不能否认它的弊端，改革不能到此止步。但也不能任"精英人士"往它头上泼污水。所谓"行政命令经济"，这是对"计划经济"的片面歪曲。斯大林说过国家计划具有指令性。它的本意是说，国家计划经最高苏维埃（立法机关）通过后，就具有法律效用。中央政府对地方、部门、企业实行分类管理，分别实行直接计划调节、间接指导性计划、自主计划。在所有制结构方面，以农庄庄员家庭副业和宅旁园地为形式的私人经济，在国民经济中是一支重要的不可缺少的组成部分。它是城镇居民果蔬副食品的主要来源。职工住房私有化，轿车早已进入家庭。全国城乡实行从摇篮到坟墓的全民福利制度和十年制义务教育等（在实行"休克疗法"时都不敢动摇）。英国首相丘吉尔坦承，当初他曾想把苏维埃政权掐死在摇篮之中，但他对斯大林的历史功绩却作了客观公正的评价："斯大林接受的是还在使用木犁的俄罗斯，而他留下的却是装备了原子武器的俄罗斯。"

前几年，在我国社会科学界有一批学者领头打出了批判新自由主义思潮的旗帜，在社会各界特别是在劳动群众之中引起了很大反响和支持。新自由主义鼓吹者猖獗一时的气焰不得不有所收敛。但他们并不善罢甘休。有几个投机者眼见新自由主义失去强势，便从第二国际旧武库中翻箱倒柜抬出了社会民主主义或曰民主社会主义。所不同的是，给这件锈迹斑斑的武器披上了"晚年恩格斯"的外套。其手法，和他们的同伙对待列宁一样，是肆意歪曲篡改、欺世盗名。他们所谓"晚年恩格斯"，就是恩格斯为马克思《法兰西阶级斗争》一书写的导言，和他为《英国工人阶级状况》美国版写的附录。据网上传播的辛子陵在一个讲演中说，"从《共产党宣言》起到《哥达纲领批判》，马克思恩格斯都是宣传共产主义的。马克思于1883年去世。到了1886年，恩格斯宣布放弃共产主义理论。他在《英国工人阶级状况》美国版附录中写下了一段令他的追随者们目瞪口呆的话：'共产主义不是一种单纯的工人阶级的党派性学说，而是一种目的在于把连同资本家阶级在内的整个社会从现存关系的狭小范围中解放出来的理论。这在抽象的意义上是正确的，然而在实践中却是绝对无益的，有时还要更坏。'这位伟大的革命家和思想家在反思他和马克思创立的共产主义理论体系。

一切马克思主义的信奉者、实践者和研究者,都不可轻视或忽略这93个字,没读过或没懂得这93个字,就是没弄通马克思主义……读过《共产党宣言》《法兰西内战》和《哥达纲领批判》这些名篇,你就更要牢记这93个字,因为这93个字把这三大名篇否定了,把关于无产阶级革命和无产阶级专政的理论否定了,把整个共产主义理论体系否定了。"辛子陵断言,马克思恩格斯"晚年放弃了推翻资本主义制度、实现共产主义的伟大理想,主张改良资本主义制度,和平进入社会主义,走民主社会主义道路,许多人接受不了是可以理解的。然而这是事实"。[①]

恩格斯的原文刊登在中文版《马克思恩格斯选集》第4卷中。把原文和辛文对照阅读,就可以清楚地暴露出辛子陵行骗的丑恶伎俩。第一,恩格斯在《英国工人阶级状况》中所表述的、被辛子陵当鸡毛抓住的观点,原本是恩格斯的科学历史观创立处在"胚胎发展的一个阶段"中的不成熟的观点,恩格斯本人后来对它是持批判态度的。在辛引用的那段话之后,恩格斯紧接着指出:"既然有产阶级不但自己不感到有任何解放的需要,而且全力反对工人阶级的自我解放,所以工人阶级就应当单独地准备和实现社会革命。……现在也还有这样一些人,他们从不偏不倚的高高在上的观点,向工人鼓吹一种凌驾于工人的阶级利益和阶级斗争之上企图把两个互相斗争的阶级的利益调和于更高的人道之中的社会主义,这些人如果不是需要多多学习的新手,就是工人最凶恶的敌人,披着羊皮的豺狼。"辛子陵及其同伙不正是这类人吗?

——无视苏联解体和经济危机给俄罗斯人民造成的灾难,追随戈尔巴乔夫之流,步叶利钦后尘,图谋把中国拖上俄罗斯灾难之路。

据媒体披露,苏联解体完全是美英政府精心预谋、一手策划、假手戈尔巴乔夫操作的政治阴谋。全盘私有化,成了对人民的空前

[①] 转引自《中华魂》2011年第7期。

浩劫，使国民经济遭受空前严重的灾难。仅仅5年的时间（1992—1996），经济上造成的破坏等于卫国战争时期的2.5倍，通货膨胀达到5000倍的天文数字。20年过去了，除了天然气产量之外，其他经济指标都没有达到苏联时期的水平。"过上西方富裕生活"的美梦早已化为泡影。在国际上，俄罗斯已沦为二等公民。两次世界性金融危机和经济危机俄罗斯都没能幸免。

危机是最有说服力的教员。它促使俄罗斯人民、政治家、学者纷纷反思，推动了俄罗斯人民觉醒。2001年7月，俄罗斯电视第5频道开播了一个名为"时代法庭"的辩论节目。在辩论"布尔什维克是挽救了俄国还是葬送了俄国"时，72%的电视观众和82%的互联网网民都认为是布尔什维克挽救了俄国；当辩论"戈尔巴乔夫的改革是一场灾难，还是走出绝境的出路"时，93%的电视观众和88%的网民都认为是一场灾难！

俄罗斯经济现在已开始进入复苏。但这将是一个缓慢、曲折、艰难、长期的过程。俄罗斯走向何方？这将决定俄罗斯能否重新踏上强国富民之路。

然而，近几年，那股历史虚无主义的沉渣在我国又再次泛起。现在，他们批判的矛头已经不再局限于计划经济了。口诛笔伐延伸并扩张到整个体制、模式、基本经济制度、政治制度和指导思想、理论。他们叫嚷：十月革命一声炮响给我们送来的是斯大林版本的马克思主义，不是正宗的马克思主义，对斯大林模式应当否定，否定得越彻底越好。有人甚至呼吁："亟须开展一场肃清斯大林流毒的运动"！按照他的理论逻辑，我们的党章和宪法都应当划入"流毒"之列，必须"肃清"！接着，便是将中共拉下执政党的"神位"，将马克思列宁主义、毛泽东思想赶下指导思想的"神坛"。这便是这帮"改革派"企求的结局。

写到这里，人们也许会问：中国的新自由主义信徒为什么会如此顽固呢？恩格斯有句名言：人们奋斗的一切，都是为了利益。当一种观念和持有者的物质利益结合在一起，并融为一体时，这种观念便转化为人的行动，变成物质力量。现在，我们面对的，已经不是书本上的条条教义，而是已经形成了一股有经济实力、有纲领、有组织、有舆论阵地的势力群体。对此我们要认真对待，绝不能掉以轻心。我以为我们的正确态度是：丢掉幻想，继续战斗。

以上是我的一些看法，供您参考。

谨祝

健康进步！

你的老年朋友　于祖尧

（原载《中华魂》2013年第1期）

13亿人民的消费需求：发展取之不竭的"金矿"

——访中国社会科学院荣誉学部委员于祖尧研究员

▲（采访者简称▲，下同）：于教授，您好！中共十八届三中全会通过的《中共中央关于全面深化改革若干重大问题的决定》（以下简称《决定》）是指导我国当前和今后若干年改革与发展的纲领性文件。于教授是一位富有创新精神的经济学家，请您谈谈对《决定》的看法。

●（被采访者简称●，下同）：好的！《决定》涉及范围广，既涵盖经济体制各个方面，又包括经济增长和经济发展；既讲保持稳步增长，又强调经济发展质量；既要优化经济结构，又必须转变经济发展战略；就是全面协调发展与改革，统筹民生与建设、战略、结构、速度之间的关系。"全面"是针对发展和改革实际工作中的"老大难"问题与片面性而言的。

▲：您是一位严谨的有责任心的学者。当人们沉醉于"风景这边独好"的氛围时，您却认为有若干重大问题长期困扰着我们。您可否具体谈谈您对一些"老大难"问题的见解。

●：好的！改革开放30多年来，我国经济建设取得了举世瞩目的成就。但也要正视久已阻碍持续改革和稳步发展的一些"老大难"问题。即经济发展存在不平衡、不协调、不可持续的问题。

30多年来，我国的GDP超常态高速增长，我国经济总量额居世界第二位，外贸总额居世界第一位，但同时又积累了许多矛盾和问题。其中，尤以三个"老大难"问题最为突出。三个"老大难"

问题久拖不解，正是造成经济"三不"的缘由。

早在 30 多年前，我们就提出了必须转变经济发展方式，把我国经济建设转移到一条速度比较适中、效益比较好、人民能够得到较多实惠的新路。但时至今日，进展甚微。"科学发展观"实际上仅仅是记载在文件上的美好愿望。十一届三中全会以后，我们党经过政治上和思想上的拨乱反正，确立了经济建设的中心地位，通过恢复和调整，国民经济走上了常态化轨道。1981 年，中办研究室曾主持研究我国社会主义建设道路的创新问题。作为此项创新工程的成果，明确提出了今后我国社会主义建设应当走一条速度比较适中、效益比较好、人民能够得到较多实惠的新路。研究报告将这条新路具体化为十条方针、政策（以下简称"新路十条"）。这些内容写进了政府工作报告，经国家最高权力机构五届全国人大四次会议批准，成为全国共识，并在法律上对政府行为具有约束力。新路十条的基本思路与主要内容，与现在讲的科学发展观是一致的，科学发展观实际上是新路十条的继承和发展。然而，30 多年来靠 GDP 的非常态增长，我国经济总量跃居世界第二位，但经济发展在总体上却脱离了新路十条或科学发展观的轨道。世界第二经济大国这顶华丽桂冠，让我们付出了高昂的成本、沉重的代价：稀缺资源配置不以满足人民的需要为宗旨，而以利润最大化和 GDP 高速增长为动力；靠高投入、高物耗、高能耗、低效益、低消费，维持长期高速增长态势；环境严重污染、生态全面恶化，陷入边增长、边污染，先增长、后治理的恶性循环；黑煤窑、黑砖窑之类的血汗工厂，黄、赌、毒等非法产业，在沿海和内地许多地区死而复生；将招商引资政绩化，代工厂遍地开花，加工贸易迅猛扩张成为支柱产业，美其名曰"世界工厂"，实为"世界打工仔"，我国经济陷入严重的对外依附的困境。我们的后代也将不得不为此付出巨大代价。

贯彻科学发展观是永恒的、长期的任务，但转变经济发展方式、根治野蛮增长方式、改变粗放经营方式，却已刻不容缓、迫在眉睫。拖延越久，包袱越重，矛盾越多，欠账越大。我们现在不仅耗尽祖宗积累的家产，而且已经留下了让后人偿还的巨额债务。

▲：您认为转变经济发展方式的障碍在哪里？

●：障碍就在于我国社会经济发展战略存在失误。在告别了那个"以阶级斗争为纲"的动荡年代之后，转向以经济建设为中心，恰逢世界局势处于和平与发展的相对稳定时期，为我国提供了难得的发展机遇。如何利用好这个机遇，当时我们可以有两种抉择：一种是在新形势下延续和发展新中国成立后确立的经济发展战略：实行对外开放的基本国策，但绝不放弃独立自主、自力更生的方针，面向国际与国内两个市场，用好国际国内两种资源，充分发挥我国市场的潜能和人力资源的比较优势，吸收外资，引进先进设备与技术，建立开放型的相对独立的完整的工业体系和经济体系，加快国民经济技术改造，在经济和技术上力争在较短时间赶上并超越发达国家。另外一种抉择则是迎合西方鼓噪的所谓经济全球化潮流，融入现行世界分工体系，遵守现行国际贸易规则和现存国际经济秩序，全面开放本国市场，发挥人力资源的所谓比较优势，以廉价劳动力和无价市场换取跨国公司的资金与技术，以加工贸易和工业消费品出口为支柱，增加就业，实现GDP翻番。两种不同的经济发展战略，两种不同的战略目标，形成两种不同的经济后果。选择前一种战略，利用我们的制度优势，可以克服前进道路中的艰难险阻，以较小的代价实现国家强盛、人民富裕。选择后一种战略，在一段时期内，可以依靠高投入、高出口，做大GDP总量，缓解就业压力，但我国在经济和科技方面只能跟在发达国家后面爬行，扮演"世界打工仔"的可悲角色，陷入依附型制度困境。事实上，如果安于"世界打工仔"的现状，转变经济发展方式的一切成果都会装进跨国公司的钱包，而我们用血汗挣来的美元还必须用来供养华尔街大亨。

▲：看来，落实科学发展观，首先要解决经济发展战略错位、

缺位问题。而经济发展战略的抉择又取决于在当今世界格局中如何恰当摆正中国的位置。中国作为社会主义大国，究竟是"应当对人类作出较大贡献"，还是甘于做"世界打工仔"。讲了30多年，为什么转得那么艰难呢？

●："保增长"几乎是30多年一贯制。历届政府都将GDP指标作为考核政绩的首要标准，以至于扭曲的产业结构被长期固化，并形成庞大的依附在这个战略和产业结构机体上的利益群体。很难想象，这个群体会主动积极地推动经济转型，而不会成为阻力。

▲：此外，您认为还有什么未破解的难题？

●：还有就是分配不公、两极分化严重，已经延续20多年，成为发展和稳定的严重障碍。

早在1992年12月，邓小平就严肃地告诫我们："中国发展到一定的程度后，要考虑分配问题。也就是说，要考虑落后地区和发达地区的差距问题。不同地区总会有一定的差距。这种差距太小不行，太大也不行。如果仅仅是少数人富有，那就会落到资本主义去了。要研究提出分配这个问题和它的意义。到本世纪末就应该考虑这个问题了。我们的政策应该是既不能鼓励懒汉，又不能造成打'内仗'。"①

1993年9月，邓小平再次指出："十二亿人口怎样实现富裕，富裕起来以后财富怎样分配，这都是大问题。题目已经出来了，解决这个问题比解决发展起来的问题还困难。分配的问题大得很。我们讲要防止两极分化，实际上两极分化自然出现。要利用各种手段、各种方法、各种方案来解决这些问题。……少部分人获得那么多财富，大多数人没有，这样发展下去总有一天会出问题。分配不公，会导致两极分化，到一定时候问题就会出来。这个问题要解决。"②

---

① 《邓小平年谱（1975－1997）》（下），中央文献出版社2004年版，第1356—1357页。

② 同上书，第1364页。

邓小平发出的警世之言，至今已经20多年了。他当年指出的问题，不仅没有解决，而且愈演愈烈。解决分配问题，拖不得，绕不开。

必须明确，邓小平讲的分配问题，并不仅仅局限于收入分配，首先是社会财富即生产资料的分配。社会财富分配和收入分配并不是互不相关的两类分配。在同一经济体制中，二者相互联系、相互制约、相互影响，社会财富分配对收入分配起决定性作用。社会财富的占有方式和数量，决定收入分配的方式和数量。收入积累到一定规模，转化为投资，变成能够给所有者带来收入的财富。

改革开放30多年来，随着我国所有制结构的多元化，私人资本主义经济和个体私有经济得到快速发展与扩张。根据不完全统计，现在中外私人资本在GDP中所占比重已超过65%。劳动者报酬在收入分配中所占的比重过低，且呈下降趋势。按收入法分析GDP结构，劳动报酬所占的比重，我国1990年为53.4%，2007年降到39.74%。改革过程实际上是社会财富在社会成员之间实行分配和再分配的过程。非公有制经济的原始资本积累，一是在公有经济改制和转轨过程中，通过合法和非法的途径、办法，重新分配存量资产完成的；二是靠雇用廉价劳动力，推行血汗工资制，瓜分增量资产。我国新生资本主义的原始积累，规模之大，速度之快，在近现代经济史上，是十分罕见的。

▲：关于社会财富的分配状况您有较为详细的数据吗？

●：据胡润最新统计显示：身家10亿美元的富豪人数，中国已超过美国，中国有212人，美国有211人。但在全球最大、最优企业中，中国竟然没有一家。这表明，中国富豪的财富积累主要不是靠生产经营。

2004年，10%最低收入家庭的资产在我国全部家庭总资产中仅占1.4%，而10%最高收入家庭的资产却占45%，二者差距达到32倍。目前这一差距已增至40倍。

在8万亿元居民储蓄存款中，15%的大额储户拥有4.345万亿元的份额。

50个富豪的资产，相当于5000万农民的年纯收入。300万个富豪的资产，相当于9亿农民2年的纯收入。

据联合国的统计资料显示：2012年中国大陆有13%的人每天生活费不足1.25美元，处于贫困线以下。

基尼系数是国际上通用的衡量收入差距的指标。我国1978年为0.317，2011年上升为0.57，在世界上处于前列。

我国收入分配格局还有一个重大变化：大规模招商引资已经常态化，成为制约发展的要素之一，外资直接通过多种渠道、用各种方式参与分切我国的"蛋糕"。在研究收入分配时，是绝不可以舍弃不计的。然而，查阅官方统计资料，却难觅踪影。针对国人对GDP情有独钟，西方商界流行一句名言："GDP归你，利润归我"。外商通过各种合法和非法途径进行掠夺，如减免税负，廉价甚至无偿供应土地，通过加工贸易高价进低价出，做假账虚亏实盈，以次充优，利用垄断地位操纵价格，借口保护知识产权牟取不法利润，对员工实行血汗工资制，等等。据中国科学院国家健康研究组发表的报告显示：外国资本每年从我国掠夺的财富大约相当于我国年GDP的60%。

收入差距扩大，是改革过程中难免的；出现新生资产者，也不可怕。问题的特殊性和严重性还在于，我国正处在体制改革的社会大变动、大改组、大分化时期。这个时期分配问题有不同于定型的常态社会的特殊性。在各个社会阶级、阶层之间，除了财富分配和收入分配之外，还多了一个公正分摊改革的成本和代价、公平分享改革的成果和收益的难题。能否妥善处理这个问题，直接关系到改革能否顺利推进、共同富裕的改革目标能否实现。

如果按照联合国划定的贫困线（人均日消费2.5美元），我国现在的贫困人口为2亿多。其中，多数正是边缘化的城乡贫困群体。

▲：还有第三个没有破解的难题是什么呢？

●：我们倡导"自主创新"已经10多年，现在从上到下炒得依然火热，但人们的认识并不一致，与提出这一方针的初衷相去甚远。贯彻实施"自主创新"，必须正本清源。

有人认为，创新是企业的事，市场的事，政府不要喧宾夺主，搞什么"政府主导"，否定市场的决定性作用。这种观点误导了舆论，干扰了"自主创新"方针的贯彻实施。

提出"自主创新"，其意义首先在于，处理好对外开放和独立自主、自力更生的关系，既要坚持对外开放，又必须把立足点放在独立自主、自力更生的基础上。

自主创新是统领全局的发展战略问题。有一种广为流行的观点认为，自主创新的主体、主角是企业，政府不应喧宾夺主，这种看法是片面的。当然，企业作为社会生产的承担者和载体，自主创新最终要落实到企业肩上，企业也必须靠创新求生存和发展。但在现阶段，自主创新首先是国家层面的经济发展战略全局性问题。

——这是抓住机遇，加快实现工业化和现代化的需要。西方敌对势力亡我之心不死。但战争一时还打不起来。我们必须充分利用这一和平发展的机遇，在经济和技术上赶上并超过发达国家，决不能跟在西方国家后面爬行。

——世界近现代经济史表明，发展中国家利用后发优势，赶超发达国家具有普遍的规律性。无论是先行的国家，如美国、德国，还是后起的国家，如日本、韩国、俄罗斯，无一例外地不是利用了这一规律，实现后来居上的。中国是屹立于世界民族之林的社会主义大国，拥有其他国家所不具备的优势，不仅有必要，而且完全有可能在较短时间实现新型工业化和现代化。

——现代社会化生产力，决定了实现产业结构现代化是一项复杂精细的系统工程，必须有一个社会中心统一规划，协调各方，合理配置有限资源，从而以较少的投入而取得较大的收益。这个历史重任便落到国家层面上，由国家来充当主导。无论单个企业，或其他社会组织，都无法取代国家统揽全局的重任。

——自主创新在经济发展战略层面，必须落实到建立现代化的先进的、开放型的、相对独立的、完整的经济体系上，这应当是有限资源分配的出发点和落脚点。只有建成这样的经济体系，我们才能摆脱"世界打工仔"的尴尬角色，才能把千百万劳工从"血汗工厂"里解放出来，才能使我国摆脱对西方国家在经济和政治上的依附，才能使我国在严酷的市场竞争中立于不败之地，才能经受住世界经济危机的冲击。不要被所谓"优化资源配置"糊弄，那是个无法度量的主观随意性概念。"比较优势"要利用，但只能当配角，否则，必然落入"比较优势"陷阱。

　　——实施自主创新，建设独立经济体系，应当发挥市场搞活经济和激励的功能，但市场不能取代政府充当主导。设计这个经济体系是多学科协同创作的集体智慧的结晶。靠市场成就这项复杂精细的系统工程，那只不过是天方夜谭的神话。如果市场能够成就这个雄伟艰巨的事业，那还要科学干什么？如果市场能承担此项重任，那么，只要一门新自由主义经济学就够了，其他学科都可以刀枪入库、马放南山。实施这项工程，必须精心组织施工。市场的作用不能忽视，但也不可能完全交给市场。

　　历史表明，世界发达国家没有一家完全是靠市场自发调节的，靠所谓"大数法则"或"丛林法则"攀上强国之列的。即使是英国这个老大帝国，也是依靠政府暴力，用血与火的文字谱写工业革命历史的。原因在于，成千上万个企业作为市场行为的主体，各自的行为都服从于利益最大化的原则，与国家的整体利益是矛盾的。很难设想，众多企业能够自发地劲往一处使，围绕同一目标，各司其职，分工协作，各展其长，互补其短，发挥整体优势。如果让"看不见的手"任意主宰，听任"丛林法则"或"大数法则"，那将会导致资源浪费，错失良机。

　　▲：您分析的上述三个"老大难"问题，一个拖了30年，一个拖了20年，一个拖了10多年。从时序上看，是继起的，从因果关系看，是互相关联的。根子还是出在过去发展方式的固化、停滞

化上。现在还面临调结构的任务。

●：产业结构畸形、扭曲，是由上述三个"老大难"问题直接引发的后果。突出地表现在工业产能严重过剩。但劳动群众有购买力的消费需求却相对不足。

▲：这是一对矛盾。您是从事理论经济学研究的，请您从经济学角度分析这个矛盾。

●：这是当前经济学应当研究的新课题。产能过剩和民众最终消费需求不足，只是表象。它背后隐藏着我国经济发展中深刻的制度性矛盾。产能严重过剩尤其以传统工业最为突出。以钢铁业为例，2013年粗钢过剩产能超过2亿吨，我国钢铁产量占世界总产量的46%。这就是说，我国钢铁业占据全球供给能力的半壁江山。现在我们的钢铁业包括大型企业都陷入全面亏损的困境。产能因有效需求不足而不能充分利用，造成设备闲置；需求因购买力不足而相对和绝对萎缩，以致形成总供给大于总需求的矛盾。总量失衡从局部发展到全局，经历了产生、发展、演变的过程，最终成为阻碍我国经济可持续发展的主要矛盾。在这个过程中，经济超高速增长几度难以为继，不得不借助外力，靠扩张的财政货币政策来推动"保增长""稳增长"。但这种宏观经济政策并不能给经济的稳步发展提供持续动力。一旦药力消失，经济便重新陷入低谷。近30年来，我国的GDP年均增幅在9%以上，但并没有摆脱周期性的困扰，其病源就在于这个主要矛盾。一方面，产能过剩，导致企业开工不足，资源闲置。另一方面，民众的消费需求因购买力匮乏而得不到满足。我国的投资率从2003年以后一直保持在40%以上，2010年一度升至48.6%，创新中国成立以来最高。而消费则被大幅挤压，1978—2009年消费率从62.1%降至48%，2010年降至47.4%，远远低于全球中等收入国家平均67%左右的水平。这个附在西方资本主义肌体上的毒瘤，我们并不陌生。现在的问题是，在社会主义市场经济肌体上为什么也出现了它的身影呢？答案要从我国生产力和生产关系的现状及其相互关系中寻找。一方面，随着工业现代化快速发展和总体水平的提高,生产力的社会化程度进一步强化;另一方面,随着经济市场化的扩展,所有制结构日趋多元化,市场主体日益个体化,社会利益日渐分化。由此引起的问题,一方面,在个体利益最大化的驱使和市场竞争的压力下,推动各个市场主体大力发展生产力,不顾及市场实际需求,增加市场供给,以致社会生产呈现无限扩张的趋势;另一方面,市场扩张遇到无法逾越的障碍,一是资源和环境的制约,二是有购买力的有效需求的约束。于是,价值规律便以经济危机或衰退形式强制地用破坏生产力的方式,恢复失去的总量平衡。

传统的方法是用 GDP 年增幅来判断是否发生经济危机和危机的程度。但用这个方法来分析中国经济,人们不仅看不到潜伏的深刻矛盾,甚至作出相反的判断,认为"风景这边独好"。其实这种看法是片面的。首先,由于我国幅员辽阔,地区经济发展极不平衡,本轮危机最先在沿海珠三角地区爆发,一大批工厂开工不足,一大批工厂倒闭,大量农民工失掉饭碗。当沿海地区已经出现危机或危机先兆时,内陆地区还沉醉在 GDP 的赶超热潮之中。因此,GDP 平均值不能反映真实的态势。其次,当一国经济社会化超越国界,当世界经济趋向一体化时,世界市场的供求对一国经济周期有不可忽视的影响和制约作用。中国作为一个经济大国,对世界经济的影响也不是无足轻重的。这在此次世界大危机中表现得十分明显。近 30 年来,在我国国民收入分配中,居民最终消费所占的比重早已呈现下降的趋势,但出口的高速增长弥补、掩盖了消费的颓势。我国钢的产能达到近 9.5 亿吨,虽已绝对过剩,且资源枯竭,但新建项目仍在继续,国际市场铁矿石供应源源不断,钢铁行业呈现近乎无限扩张的趋势。新兴产业也出现产能过剩,近几年,光伏产业近乎疯狂扩张,形成全球最大规模的加工制造产能,从 2008 年到 2012 年,光伏产品制造能力提升了 10 倍,全国有 100 多个城市建立了光伏产业基地,90% 以上的产品依赖国外市场,内销仅占不足 3%,全球光伏产能超过实际需求 1.5 倍到 2 倍。家电行业在利润和价格的引诱下无序扩张，城市居民需求趋于饱和，农村有需求但因购买力不足限制了市场容量，造成全行业产能过剩。2005年，发改委将11大行业列入产能过剩行业，截至2013年增至19个行业。在巨额利润的驱使下，城市住宅建设快速崛起，成为拉动经济的支柱产业，呈现广阔的发展前景。但城市住宅市场供求却极端畸形，一方面，商品房大量闲置，开发商资金积压；另一方面，大量居民因房价居高不下买不起房，需求得不到满足，以致出现供过于求的假象。面向国际市场的加工贸易的发展支撑了地方经济，缓解了就业压力，增加了农民工收入，但厂主用低工资、压缩劳动保护等办法进行原始资本积累。此外，不少地区还滋生了黑煤窑、黑矿山、地下工厂，久已绝迹的血汗工资制、包身工又死而复生。这种野蛮的增长方式严重阻碍了我国经济健康有序发展。

我国30多年的超常高速增长在第二次世界大战后的世界经济史上是没有先例的。说"超常"，是因为它并非完全是客观规律使然，超越了经济、自然环境、资源和民心的承受力，既透支了前人的积累，又加重了后人的负担。在GDP增长的同时，社会经济政治生活中不安定、不稳定的因素也在滋生。它不是长期起作用的因素的产物。无论从国内状况，或国际环境，都不可持续。我们的当务之急，是把GDP增长幅度降低到国力所能承受的限度内，把经济工作的重点放在优化产业结构和效益上。

20多年来，我们的宏观调控既没有找准病症，又开错了药方，因而收效甚微。主管部门不是从我国的实际出发实施对症诊治，而是迷信西方教条，天真地认为，既然实行市场经济，就只能走西方的套路，熨平经济周期的波幅只能靠货币政策。在21世纪这场世界大危机中，货币当局效仿美联储实施量化宽松的货币政策，开动印钞机，向市场投放了4万亿元天量货币，保住了GDP，但埋下了通货膨胀和经济泡沫的严重隐患。对于严重的产能过剩，宽松的货币政策成了一副助燃剂，而紧缩政策只能应对增量，对于庞大的过剩产能却无效。单纯靠收紧银根，只会延误结构调整时机。经济危机逼迫我们必须调整结构。只有调整结构，理顺比例关系，才能推动经济复苏，并引领我国经济走上可持续发展的道路。

涉及经济全局的结构大调整是一项艰巨的系统工程。它要通过关、停、并、转，优胜劣汰，实现产业升级、结构优化。因此，必须制定完善的总体规划，不能头痛医头、脚疼医脚；不能靠打补丁，或拾遗补阙。

结构调整必然要实行关、停、并、转。小调整只涉及企业，大调整则扩展到行业。这个过程是存量资产重新分配的过程，实质上是利益再分配的过程。在多种所有制并存的条件下，由于市场主体多元化，利益主体多元化，结构调整所引起的损益是不可能均等的。因此，调整必然在行业内部、企业间、政府与企业之间引起博弈，会遭遇来自依附于旧结构的既得利益者的阻力，这种阻力单纯靠利率调节是克服不了的。西方国家通常是靠市场、靠经济衰退即危机强制地自发地实现的。结构调整不能再拖延，阻力必须化解，代价要尽量减小。为此，政府应当统筹全局，协调各方，利益兼顾，综合运用各种调控手段。

有购买力的消费需求相对不足和非农产能过剩的矛盾，是阻碍经济可持续发展的主要矛盾。这个矛盾表明，市场经济制度一方面为生产力发展开辟了广阔的空间，因而是适应生产力性质的，但另一方面又与生产力的发展存在矛盾。市场经济制度作为一种现实的生产关系，与生产力性质既适应又矛盾的状况，这是政府必须正视并紧紧把握的主要矛盾。坚持改革开放，就是坚持按照生产关系一定要适合生产力性质的客观规律的要求，适时调整生产力与生产关系的矛盾，促进生产力的发展和人民生活水平的提高。

对于主要矛盾的看法，党的八大基于我国社会主义经济制度基本建立的实际认为，落后的生产力和人民群众不断增长的物质文化需要的矛盾，已经取代阶级矛盾而成为我国社会的主要矛盾。后来，中共十一届六中全会通过的《关于建国以来党的若干历史问题的决议》（以下简称《决议》）肯定了这一观点。改革开放以来，我国社会发生了重大变化，一是实行了以公有制为主体、多种所有制经济并存，二是实行了社会主义市场经济体制。《决议》没有也不可能预见到这个深刻变革所引起的社会经济变化。党的八大所讲的主要矛盾，可以看作贯穿于整个社会主义阶段的矛盾；社会生产力高速增长趋势和人民群众有购买力的消费需求相对不足的矛盾，则应看作在尚未实现共同富裕的历史阶段，特别是经济体制转型时期的主要矛盾。

党的十八大把改革和发展推进到一个新阶段。30多年来，我国已经基本建立了社会主义市场经济体制的基本框架，这是不容否定的客观事实。我们没有理由放弃既定方针，更不应改道易旗。现在，有些顽固不化的新自由主义信徒睁着眼睛说瞎话，矢口否认近10年来改革的进展，鼓吹继续推行"自由化市场取向"的改革。当前，深化改革必须以党的十八大所规定的路线为指导，正视我国发展和改革的现状，抓住经济生活中的主要矛盾不放松。如果听任新自由主义误导改革和发展，只能加深和进一步恶化主要矛盾。本该解铃还须系铃人，但时至今日，没有一个新自由主义信徒站出来作自我批评。

▲：时下，世界经济危机的阴影尚未散尽。有人认为西方国家可能陷入长期停滞。您认为我们应当从这场灾难中汲取什么教训呢？

●：进入新世纪，以华尔街为首的美欧垄断资本，把全球拖进了一场第二次世界大战后最严重的经济金融危机。如果以2008年次贷危机爆发为起点，迄今为止已历时5年。前景难料。由于受学界主流观点的影响，从政府主管部门的态度来看，官方认识仍存疑惑。危机重创了我国经济，我们付出了巨大代价，交付了高昂的学费。既然如此，就应当从中汲取有益的教训。

（1）关于危机性质的判断。是局部的危机、短暂的衰退，还是全面的、制度性危机，出路只需加强监管，还是根本改革经济体制。

当我国经济学界的一些人为西方资本主义制度大唱赞歌，散布西方资本主义制度不仅"垂而不死"，相反正"如日中天"时，一场金融和经济危机的风暴席卷全球，不仅我国经济学界的那些吹鼓手毫无思想准备，就连西方新自由主义者也被打得措手不及，以至于英国女王责问：经济学家为什么没有预见到这场危机？华尔街金融垄断资本寡头成为众矢之的，甚至美国总统奥巴马也谴责华尔街贪婪。面对这场第二次世界大战后最严重的浩劫，西方国家的政府采取了惯用的应付危机对策：紧缩财政开支，削减公共福利费用；实行量化宽松的货币政策，降低利率以刺激经济；开动美元印钞机，滥发纸币，转嫁危机；操纵汇率，压低本国币值以扩大出口；实行贸易保护主义，对进口贸易设置障碍；加强对金融银行的监管，同时，用财政资金资助大银行和大工商企业，使之免予破产，等等。

现在，大危机虽未继续恶化，但出现了演变为长期慢性综合征的趋势。一些国家经济复苏势头缓慢，不少国家财政入不敷出，赤字居高不下，债务不堪重负，许多国家失业人数骤增，贫困人口上升，社会矛盾加剧，有的国家一次危机尚未见底，又面临二次灾难。值得关注的新动向是，经济、金融、财政、外贸等危机和社会矛盾互相交织，互相影响，甚至有人妄图从战争和经济军事化中找寻出路。

——所谓"同舟共济，共度时艰"，不过是一厢情愿的单相思和善良愿望。

自把对外开放定为基本国策以来，我国经济已深深融入世界资本主义体系之中，成为这个体系不可分割的重要组成部分，可以说是"同舟"了，至于说是否因此做到"共济"，那并不取决于我们的主观愿望和我们单方面的行动。2008年金融经济危机以来，我国政府信守承诺，采取了一系列措施缓解危机对西方国家造成的压力，尽其所能帮助它们走出困境。例如，继续增购美国国债；增加进口，减少中美贸易顺差；维持大宗商品如铁矿石等的进口量，支撑出口国经济；减缓危机对西方国家低收入群体的压力，继续供应价廉物美的日用消费品；进一步拓展开放领域，为西方过剩资本和增加就业提供出路；在货币和金融政策方面，绝不乘人之危，以邻为壑，转嫁危机。我国政府的态度和行动，有目共睹。事实表明，中华民族是信守承诺的可信赖的民族。我们没有乘人之危落井下石，我们也没有因人有求于我就乘机勒索。

但是，我国的善举并没有得到西方国家的善报。它们并不因此取消对华歧视性贸易条款。"非市场经济国家"成为西方国家推行贸易保护主义的一把利器，随时用来威胁中国。但所谓"非市场经济国家"标准，并不是公认的国际标准，而是美国的标准。美国把国内法律凌驾于国际法之上，强加于 WTO，这完全是霸道行径。我国入世已经 10 年，但至今不能与美欧平等行使 WTO 赋予的权利，而且在经济上蒙受了巨大的损失。

美国是直接和间接从中国的发展中获益最大的国家。但美国政府却利用美元的霸权地位，操纵汇率，开动印钞机，转嫁危机，使我国蒙受巨大损失。

西方国家的所作所为表明，金融帝国的秉性注定了它们不可能与我国"同舟共济、共度时艰"。在现实的市场中，呈现在人们视野里的，却是利益相关方严酷的博弈。

——在世界大危机中，我们能为"一枝独秀""风景这边独好"所陶醉吗？

危机爆发后，世界各国几乎无一幸免地遭到来自华尔街金融风暴的袭击，都或深或浅地陷入经济衰退的泥潭。唯有中国经济仍然保持高增长的态势。中国对世界经济增长率的贡献一度高达 60%。国人为此感到骄傲。有些媒体乘势鼓吹"风景这边独好""中国是世界经济领头羊"。西方企图把中国从发展中国家中除名，要求中国承担更多的义务救援身陷危机的国家。

大危机对我国经济的冲击有目共睹。在沿海地区，成片工厂倒闭、停产或半停产，几百万工人失业。作为我国经济"三驾马车"

之一的对外贸易，由于美欧经济衰退，导致订单剧减，出口骤降。

在世界经济陷入衰退之时，我国经济保持了正增长。但这并非内生机制作用的结果。而是由于政府步西方国家后尘，实行了超强度的量化宽松的货币政策，投放创世界纪录的天量货币，超前增加基础设施投资。实行这一以"保增长"为宗旨的短视对策，GDP增长是维持住了，但久已存在的结构矛盾却进一步加剧，为通货膨胀埋下了隐患。

——危机逼迫我们必须调整和改革产业结构。我国产业结构改革不能走美国的道路，还是应该立足于国情，走自己的路，着力发展实体经济，坚持虚拟经济服务于、依附于实体经济，防止经济虚拟化、泡沫化。

30多年来，由于我国在经济发展战略上发生错位，铸成了扭曲的依附型产业结构，成为可持续发展的障碍。有些人主张我国的经济结构调整和改革应以美国为参照系，大力发展金融服务业，将第三产业的比重提高到70%。然而，他们却忘记了本轮金融经济危机的惨痛教训。华尔街在"金融创新""金融改革"的旗号下，促使金融衍生品大肆泛滥，金融业不再以服务于实体经济为宗旨，不再依附于实体经济，形成了巨大的金融泡沫，导致三产服务业恶性膨胀，GDP被注入大量水分，最终将实体经济拖入危机泥潭。我国经济结构的改革和调整应引以为戒。

——面对危机，我们不能消极被动应对，还是应该有所作为，化危机为机遇，乘势发展自己。

自20世纪30年代以来，为应对经济危机，有两种不同的思路和对策：一种是西方国家至今还在沿用的，用扩张的财政政策和货币政策增加投资与消费，缓解总需求不足和产能过剩的矛盾；另一种则是立足于扩大内需，利用西方经济危机发展自己，引进西方闲置的资金、设备、人才，加快工业化，提高人民的物质和文化生活水平，这是苏联走过的路。苏联从1924年到1936年，实现工业化仅用了12年时间。其秘诀之一，就是他们紧紧抓住西方经济大危机的时机，化危机为机遇，利用西方在经济上有求于苏联市场、资金的情况，努力发展自己。这是互利双赢的平等交易，苏联并没有乘人之危敲诈勒索或落井下石，但其对西方绝不抱任何不切实际的幻想。反观我国在本次危机中的做法并不怎么高明。

我以为，在本次危机中，我国政府应当有所作为，讨回失去的公道。我国加入WTO时，迫于美欧压力，接受了"非市场经济国家地位"的条款，承诺在15年内按此条款处理贸易纠纷，允许相关国家向中国商品征收高额关税。10年来，我国厂商蒙受了不白之冤，遭受了巨大的经济损失。有了"非市场经济国家"这顶套在中国头上的紧箍咒，美欧可以随心所欲地对中国厂商进行惩罚。但是，此项条款并没有依据公认的国际法，而是美国根据本国法律强加给WTO的，是美国把国内法律凌驾于国际法之上的霸道行径。何况中国经过30多年的改革，经济运行早已进入市场化轨道。现在，美欧身陷危机，顾不上脸面，向我国求援。我们为什么不据理力争，讨回失去的公道呢？！中国的外汇储备，是亿万人民用血汗换来的，不能慷人民之慨。

（2）我国应该为建立公平、公正、平等、互利的国际经济秩序，作出自己应有的贡献；面对美国依仗霸主地位，四处伸手，到处挑衅，我国是否应当继续以韬光养晦为由，束缚自己的手脚，无所作为呢？

当今世界经济秩序远不是公平、公正、平等的。世界虽然出现多极化的趋势，但美欧主导、美国霸权的地位并没有改变。中国是发展中的社会主义大国，已成为世界经济大国和贸易大国。当今世界，任何重大经济问题的解决，都不能无视中国的存在。中国不称霸，也不争霸。但是，当别人侵犯我国的核心利益，当有人用武力试探中国政府的反应时，我们要坚决积极地应对。现在，美国政府陷入内外交困的境地，我们为什么不利用这个机遇对美元的霸权地位提出质疑、约束、挑战？不应当忘记，美元作为美国的主权货币取代黄金充当世界货币，并没有经过合法的国际立法程序；对美元的发行和流通,也缺少权威国际机构的监督和管理;美国享有美元作为世界货币的权力和利益,但并不承担相应的责任和义务。我们无意挑战美元的地位,不会无视客观条件的许可盲目推行人民币国际化,也不奢望人民币取代美元。但是,在现行世界经济体制框架内,我们有权要求联合国相关机构将美元的发行和流通纳入国际法的管辖与监督之中。这是限制美元霸权的必要步骤。于情于理,美国政府都没有反对的理由。

▲:您认为贯彻《决定》可以从何处着手?全面深化改革重点应当抓什么?

●:改革的根本目的,是解放和发展生产力,提高人民的物质和文化生活水平。这是改革的出发点和落脚点,也是检验改革成效的标准。人们从事物质资料生产,是为了满足消费,而不是为生产而生产。同理,改革也不是目的,不是为改革而改革,改革是实现目的的方法和途径。但是,这些年改革被某些人异化为政治标签,把改革之外的功能附加在改革身上,改革就是一切,目的是微不足道的。

我国经济社会发展现在已进入新阶段。新时期的改革必须坚持实事求是的思想路线,从客观存在的矛盾出发,而不应死抱着所谓"市场化、自由化"的教条不放,让市场原教旨主义信徒把我们再次拖入新自由主义泥潭。当前,我国经济生活中的主要矛盾,是由计划经济体制向社会主义市场经济体制转型过程中产生的新矛盾,即生产超高速增长的趋势和劳动群众有购买力的消费需求相对不足的矛盾。只有紧紧抓住并切实解决这个矛盾,才能推动我国经济持续、平稳、协调发展。

解决这个矛盾从何下手呢?是锦上添花,让已经富裕的人更富裕呢?还是扶贫济困,让占人口多数的相对和绝对贫困的群众分享改革与发展的成果?应当说,这是偿还30多年对他们欠下的债务,是补偿他们在改革开放和经济社会发展中所受到的伤害,是支付他们为改革和发展所垫支的成本与代价。这个亟待救助的弱势群体,包括进城从事重苦脏活但不能享受城里人待遇的农民工、国企改制下岗职工、早年退休职工、农村五保户、老少边穷地区的贫困居民等。这个弱势群体人数众多，而且曾是革命和建设的主力，是党依靠的基本群众。努力为他们服务，是改革发展的题中应有之义。没有他们的理解和支持、参与，后续的改革和发展是难以为继的。要记住恩格斯的名言：人们奋斗是为了利益。毛泽东告诫：要给群众看得见的物质利益。

13亿人的物质和文化生活需求，是取之不尽、用之不竭的富饶"金矿"。此时不开发，更待何时？！西方有人唱衰中国经济，这完全是谬论。

（原载《马克思主义研究》2014年第3期）

我的土生土长的社会主义市场经济论

——我是怎样探索社会主义市场经济理论的

我是过了"不惑之年"才从事经济学理论研究的。1978年,我由学校调到中国社会科学院经济研究所,从讲坛步入科研殿堂。与同事们相比,我从事学术研究起步晚、起点低。然而,幸运的是,我从事学术研究恰逢盛世,粉碎"四人帮",特别是中共十一届三中全会的召开,我国迎来了科学事业百花争艳的又一个春天。

1979年3月,我公开发表了第一项研究成果,题目是《试论社会主义市场经济》。这是我的学术研究的起点,也是我的入门之作。30多年来,我始终矢志不移,不随波逐流,不人云亦云,不随风飘。按照当初的定向,围绕"社会主义市场经济"主题,进行了多方面的探索。

中共十一届三中全会前后,经济学界在揭批"四人帮"的同时,就我国经济体制改革问题展开了热烈的讨论。其中,关于改革究竟应当选择何种经济模式问题,众说纷纭。代表性的观点,大致有以下几种:有的主张"市场社会主义",有的主张"社会市场经济",有的主张"将市场机制引入计划经济",有的主张"有计划的商品经济",有的主张"有宏观调控的市场经济"等。但主流的观点依然固守"社会主义经济是计划经济"。1979年4月,中国社会科学院经济研究所在江苏无锡市召开了全国性的研讨会,就经济改革问题进行了广泛讨论。会上,有几位无名之辈包括我在内,主张"实行社会主义市场经济",但他们向传统观念挑战的胆识并未被与会人士肯定。在会议过程中,一位远在北京的学者致信会议,批评了主张实行市场经济的观点,认为市场经济就是资本主义经济。

我认为:"社会主义市场经济"比较符合实际,比较确切:一是经济运行机制和基本经济制度,是两个不同层次的问题:同一经济制度可以采用不同的经济运行机制;同一经济运行机制可以适用于不同的经济制度。二是改革是社会主义制度的自我完善,是在坚持社会主义基本制度前提下的转换经济运行机制。三是中国是发展中国家,不可能越过商品经济形态,从自给自足的自然经济直接过渡到社会主义;商品经济是任何社会形态都不可以逾越的经济形式;商品经济在广度和深度上的大发展,是我国工业化和现代化的必然趋势。四是价值规律是商品经济的基本规律,市场机制是价格规律借以发生作用的必然形式。因此,商品经济与市场经济没有本质的区别。五是商品经济的发展是个漫长的历史过程。我们选择的市场经济是发达的、现代的、规范有序的、实行政府计划调节的、社会主义的市场经济。六是既然商品生产有社会主义与资本主义之别,那么就应当承认市场经济也有社会主义与资本主义之别。把市场经济与资本主义画等号是错误的,否定社会主义市场经济与资本主义市场经济的区别也是不对的。七是经济改革是要实现社会主义与市场经济对接。因此,"社会主义市场经济"范畴是可行的选择。

我探讨社会主义市场经济理论,比较注重我国社会经济发展历史和现状的研究。我曾经阅读了《比较经济学》和相关的文献与资料。比较经济学按照资源配置的方式,对现代各国经济体制进行了分类,比较各类经济模式的优劣。这种横向的静态比较方法,开拓了人们的思路,为人们选择经济体制提供了参照。但是,比较法对各类经济体制的形成及运行状况缺乏历史的分析。因为生产力决定生产和交换方式。人们不能按照自己的意志自由选择生产力,因而不能自由地选择生产和交换方式。当代各国各种经济模式的形成,都是特定经济社会文化历史发展的产物。要认识中国在基本建立了社会主义制度之后为什么必须重新选择社会主义市场经济模式，必须求助于中国经济史。为此，我重温了中国近代经济史、根据地经济建设史、新中国经济史、苏联经济史、近代世界经济史，还有社会主义经济思想史。从中我领悟到，商品—市场自降生人间以来，对社会生产力的发展和人类社会的变革起到了无可替代的巨大作用；商品—市场经济是任何民族和国家经济发展都不可逾越的经济形式；中国工业化和现代化必然导致商品经济大发展，商品—市场关系量的扩展和质的深化是必然的客观趋势；限制商品生产和价值规律的作用是违背社会经济发展规律的。

我对社会主义市场经济范畴内涵的理解，有一个随实践的发展逐步深化的过程。最初，我的理解是：第一，社会主义市场经济只是根据我国经济社会发展趋势作出的推断和设想，而不是成熟的经济形式。恩格斯在谈到空想社会主义产生的历史背景时指出。不成熟的理论，是和不成熟的资本主义生产状况、不成熟的阶级状况相适应的（《反杜林论》）。社会主义市场经济理论只能在改革的实践中产生，并受实践的检验。第二，不是"受限制"的、处"消亡中"的商品生产和商品交换，而是现代发达的商品经济、商品货币关系贯穿于生产、分配、交换、消费诸方面、再生产全过程。第三，商品—市场首先是社会生产关系的形式，它通过调节人们之间的利益关系，实现社会劳动的合理配置。第四，价值规律是商品—市场经济的基本规律，是社会劳动分配的调节者，它的作用范围遍及生产和再生产的全过程。计划必须按价值规律的要求办事，它可以弥补市场自发调节的不足，但不能代替市场调节。经济调节体系应当寓市场与计划为一体。30多年来，我在学术研究中一直坚持上述基本论点。

是《资本论》这部工人阶级的"圣经"，把我引入经济学的殿堂，它给了我取之不竭的精神食粮。在研究社会主义市场经济问题起步时，我曾经把西方现代经济学各家学派的主要代表作与《资本论》对比阅读，把书中的观点、体系、结构、方法、逻辑加以比较，这种读书方法使我获益匪浅。有比较才能有鉴别。我从中领悟到：首先，马克思的经济学属于理论经济学，它研究的是社会生产关系，揭示支配人类社会物质资料生产和交换、分配的规律；现代西方经济学基本上属于应用经济学，它研究经济运行中人的行为偏好和准则，不承认经济发展和运行有不以人的意志为转移的客观规律。但是，主流学派的基本观点所依据的理论几乎都逃不出"如来佛的手掌心"。马克思经济学揭示了人类社会发展的普遍规律。无论凯恩斯主义、货币学派、供应学派、新自由主义等，都在很大程度上不自觉地从马克思经济学中寻求理论支持，都或深或浅地打着《资本论》的烙印。在我看来，不读懂《资本论》，要想对现代西方经济学作一番科学分析，去伪存真，是十分困难的。其次，经济学研究方法不同，成就了学术研究的不同成果。《资本论》成为经济学的经典，是因为它所揭示的原理经受住了历史的检验。这不仅是由于它严谨的无懈可击的逻辑，更重要的是由于马克思的研究方法是历史唯物主义。相反，现代西方经济学却深陷历史唯心主义的泥潭。它或者求助于经济人的心理因素，或者运用惯用的简便的交易成本分析方法，对资本主义周期爆发的各种矛盾穷于应付。各个学派乱哄哄，你方唱罢了，我登场。学说的表面繁荣，实际上反映了西方经济学的困境。既然西药治不了西方自己的病怎么可能成为医治社会主义体制弊端的良药呢？

为了探索为什么社会主义必须实行市场经济，我把马克思商品货币理论区分为特殊和一般两个部分，即反映资本主义本质的特殊商品理论和适用于各种商品经济形态的商品货币理论一般，并且把马克思的商品货币理论一般和他的社会生产方式理论联系起来加以分析。这种研究思路进一步加深了我对马克思商品理论一般的理解和认识。在《商品经济一般》《社会主义商品经济论》等文章中，我分析了商品货币作为一种社会生产关系形式的特点，指出它能够适应多层次的、不同发展水平的社会生产力，具有继承性、独立性、普遍性、多样性的特点，自商品货币产生以来，始终作为促进生产力的积极因素起作用，因而有顽强的生命力，从当代生产力发展的趋势来看，还看不到它行将消亡的前景。所以，不管社会主义是在发展中国家还是在发达国家取得胜利，商品货币关系大发展都是不可避免的。

对马克思关于社会占有生产资料和实行按劳分配的条件下商品消亡的推断和设想，我没有采取"倒洗脚水"的简单化的非科学态度，而是从理论上进行了比较细致的分析。我批判"商品消亡论"，依据的不是别的，恰恰是马克思的商品—价值理论。马克思认为，在一个集体的、以共同占有生产资料为基础的社会里，个人的劳动不再经过迂回曲折的道路，表现为产品的价值，而是直接作为总劳动的构成部分存在，即个人劳动具有直接的社会性质，个人劳动与社会劳动的矛盾已不复存在。但是，马克思又认为，这时，分配的原则是商品经济通行的等量劳动相交换的原则。它默认不同等的个人天赋、不同等的工作能力是天然特权。平等，仅在于劳动平等和领取报酬的权利平等，至于消费品的分配不能依个人实际付出的劳动为根据。否则，权利平等就成为一句空话。因此，社会只能以社会必要劳动为同一尺度分配消费品。这就意味着劳动者的个人劳动并不具有直接的社会性质，个人劳动与社会劳动的矛盾依然存在，个人劳动仍然要通过交换才能转化为社会劳动。所以，如果依据实行按劳分配的客观条件，按照马克思的按劳分配的理论逻辑和历史逻辑，从中必然推断出商品、货币、市场存在的客观必然性。"商品消亡论"的错误在于混淆了资本主义灭亡和商品消亡的历史过程。资本主义制度准备了自身灭亡的条件，但不能成为就是商品消亡的条件。

研究社会主义市场经济理论面临的又一大问题，就是如何正确对待历史，如何全面评价社会主义建设的历史和社会主义经济理论史。理论创新和经济改革，不是对历史的全盘否定，而是历史的延续和发展。历史是宝贵的物质和精神财富。改革开放以来，历史虚无主义泛滥，已经给并还在给我们的事业造成极大的损害。

对于市场经济的理论和实践，我们的先辈曾经进行过艰难然而卓有成效的探索。从第一个红色根据地创建时起，我们党就开始领导经济建设，至今已经有70多年的历史，这期间，有走过弯路的教训，更有成功的丰富经验。我们对市场经济并不陌生。在根据地建设时期，尽管环境艰苦，但当时既没有搞指令性计划，也没有实行配给制，而是实行减租减息、保护民族工商业、实行互助合作、多种经济成分共同发展的新民主主义经济政策，粉碎了敌人的封锁和破坏，保障了人民生活，支援了前线，赢得了战争胜利。根据地的经济景象与国统区形成了鲜明对比。在国统区，实行的是自由市场经济，经济萧条，恶性通货膨胀，币值一落千丈，民不聊生。在根据地，实行新民主主义市场经济，没有照抄"战时共产主义"模式。党和苏区政府赢得了民心，显示了中国共产党不仅能够打碎旧世界，而且能够建设一个新世界。中华人民共和国成立后，进入新民主主义时期，实行了新民主主义经济纲领和政策。那时，并没有指令性计划体制，而是实行耕者有其田，多种经济成分并存，公私兼顾，劳资两利，城乡互助，内外交流，统一全国财经。仅仅用了3年时间，便遏制了恶性通货膨胀，平抑了物价，整顿了市场，消除了城市人口失业，改善了人民生活，迅速将经济恢复到战前水平，并支持了抗美援朝战争。中华人民共和国成立初期的实践，再次证明了新民主主义经济模式是符合中国国情、适应生产力发展的可行选择。

我在《新民主主义光辉理论的继承和发展》一文中，较全面地分析了新民主主义理论形成的历史背景，分析了作为一种特殊的社会形态的特点和发展趋势，评价了新民主主义实践的历史经验和教训，指出了新民主主义经济模式和政策的现实意义。新民主主义理论的创立是毛泽东为代表的中国共产党和中国经济学界的伟大创新，在马克思主义经济理论史和现代经济学说史上谱写了光辉的篇章。这一事实表明，中国人的智商并不比西方人低；中国的事只能靠我们自己。还是邓小平说得好："走自己的路，这就是结论。"

对于改革开放前的20多年历史，难道因为指导思想失误就要全盘否定吗？难道因为改革开放就应把过去一笔抹杀吗？在社会主义经济史上，率先向苏联模式和传统理论提出挑战的，恰恰正是我们党和我国的经济学者。20世纪50年代，毛泽东的《论十大关系》、关于"价值规律是一个伟大的学校"的论述；60年代，毛泽东的《在扩大的中央工作会议上的讲话》，党的八大提出的关于搞活经济的一系列方针政策，60年代初，所制定的各种条例等，标志着中国共产党人和中国经济学者对中国经济发展规律和国情的认识在当时的历史条件下所能达到的高度。这些可贵的探索为后人的研究提供了宝贵的精神财富。即使前人的错误和挫折，我们也应当引以为戒，避免再缴"学费"。应当清醒地看到，虽然党的十一届三中全会就提出了党的各项工作的指导思想要回到实事求是的思想路线上来，然而，无论发展或者改革，都可以看到往日的某些片面追求高速度、热衷于表面文章的阴影。

探索社会主义市场经济理论，我对各种改革方案的设计关注较少，但对改革过程中可能产生的和已经出现的问题和矛盾给予较多的关注。改革是前无古人、今无先例的事业，改革又是在缺乏理论准备的条件下起步的。我们只能在改革的实践中学习改革，学会改革。但这绝不意味着提倡盲目性，否定理论的指导作用，否定理论研究超前的必要。事前诸葛亮固然高明，事后诸葛亮也不可少，认真总结经验教训是对人民负责的态度。俗话说，吃一堑长一智。正是基于这一认识，我着重探讨了以下的问题：一是市场经济与社会主义基本制度的矛盾。实行商品—市场经济是必然的选择，市场经济与社会主义制度有相适应的一面，也有不相适应的矛盾。因此，在改革过程中会引发经济、政治、文化、社会等一系列矛盾和负面影响。必须重视和正确处理这些问题，不能因为有了成绩，就对改革中的问题和指导工作中的失误视而不见。二是重大改革措施出台所必需的条件，坚持条件论。经济改革是社会生产关系的变革。基于历史的教训，绝不可超越生产力的要求为所欲为，绝不能只讲必要性，绝不可照搬照抄外国模式，绝不要热衷于做表面文章，绝不能搞运动。三是关注改革引起的社会阶级关系、社会群体的分化，分析这种变化的趋势以及对改革前景的影响。这方面的研究成果，例如《我国经济转型时期暴富群体的政治经济学分析》等，在社会上引起广泛的反响。四是剖析我国社会经济中深层次的隐患。例如《中国经济内忧》《求解难题：我国经济内忧之成因》，我是怀着对我深深热爱的国家和民族的情感撰写的。

为了拓宽研究的视野，这些年我十分注意邻国的改革，先后考察了俄罗斯、越南、蒙古、东德、匈牙利、捷克等原社会主义国家。我特别关注俄罗斯的演变。1991年11月，我在莫斯科访问时，目睹了克里姆林宫上空红旗落地、苏联解体、经济衰退的状况。随后我对俄罗斯改革进行了跟踪研究。2000年10月，我作为全国人大财经委代表团成员应俄议会邀请，对俄进行了实地考察，广泛接触了各界人士，阅读了大量资料。回国后，我又查阅了国内外对俄罗斯改革各种评价的文献，并重温了苏联经济史料。最终形成了这样一种看法：俄罗斯改革是人类现代史上的一出悲剧，是对俄人民的一场空前的浩劫，是俄罗斯历史的大倒退，给我们提供了一个"西化""私有化"的样板。《"休克"给俄罗斯带来了什么》一文的结论是：还是毛泽东说的要以苏联为戒。

"社会主义市场经济"依然是需要长期探索的"必然王国"。中国的改革还有很长的路要走。我的研究如果说有成果的话，不过是为后人提供了批判的材料。

（原载《毛泽东邓小平理论研究》2013年第2期）

编选者手记

中国社会科学院荣誉学部委员、中国社会科学院经济研究所于祖尧研究员，自 1979 年进入经济研究所工作以来，至今仍然笔耕不辍，奋斗在理论经济学研究的第一线。伴随着 40 年我国改革和发展实践的艰难历程，于祖尧先生对社会主义市场经济理论问题进行坚定而持续不断的探索，构成了改革开放以来经济所学人响应时代脉搏、引领经济学界探索我国改革与发展方向与路径这一历史过程的重要组成部分。

在经济所工作期间，于老先后发表《试论社会主义市场经济》《社会主义商品经济论》《中国市场化改革：摆脱了困惑之后的艰难之路》《转型时期暴富群体的政治经济学分析》等 300 余篇论文，出版《于祖尧文集》《中国经济转型时期个人收入分配研究》《忧思录：社会主义市场经济从理念到实践的跨越》等多部论著。他的研究不但涉及市场经济改革的目标与模式、改革的价值取向等重大理论问题，而且对改革过程中出现的各种矛盾与现实问题予以了充分的关注。本文集在于老论著当中，从以下三个方面着手，选取了部分较具有代表性的学术成果，以飨读者：其一，具有重大理论创新，对学术界、决策层产生重要影响的文章；其二，作者早期发表的、呼应了当前社会政治经济领域重大理论与现实问题的文章；其三，近十年来作者新发表的，此前未曾发表或未收入作者个人文集的重要文章。

赵伟洪

2018 年 10 月

《经济所人文库》第一辑总目(40种)

(按作者出生年月排序)

《陶孟和集》　　《戴园晨集》
《陈翰笙集》　　《董辅礽集》
《巫宝三集》　　《吴敬琏集》
《许涤新集》　　《孙尚清集》
《梁方仲集》　　《黄范章集》
《骆耕漠集》　　《乌家培集》
《孙冶方集》　　《经君健集》
《严中平集》　　《于祖尧集》
《李文治集》　　《陈廷煊集》
《狄超白集》　　《赵人伟集》
《杨坚白集》　　《张卓元集》
《朱绍文集》　　《桂世镛集》
《顾　准集》　　《冒天启集》
《吴承明集》　　《董志凯集》
《汪敬虞集》　　《刘树成集》
《聂宝璋集》　　《吴太昌集》
《刘国光集》　　《朱　玲集》
《宓汝成集》　　《樊　纲集》
《项启源集》　　《裴长洪集》
《何建章集》　　《高培勇集》